先发制人

海豹突击队团队管理的10大黄金法则

[美] 布伦特·格里森（Brent Gleeson）◎著　迕东晨◎译

TAKING POINT

A Navy SEAL's 10 Fail Safe Principles for
Leading Through Change

中国友谊出版公司

// 目 录

第一部分
建设一种变革文化

第 1 章　文化法则：变革的首要触发器 034

第 2 章　信任法则：自上而下而非自下而上 068

第 3 章　问责法则：所有级别的主动担责 098

第二部分
备战变革

第 4 章　心态法则：对任务满怀信心 120

第 5 章　备战法则：搜集情报并制定任务计划 145

第 6 章　传达法则：渠道比愿景更重要 172

第三部分
赢得变革之战

第 7 章　接纳法则：团队成员无保留地主动参与 200

第 8 章　疲劳法则：消除恐惧并保持活力 223

第 9 章　纪律法则：自始至终的专注并贯彻到底 244

第 10 章　韧性法则：通向持久变革之路 261

各界盛赞《先发制人》

军旅人士，如布伦特，带给工商界的经验至关重要。作为商界领导人，如果你想加深理解当代老兵们汲取的经验教训，以及那些经验教训如何造就更出色的领导人，你就要认真聆听布伦特怎么说！

斯坦利·麦克里斯托尔（Stanley McChrystal）
美国陆军将军
麦克里斯托尔集团执行合伙人

凯旋的武士首先胜券在握，然后奔赴战场。商界领袖们也不例外。格利森令人拍案称奇，这一点毋庸置疑。只需扫一眼他的简历便不难发现，他的DNA中交织着卓越品质。但在读过《先发制人》之后，你会恍然大悟，原来我们也能拥有那种品质。无论哪个行业，都会面临改变。用这套历经战场磨砺的绝佳守则武装自己的头脑，《先发制人》将在你直面变革挑战并带领你的团队走向成功的路上，助你一臂之力。《先发制人》无疑是我读过的、出类拔萃的领导力著作之一。

布拉德·索尔（Brand Thor）
荣登《纽约时报》畅销书排行榜榜首的《以暴制暴》作者

在我阅读《先发制人》时，每翻过一页，我都不由得感叹不已，布伦特·格利森呈现的10大守则简直是给我们Inc.传媒所服务的创业者和商界领袖们量身定制的。作为一名海豹突击队队员，布伦特曾在"基本水中爆破/海豹突击队训练"中摸爬滚打，在腥风血雨的疆场奋力拼杀，在暗礁密布的商海功成名就，他在众人只能脑补的种种险境中亲见这些守则所发挥的效用。这足以证明它是我很久以来不曾读过的最可靠的一部商战书。如果你是在当代惊涛骇浪的商海中扬帆远航的领导人，你终日劳碌，必须四处探察商情。果真如此的话，你得记住，有了布伦特这部非凡之作绘就的蓝图做向导，你会做得更好，行得更远。

埃里克·舒伦贝格（Eric Schurenberg）
*Inc.*杂志总裁兼主编

布伦特·格里森做到了。在并不算长的职业生涯中，他已在诸多领域取得了惊人成就，并以《先发制人》之作揭示了在生活和商业——特别是在高度流动和混乱的环境中怎样做到事半功倍，向世人展示了他的深刻洞察力。他有关文化及敬业度重要性的哲学理念，远胜传统授权那种不思进取的陈词滥调。他的理念正是这个新世纪迫切需要加以应用的。

杰夫·坎贝尔（Jeff Cambell）
汉堡王前董事长、首席执行官
圣迭戈"董事长圆桌会议"荣誉主席

主导组织成功变革的能力成为当今所有领导人必备的一项技能，其紧迫性前所未有。《先发制人》的问世，要归功于海豹突击队崇尚的纪律、问责、韧性和机敏等原则的启发。借由这部作品，布伦特·格利森把他独特的战略及战术组合之策分享给大家，这对身处当今日益飘忽不定的商业环境中的所有领导人和经理们来说，无异于雪中送炭。

斯科特·泰勒（Scott Taylor）
美国国会议员
前海豹突击队队员

这本书是任何一位商界领袖或经理的必读书！层出不穷的创新和消费者不断提高的期望推动着商业环境快速演变，正是在这种情形下，海豹突击队"先苦后甜"的处世哲学成为引发我共鸣的关键信息。在公司中控制住看似无法控制的事务是它生存的关键所在。布伦特从处于任何发展阶段的公司均可获益的文化基础和重大积极举措入手，条理清晰地予以整理并区分主次，实现了海豹突击队的精神特质与现实中的例证的无缝对接，同时强调了一个赋能授权型组织就此落实问责制的必要性。

托德·海梅尔（Todd Hymel）
钻石首席执行官

这是我读过的第一本爱不释手的商业书籍！布伦特讲的故事十分生动，完美捕捉了海豹突击队的经验，他对领导力、文化、纪律、责任以及最重要的适应性等概念的阐释，更引得任何商界领袖都想一读为快。这本书为我们引领组织变革提供了强有力的原则——但令我印象最深的是，它很真实。我的全球组织的每个成员都将收到这本书。

奎因·莱祖恩（Quinn Lyzuun）
英国欧堡（Optos）公司副首席执行官

布伦特以他幽默的文笔，和在落实重大变革以带领团队弄潮于加速发展的世界方面的真知灼见，再次充当了探路尖兵，为商界领袖们探明前进的方向。

马克·迪万（Mark Divine）
海豹突击队中校（退役）
《纽约时报》畅销书《海豹突击队之道》和《无敌精神》作者
"坚不可摧"及"海豹突击队健体"训练项目创始人

我读过不少涉及文化和在组织中主导变革的书，这是最好的一部。格利森多次前往中国香港、澳大利亚悉尼、北卡来罗纳的夏洛特，以及新加坡，与我们的高层领导交谈。他和我们分享过该怎样把锻造海豹突击队文化的原则应用于任何一个组织，尤其是在业务转型方面。《先发制人》予以详尽阐述！

马修·科德（Matthew Koder）
某国际银行亚太区总裁

在我读过的商业和领导力书籍中，这本是最可信和最有趣的之一。众所周知，变化在所难免。成功企业的诀窍是，作为领导人，我们如何从容应对不断的变化。《先发制人》所揭示的10大法则提供了一幅极具价值的路线图，帮助业内领袖们成功引领麾下团队穿过瞬息万变的湍流。《先发制人》和盘托出了一套最佳做法，令领导人或经理们如鱼得水，可以更好地帮助属下团队接受变革、发展壮大、增强沟通并提高效率和效力。《先发制人》绝对是适合各界从业者的必读书。

阿莉莎·L.诺林（Alisha L.Nowlin）
环球航空航天及国防公司高级主管

从海豹突击队成员到企业家和商业顾问，布伦特一步步走过来，积累了广泛的领导经验，他以大师般的手笔由此创制了一种利器，用于在当今快节奏商业环境中引领变革。他牢牢地把握住了文化的重要性，同时揭示出文化在战略、敬业度及具体实施上所能发挥的重大推动作用。而他本人由从军到从商之间的转型经历也为这本书平添了许多趣味。它令人赞叹不已！

戈登·兰斯福德三世（Gordon Lansford, Ⅲ）
美国 J.E. 邓恩建筑集团总裁及首席执行官

我见过很多人尝试过海豹突击队的"地狱周"训练，但能像布伦特·格利森一样坚持到底的寥寥无几。真正的领导者会在海豹突击队严酷的训练中愈挫愈勇。本书的亮点就是抓取了锻造海豹突击队文化的原则，并把它们转化为领导业务转型的切实可行的一套方法。《先发制人》提供了任何率众应对不确定性的商业领导人或经理们所需的一整套得力工具，只是瞬息万变的环境从战场转换成了董事会会议室。

戴维·戈金斯（David Goggins）
海豹突击队员（退役）

《先发制人》完美捕捉了我们特种部队的勇士们每天都要运用的法则，并应用于当今商业环境中，帮助建造韧性与灵活性兼具的组织。布伦特通过这部神奇的书中涉及的"尖兵"计划纲要，有效地协助我们的领导成员成功转变为一个齐心协力的团队。

瑞安·科克（Ryan Cork）
克利夫兰医学中心心血管研究所高级主管

《先发制人》是一个强大的模型，所有领导人和经理人都该积极采纳，以便激励自己及其团队奋勇向前并获得胜利。布伦特·格利森把海豹突击队的核心原则转化为一种能够引领任何组织取得成功而持久的转型，且行之有效的业务指南。

吉姆·古赛特（Jim Guscette）
CommUSA 公司高级副总裁

《先发制人》真的很棒！布伦特准确地甄别出在当前千变万化的环境中敬业度和管理变革所必需的要素。布伦特将他的成长、教育、军事和商业经验汇集一处，从中提炼出广泛适用于企业、非营利组织和军事组织在"引领变革"的工作中所需的技能。此外，他一直以来对"海豹突击队家庭基金会"的坚定支持，也令我深感惭愧；他是一位全身心投入的董事会成员，毫不吝惜他的时间、精力和财物，大力支持我们在海军特种部队中建设坚强家庭的使命。谢谢你，布伦特！海豹突击队共同体因为你的忠诚不渝而变得更好。

威廉·R. 费尼克（William R.Fenick）
美国海军上校（已退役）
海豹突击队家庭基金会执行董事

对于那些肩负带领团队或组织实现转变的责任的人来说，《先发制人》是必读书。睿智、专注、实用，这是对领导力阐释得最详尽的书籍之一。在我的公司奋力推进重大转型过程中，书中列出的 10 项原则招招中的。《先发制人》为我们领导我所在组织成功实现重大转型提供了一条无比清晰的参照线。

汤姆·惠利（Tom Whaley）
NetApp 公司区域总监

哇！多么神奇的一本书。布伦特·格利森给我们讲述了一个有关领导力、服务和牺牲的精彩故事。在这个国家的每一位领导者、管理者和高管都需要停下他们正做的事，并抄起一本《先发制人》细细品读。这是一幅完美的蓝图，用于打造高度成功的精英组织。

肖恩·帕内尔（Sean Parnell）
《纽约时报》畅销书《孤军奋战》作者

前 言

我最初遇见布伦特是在2002年初,当时他和另一个完成"基本水中爆破/海豹突击队训练"的学员一起来海豹5队报到并分配到了我们排。他成了我们排的"菜鸟"。在我们的排级训练过程中,随着我对他的进一步了解,他的经历越发地吸引了我。

和我一样,他上过大学,也是在"美国公司"工作了一段时间之后才参加了海军。我实在想不通,他竟然放弃了待遇优厚的金融分析师的工作,加入了海豹突击队。或许他也像我们一样,冥冥中感受到了某种崇高使命的召唤。

作为一名新队员,布伦特表现很好。他聪明、稳重、有见地,并在犯错后乐于听到他人的忠告和建设性批评。我在突击队已服役多年,作为老队员,自然对他爱护有加,处处加以指点。

"9·11恐怖袭击"事件在海军特种作战圈子里掀起了轩然大波。人人摩拳擦掌,跃跃欲试与敌拼杀,寻求报复那些懦弱的恐怖主义行为。正如海豹突击队的信条所述:"我们为战争而训练,为胜利而战斗。" 训练了这么久,是该真刀真枪地大干一场了。

那段时间,真的是世事无常,风云变幻。阿富汗战争一打响,我们就已认清,最初速战速胜的愿望很可能会落空。种种迹象表明,这将是一场旷日持久的血腥厮杀,不知何年何月才能结束。我们每天都能听到从前线传来的各种故事和战报。血的教训早已贯穿于我们的训练中。我们已然踏上了转型的征程。

那一年，人们纷纷传言，在伊拉克的冲突已是箭在弦上。众多海豹突击队的弟兄们已经奔赴阿富汗前线，而那些仍未被派遣到战区的焦急地观望着事态的进一步发展。

我们不由得浮想联翩。我军一旦分兵两处，身临迥异的环境，面对完全不同的敌人，怎样做才能同时维持这两场复杂的战争？我们是否有备无患？需要做哪些改变才能确保胜利？出乎我们意料的是，这些问题的答案揭晓得很快。

此时此刻，我们并不知道究竟会被部署到美国太平洋司令部，还是美国中央司令部。不用说，大家都渴望我们这支部队会被分派给中央司令部——毕竟那才是所有行动的中枢。我们被部署到伊拉克。

2003年入侵伊拉克的军事行动，始于3月20日并持续到5月1日。3月19日之前，在伊拉克展开的活动属于阿富汗战争的延伸。整个入侵进程包括持续21天的主要作战行动，其间由美国、英国、澳大利亚和波兰组成的联军攻进伊拉克并推翻了萨达姆·侯赛因的复兴党政权。入侵阶段以常规战争为主线，其中包括美军主力在英国及澳大利亚和波兰军队的密切协助下，夺取伊拉克首都巴格达的战斗。

2003年3月20日，在入侵行动之前，多国联军首先轰炸了位于巴格达的总统府。第二天，联军突袭巴士拉省。与此同时，特种部队（包括海豹3队）从波斯湾展开两栖突击行动，以确保在巴士拉取得的战果和周边油田的安全。主力作战部队随即挺进伊拉克南部，并于3月23日占领该地区，打响了纳西里耶战役。

海豹3队与常规部队一起向北进军巴格达，然后返回美国设在科威特的阿里-萨勒姆空军基地。我们这支海豹5队的任务就是于

2003年4月初接替他们，完成余下的任务。

这是我们首次出战。

当时的我根本想象不到，自此之后，在我整个服役期内获得的轮战派遣竟有12次之多。随着我们执行被称之为"活捉或击毙"任务的次数越来越多，我和布伦特夜复一夜地密切合作，共同把我们的训练内容用于实战验证。完成首战任务之后，我着手一级作战单位的筛选及其培训计划，并被批准。由于军务繁忙，我俩过了很多年都没再见面。虽然我们尽可能地保持联系，但因各忙各的，日程安排总是对不上号，渐渐也就失联了。

不可否认的是，我们从事的行业，注定会有不幸。在达拉斯市举行的克里斯·凯尔[①]的追悼会上，我和布伦特得以再次相见。当时布伦特离开突击队已经有段时间了，他先去攻读了研究生学位，并成为一位成功的企业家。而我当时刚从突击队退役，出版了《艰难时日》，该书荣登《纽约时报》畅销书排行榜榜首。自那天重逢之后，我们一直保持着联系，两家人还经常一起出外旅行。

与布伦特一样，我在退役后，也通过演说、咨询以及自创公司的方式，把从军时积累的海量知识和在打造高效组织过程中掌握的各项原则运用到商界。我和布伦特经常讨论我们的理论，即怎样把"9·11"事件后海军特种部队转型的经验教训，应用到处于当今更复杂和变化多端的商业环境内的各类组织中去。

我在海豹突击队任小队长期间，以及在与多国联军、其他军事机构和中央情报局的伙伴们密切合作、展开工作的过程中，都亲身经历了这些转型。我们很快就意识到：要想跟上战事进程的节奏，我们的

[①] 海豹突击队队员、《美国狙击手》作者。

精神状态、组织行为方式乃至军队整体的文化都需要一场大转变。随着转型努力地展开，特种作战部队的群体文化开始更好地配合我们的目标和战略。与此同时，针对这一目标展开的陈述得到持续完善，主题更加鲜明和连贯，我们由此认识到，它确实有可能转型为21世纪的一个现代化组织，可以打败更危险、更分散的敌人。

我们也必须提高适应能力，下放决策权。通过多年努力，我们成功创建了一种新型运营架构，由此落实分布式决策、畅通无阻的透明沟通流程并破除纵向和横向的筒仓壁垒，实现组织内部的广泛合作。

我在海豹突击队服役的时间比布伦特多几年，但他把这些原则成功应用在自己的企业和与其他国际组织合作中，足以验证了它们的合理性。10大黄金法则的理论来源既不是商学院，也不是管理教科书。通过不断的试错，成功与失败的经历，长年累月的钻研和他在《福布斯》及 *Inc.*[①] 杂志上每周专栏中的创意探讨，布伦特逐渐成长为这个领域的思想领袖。

他在本书中回答的问题本质上是：领导者和管理者如何转变他们的心态，将文化与具体的商业策略结合起来，并成功地领导持久的组织转型？

我们围绕着这些话题有过许多讨论，毕竟对世界各地的特种部队和商业组织来说，原理是相通的，何况我与他们中的许多人都密切合作过。最终我们得出一个结论：有必要写本书，把这些方式方法加以梳理。虽然有关"变革管理"的书籍可谓汗牛充栋，但大多数未必适用于当今反复无常、变幻莫测的商业世界。何况，它们仅仅是简单地

---

① *Inc.*：创刊于1979年的美国工商杂志，专注于传播美国中小型私营公司的相关信息。

教大家如何管理变革，而不是如何转变一种文化并领导持久的变革。

在我的第二本书《并非英雄》里，我提出了类似的领导力概念，它们经受过实战磨炼，适用于任何组织。我很欣赏《先发制人》和你将在书中学到的那些原则，因为它们的目标明确：让一个组织变得更好。为使大家致力于实现同一愿景，必须简洁地传达愿景，并建立由各层级领导者发挥作用的团队网络；要创建纪律严明、由全力以赴的明星选手构成的群组，目标一致，同心协力；要打造有韧性的团队，勇于接受并拥抱变革。

事实上，这本书令人耳目一新之处在于，它并不是又一本打着商业领导力的幌子展示战斗场面的书。布伦特对当今企业面临的挑战有着深刻的理解，并用自己创办的公司验证这些理论，而他创办的那些公司连续多年、屡次荣登全美快速成长私营公司"Inc.500[①]"排行榜。如此骄人的业绩，是伪造不出来的。与众多此类书籍不同的是，《先发制人》中的原则实际上是在手把手教你怎样在任何一个组织里实施这些做法。

这本书帮助领导者和管理者更好地理解这两个学科（领导力和管理）之间的独特差异，以及它们与领导变革的关系。《先发制人》中的模型致力于不让任何组织成为组织转型失败的案例之一。本书论及的原则及其附带的案例研究要解决的，是现代商业中一些至关重要的问题：

·我们必须如何改变我们的组织，使我们能够在新的环境中成长、竞争和繁荣？

·我们需要怎样的新型思维模式、文化、体系和流程，才能成功

---

① *Inc.* 杂志推出的年度排行榜。

并获胜？

·领导者需采用哪些工具和方法，才能为前路迷茫的变革之旅校正方向？

·如期实现变革愿景会带来哪些潜在的经济回报？

在我看来，那些渴望在当今日益复杂的世界中蓬勃发展的组织，皆需要学习并采用新思维、新结构、新体系，以及让这些系统发挥作用的行为方式。

如果你是领导者——或想成为领导者——意欲避开转型努力归于失败的误区，同时需要一张指向成功的路线图，就请你翻开这本书吧。

马克·欧文（MARK OWEN）
前海豹突击队队长
《纽约时报》畅销书《艰难时日》和《并非英雄》作者
"准星焦点"公司创始人

自序

伊拉克。

2003年春。

首轮出战、首个任务。

满载着两个排的海豹突击队员和几名波兰特战队员的4架CH-47"奇努克"直升机，超低空疾速掠过广袤的荒漠，飞向我们的目的地——被退却的伊拉克军队占领的一座巨型水电站和大坝。

我们奉命袭击、占领并坚守水电站，直到常规步兵部队赶来。有关保卫水电站的敌军规模和构成方面的情报并不是很详细。但他们的意图很明确，就是炸掉大坝，造成大面积电力供应中断并淹没下游。我们的任务是确保这种事不会真的发生。

尽管这是我们在伊拉克执行的首次战斗任务，我们实际上还未被正式派驻在"当地"。在接到任务命令时，我们还驻留在科威特的阿里-萨勒姆空军基地，正与海豹3队进行人员调整。

作为排里的直升机绳降技术专家，我最初的工作是安排直升机做好准备，督导速降直插目标。我坐在盘得很紧的一卷绿色尼龙绳上，透过旁边打开的机门，观察着我们飞向着陆点的航线进程。汗水顺着我的脸向下流淌着。虽然已经是午夜，但气温仍然较高，大约有华氏90度[①]。

---

① 相当于32摄氏度。

一轮满月映照下的夜空清澈明朗——这让我们能更容易看清下面的地形,但同时也清晰地勾勒出我方直升机的轮廓,成为敌军易于攻击的靶子。我们的下方散布着丘陵、沙丘和棕榈树林。我们已经飞行了大约3个小时,双腿麻木,身体僵硬。但大家——除了打瞌睡的——全都保持着高度警觉。

"10分钟后到达。" 我们的电台里传出呼叫。

这下我们都醒了。队员们依次伸出10个手指给同伴传递信号,同时检查各自的武器、电台和夜视镜。每个人又都仔细检查了一遍旁边同伴的装备。我们都戴上厚厚的焊工手套,防止速降时尼龙绳剧烈的摩擦伤到手。

"5分钟。"

此刻,我们全都站了起来,预备速降。我能感到心跳开始加速。大家全神贯注,每个人都默念着各自要承担的任务责任。为了完成这项任务,我们没日没夜地演练了整整一个星期。直升机机工长和排长探出身确认我们的着陆点。

"1分钟。"

每个人都伸出食指向下一位传递信号。我的心怦怦地跳着,我抓起那卷速降绳,把它举起来,准备扔出去。往下看去,庞大无比的水电站从我们下方朝远处伸展着,一眼望不到边。下面的河水咆哮着向前奔流,震耳欲聋的轰鸣声盖过了直升机旋翼发出的巨大嗡嗡声。

我们有30名海豹队员外加波兰"雷鸣"部队[①]的几名特战勇士。我们无从知晓等待我们的是什么。但藏身在那座建筑及其外围结构中的人,同样不知道他们会有怎样的遭遇。练兵千日,用兵此时。真刀

---

① 波兰机动反应作战部队(GROM),因其缩写在斯拉夫语中意为"雷鸣"而得名。

真枪大干一番的时机终于到了。

当直升机稳稳地悬停在我们的着陆区上空20英尺①处的那一刻，我把绳子扔了出去。

排成一队的每个人都竖起大拇指。在做完最后一次碰拳之后，我们整装待发。一个接一个，每个队员——身背60磅②重的装备——都以训练有素的精准度朝着暗黑的深处鱼跃而出，一把抓住粗绳，迅速滑下，落入下方被气流卷起的沙土旋涡中。

准备开战。

这本书与什么有关，与什么无关

快进15年。

我结束了有些短暂但繁忙的海豹突击队生涯，进入圣迭戈大学继续我的研究生学业。运用我在海豹团队中学到的指导原则，我创建了多家价值数百万美元的公司，那些公司连续多年入选全美快速成长私营公司"Inc.500"排行榜。

我在海豹突击队训练、战斗的经验和商业头脑使我具备了独特的资格，来分享我们在剧烈波动和变幻莫测的商业环境中所需要的各种策略。

在以下篇幅中，我将分享我在海豹突击队服役期间亲历的一些故事（不过我有意删繁就简，略去了许多细节），但这不是一本战争回忆录，或者披着商业领导力伪装的军事书籍。能与世界上最伟大的一些勇士一同服役，我感到自愧不如又荣幸之至。但是，我对进行中的

---

① 1英尺约为0.3米。
② 1磅约为0.45千克。

反恐战争做出的贡献，与我的许多兄弟们相比真的是相形见绌，他们战斗了更久，而且有些依然在战斗，有些或已战死沙场。正因为如此，我会把这本书的部分收益捐给海豹家庭基金会。我要换一种方式继续尽自己微薄之力，其中包括敬业度基金会董事会的工作，并辅导更多优秀的年轻人加入海豹突击队的行列。

大量精彩纷呈的著作，如《艰难时日》《美国狙击手》《无所畏惧》《孤独的幸存者》等，事无巨细地描述了我们海豹突击队弟兄们的英雄事迹。那些故事全都需要比我更有资格的人来讲述。我参加过战斗，目睹过世界上饱受战争摧残的国家所呈现的恐怖情景。我失去过朋友，参加过无数次战友的葬礼，我也曾取人性命。

这本书与那些无关。

本书旨在为你提供一个规范模型，用以指导任何组织在错综复杂的变化中找准方向。无论你是领导者、经理还是团队成员，你都可以把这本书概述的原则当成你的指南，因为它们是我分别从字面意义的和隐含意义的战场上汲取的经验教训。

我在海豹突击队中确实有一些独特的经历，在商业领域也有所成就。但我的目的不是要让这听起来像是一个百事通的演讲。我自认为是一个终身学习者，还有很长的路要走。我的"智慧"源于我犯过许多代价高昂的错误。海豹突击队的训练、战时经历和研究生学习给我打下了坚实的基础，但没有什么能比得过在艰苦创业和发挥商业领导力的真实世界里所获得的磨炼和经验，因为后者更有针对性，可直接应用于如何成功建立一个旨在获得巨大财务回报的组织。而领导力——尤其是在不确定的情况下——无疑是最难界定和掌握的学科之一。

这是一个需要心怀谦卑的旅程，而我要做的是尽量为你提供最好的建议，帮你避开一些地雷，让你的组织为不可避免的变化做好准备——建立能顺应万变的团队。

《先发制人》由一系列经过验证的、循序渐进的工具和模型构成。这些工具和模型可以应用于任何商业环境中，虽说本身并不复杂，但需要思维方式、文化和组织方式的转变。成功的应用和实施则取决于问责、团队精神、纪律和韧性。

为什么写这本书，为什么是现在

"后9·11"的现实隐现在整个世界。

不管我们是在谈论海军特种作战部队、美国军队整体，还是全球商业环境，"变革"成为无一例外的关键词。

再具体一些就是：持续和动态的变化。

大量书籍、研究报告和文章，试图捕捉全球市场和当今劳动力瞬息万变的趋势，以及企业赖以生存、不断演变的那些规则。

但是，变化本身就意味着变幻无常，除非你能学会处乱不惊，从容应对，否则再多的战略或战术也无济于事，不会引导你走向成功。

劳动力在变化。它正变得更加数字化，更加多样化，更加依赖先进技术。与此同时，业务预期、要求和需求的发展速度太快，大多数组织都被甩在了后边。大多数公司还没有真正了解如何利用这些新兴技术，从而提高效率。他们被迫增长得更快，以至于无暇顾及细化他们的财务战略，即减少资源投入并使领导者和管理者获得事半功倍之效。

这算是挑战吗？

毫无疑问！

但它同时也是机会。

如果你在这种情景中茁壮成长,你将成为弄潮者,因为绝大多数领导人和团队都正在绞尽脑汁,设法回避变革。今天的领导人有机会重新审视他们获取人才的方式、组织结构,甚至领导力本身,以因势利导推进变革,而不是退避三舍。

证据何在?

美国劳工统计局和其他资料来源的数据显示,尽管在商业环境中引入了新技术,但劳动生产率的增长仍停留在较低水平。事实上,自2008年经济衰退以来,企业生产率——每小时产出的国内生产总值——增长率处于最低水平。

我们现在掌握的手段或工具比以往任何时候都多,但我们正处于一个大混乱时期。那些缺乏弹性和灵活性的公司趋于崩溃,新兴企业将取而代之。

本书论述的"先发制人"原则将提供给你一个操作手册,用以指导处于所谓"乌卡①"环境中的团队。本书所述的原则和案例分析,反映着领导、管理、激励21世纪劳动大军,并让他们发挥主动性所必需的心态及行为上的转变。

领导变革不是领导和管理的新功能,但推动成功转型的方法已经有所不同。你不会在本书中看到"变革管理"这个词。为什么呢?因为真正持久的变革必须源于自上而下的激励和宣扬。它必须渗透到企业的各个角落,触及其中的每个成员。

变革不是简单地被管理,它必须被领导。

---

① VUCA:军事术语,即 V-volatility 易变性;U-uncertainty 不确定性;C-complexity 复杂性;A-ambiguity 模糊性。

海豹突击队全体崇尚并严格遵循团队合作、信任、问责、共同愿景、交流、纪律和坚韧的价值观。

我希望在你读完本书后，你会掌握这套准则，用于你的组织中或无论在哪里推行上述价值观并成功推动持久的变革。

布伦特·格里森（BRENT GLEESON）
于加利福尼亚州圣达菲牧场
2017 年 8 月 12 日

引 言

我加入海豹突击队的过程不像有些人那样中规中矩。

有些人是在中学或大学毕业后，直接加入海军，并尝试完成基本水下爆破/海豹突击队训练（全套训练科目中最初6个月的培训）。许多人甚至还没达到可以喝酒的法定年龄[①]。对我来说，直到大学毕业后，我才开始认真考虑是否该加入海军。

在那之前，我一直过着众人心目中的"正常"生活。我先是在达拉斯耶稣会大学预备学校上中学，毕业后进入南方卫理公会大学[②]，攻读金融和经济学。

在此期间，我有幸远赴英国牛津大学学习，这段经历让我有了成为一名作家的想法。我是1999年毕业的，此前早已找好了工作，去一家全球房地产投资公司做金融分析师。我接受这份工作的时间是在大四那年圣诞节放假前，所以你懂的，我在最后一个学期的课堂出勤率低于平均水准。

我的一个联谊会兄弟比我低一个年级，他决心要在毕业后加入海军，并参加海豹突击队的选拔。于是，在他大四的时候，我们开始一

---

① 即21岁。
② Southern Methodist University（SMU），创办于1911年，是一所私立教会大学，位于得克萨斯州达拉斯市。

起训练。我在大学里打了4年橄榄球,同他一起训练,既可以保持身体健康,又能帮助朋友准备一次艰难旅程,何乐而不为呢?

随着时间的推移,我对海军特种部队群体的文化和价值观越来越痴迷。我到处搜罗这方面的书,从"二战"时水下爆破小组的历史到对韩国、越南,以及中东地区的行动,读得不亦乐乎。我头脑中冒出了一个强烈的念头,我要挑战自己,争取成为世界上精英中的精英、最优秀团队的一分子。

我的精神状态也在转变。

我的办公室在达拉斯市区一座高层写字楼的42层,我会呆坐在办公桌前,盯着窗外,一分一秒地数,一直熬到可以下班的时间,然后去找我的朋友一起训练。说起来也很难为情,但在一天工作即将结束的时候,我就会拿着一个空文件夹,快速穿过办公室,显得很忙而且很专心——希望这样能避免在下午5点45分又被分派新项目。可惜,我的期望每每落空。就因为我是新来的,随便什么人都可以抓我的差。

也许雇主通常并不希望手下的明星职员具有如此特性,但我真的是越来越痴迷于一种超越自我的宏愿。每天晚上,我会换上运动鞋,抄起装着潜水脚蹼和潜水镜的背包,从我住的小区公寓出发,跑到4英里①外的南方卫理公会大学游泳池。我们会先游1小时,接着做柔性体操,其中包括俯卧撑、引体向上、立卧撑跳和仰卧起坐。随后,我再跑4英里回家。周末的时候,我们先进行力量训练,然后绕着白石湖跑10至20英里。我们还跑马拉松,并获得了跳伞运动许可证。每过一天,我们对这一特殊使命的投入就增加一分。

最终,我下定决心要过一种今生无悔的生活。我辞了职,和朋友

---

① 1英里约为1.6千米。

一起在科罗拉多的山里训练了几个月。这次旅行不需要徒步或骑马。我父母在科罗拉多州王冠峰镇的黄金矿区有栋房子，那儿成了我们的训练基地。我们在房子后面的树林里清理出一片训练场地，在高耸的柏树上悬挂起粗壮的攀登绳，绳子的高度足有 30 英尺。我们用链锯把倒下的树锯出 8 英尺长的圆木，每天把它们扛在肩上，穿过山口，跑数英里。我们还在结冰的湖里游泳，每天在海拔 1 万英尺的山上训练几个小时，为参加选拔做着充分的准备。

2000 年，我参加了海军。像许多有大学学历的海豹队员一样，我没有选择进入预备军官学校，因为参军是进入基本水下爆破/海豹突击队训练的捷径。在伊利诺伊大湖区的基本训练中，你要接受体能测试，以取得参加基本水下爆破/海豹突击队训练的资格。

体能测试包括 500 米游泳、1.5 英里穿靴定时跑、俯卧撑、引体向上和仰卧起坐。测试目的不是简单地要求应征人员达到最低标准——大多数人其实都达不到——而是要摧垮他们。我不记得那天有多少人尝试过，总之是很多。游泳测试一开始，大家像一大群鲑鱼蜂拥着逆流而上。有些人甚至都游不完全程。

精疲力竭、软绵绵的身体被人不断地拉出泳池。那场面令人震惊。

我只记得，那天下午只有我们三人坐在办公室里，接受参加基本水下爆破/海豹突击队训练的命令。我、我的大学伙伴和另外一个人。新兵训练营的其他人全都被淘汰。

我们赢得了加入精英行列的入场券。

在圣迭戈完成为期 1 个月的 "A"学校（因为大部分学员进不了海豹突击队，就在这里学习并掌握一项海军需要的技能）培训后，我们可以享受几周假期。我回到达拉斯，为未来的旅程做好心理准备。

两周后，休假归来。我至今还清楚地记得，当飞机掠过市中心天际线接近圣迭戈国际机场时，我内心充满的无比期待。海湾上阳光普照，反射着亮晶晶的光，此时此景令我心潮澎湃。我还记得当时曾想过，我竟要在如此绚丽多彩的地方，经受千辛万苦的磨砺。

那个周四晚上，我住进了离机场几分钟车程，位于海滨大道上的一家旅馆。现在回想起来，那真是一个不眠之夜。第二天早上，我和我的好朋友跳上一辆出租车，前往位于科罗纳多的海军特种作战中心报到。出租车开过科罗纳多大桥时，感觉就像不再有回头路。我听过一些这样的传言，只要你人一到，教官就会让你去"冲浪"[①]，弄个浑身透湿，沾满沙子，真的是苦不堪言。如此说来，这会是一个有趣的早晨。

这段旅程已经开始了，或者说至少我们是这么想的。

我们进入大厅，走向前台。正襟危坐在前台后面的是两个清秀俊朗的年轻男士。毫无疑问，他们是参加基本水下爆破/海豹突击队训练的新学员，被分派来"站岗放哨"的。很显然，我们正赶上连着假期的周末，所以他们让我们周二再来。这让我们悬着的心放了下来，但同时又让我们感觉有些扫兴。在接下来的几天里，我们就在街边一个昏暗但相当昂贵的汽车旅馆里消磨时光，梦想着即将来临的厄运。

就这样，2000年秋天，在命运的安排下，我们几个南方卫理公会大学的哥们儿加入了基本水下爆破/海豹突击队第235训练班。在我成为海豹队员之后经历的所有冒险和挑战中，最令我难忘的却是加入基本水下爆破/海豹突击队训练最初的那几天。

我眼前依然能够浮现出其他新成员——亮相时的情景，也能回想

---

① hit the surf（魔鬼冲浪），也称作"冷水训练"。水温通常在18摄氏度左右，绝不会超过20摄氏度。这项训练可能命令学员穿着湿衣服和湿鞋子做操，或沿海滩跑上一公里多。然后又命令他们返回开始冲浪。

起当时大家相互评头论足的感受。我们都心知肚明，只有极少一部分人最终能通过。我们最初都是陌生人，但到最后，剩下的一小群人将永远是生死与共的好兄弟。好莱坞通常只会以一种方式来描绘海豹突击队——一群肌肉发达的彪形大汉，看起来就像刚打完一场橄榄球赛，或者刚结束比赛从奥林匹克游泳池爬了上来。事实上，没有人能在头一天看到基本水下爆破/海豹突击队训练班的学员，就能当场分辨出谁会坚持到最后。一些块头儿最大、看上去最健硕的家伙——他们看起来就像是从招募海报上走出来的——却会在开始训练的第一天，就把绿色头盔放在地上并敲钟示意放弃。那是自愿退出的人必经的正式且令人无比屈辱的仪式。至于那些看起来无人能及的游泳和长跑健将，也会陆续在第一周或地狱周的第一天就离开了。地狱周就像一间酷刑室，把那些能够承受身心磨难的和不堪忍受的学员一一甄别出来。

海豹训练的全部目的就是要测试你的精神和身体的坚韧程度，看你是否有能力调整自己以适应不断变化的环境。每个班被分成不同的"舟组"——由6名学员和1名军官组成。由于不断会有候选人退出，舟组也始终在调整。你不断地建立和重建你的团队，并适应你的新队员——当然他们也要适应你。

这种文化教导着我们：变革是既定的常态，唯有强者才会拥抱变革并使之为己所用。

我成功完成了基本水下爆破/海豹突击队训练，而且在训练期间没发生任何意外或严重受伤，接下来要做些准备，去参加更高级别的"海豹资格训练"。在我们还差几天就要去报到的当口，即2001年9月11日，世贸中心和五角大楼遭到恐怖袭击。在短短数小时内，我们就从一支和平时期的部队，变成了一个马不停蹄地在世界各地备战并执行任务的组织，处于瞬息万变的状态之中。

我见过并且做过一些永世难忘的事，但跟许多人相比我的贡献都大为逊色。当我服役期满结束海豹突击队生涯后，我决心要把自己的特战经历与"真实世界"中的教育结合起来，开启人生的新篇章——成为一个企业家。

在圣迭戈大学读研究生的时候，我创办了我的第一家公司。

我一边打理生意，一边研读我搜寻来的所有关于领导力、组织发展、文化和商业变革的书籍及报告——所有我深知会需要的工具。我还深入研究了出自一些顶尖咨询公司的文献和报告，这些公司专门帮企业客户解决错综复杂的战略问题。显而易见的是，组织领导人完全清楚问题所在，也很想解决问题，而且有大量的资源可以利用。但很显然，要想实现增长和变革谈何容易。

那么，为什么如此多的组织远远不能实现它们的潜能？

统计数字是冷酷的。

研究表明，超过 2/3 的重大组织变革努力均告失败或达不到预期目标。公司每天都在努力解决文化问题，改变目标市场，调整产品组合，适应新的竞争挑战，并采取几十个变革措施。

你听说过成功的故事，比如苹果和亚马逊。但是，实际上失败的数量远远超过了成功的。

我秉承"变化是商业周期的天然组成部分"这一原则，创立了自己的组织，同时坚信采取可以强化该原则的招聘、培训、交流、敬业度、考核和奖励的方式，是产生符合预期的文化和业绩的最佳方式。事实证明，这种做法成果显著，由此创建的一些公司先后跻身全美增长最快的公司行列。但这并非易事，成长过程中也不乏重大挑战。

在加入海豹突击队之后，你最初学到的有价值的原则之一，就是团队如何从它自身的成功和失败中汲取经验教训。每次完成一项任务后，团队都会进行一次事后回顾——事后检视和情况汇报会，对全队表现、结果加以分析和总结。由此得出的经验教训会应用于今后的行动策略和计划。如果数据显示我们的行动战术需要改变，这条信息就会在整个组织中迅速传播。

从我加入海豹突击队，到进入学术界，再到商界，我花了将近20年的时间，想要弄明白什么可行，什么不可行——转型怎样才能成功并能持久保持，以及失败的原因。

这些努力的结晶就是一个10项原则模型，即"切入点"模型——迄今为止唯一一部该类指南。这是一部在21世纪变幻无常的商业环境中，用于按部就班地演练的剧本集，以确保企业的生存和繁荣。我们在此要讨论的策略，与我分享给我的咨询客户，如贝宝①、美国银行、美林证券、波音、雀巢、康尔福盛②、北面③和雷神公司④等的策略是一样的。这些战略原则在后"9·11"的现实中改变了特种部队群体。它们还帮助"财富500强"企业战胜了无数看似无法匹敌的挑战。

当一个海豹排执行任务时，走在最前面的是尖兵——他"先行探路"——带领团队进入几乎总是不稳定、复杂和不可预知的场景中。我这本书的目标是，提供给在自己的组织中充当尖兵的人们所需的一套工具，让他们具备积极引导变革的能力，而不是在变革发生后试图被动地管理变革。这一点至关重要，无论你在组织结构图中处于哪个

---

① PayPal（在中国大陆的品牌为贝宝），创立于1998年，是美国eBay公司的全资子公司。
② CareFusion：美国全球性医疗保健技术公司，创立于2009年。
③ The North Face：全球著名户外运动品牌，1966年创立于美国旧金山。
④ Raytheon Company：美国大型国防合约商，成立于1922年，总部设在马萨诸塞州的沃尔瑟姆。

位置。

为什么？

大多数组织变革的努力之所以归于失败，在很大程度上要归因于它们发生在管理过度、领导不力的指挥与控制的环境中。现有的结构和文化阻碍了组织的自我进步。在管理过度的公司里，当领导层觉察到迫在眉睫的危机时，不假思索的本能反应往往是他们表现出的常态——做出不知情的决定，并向不同群体发出不同的指令。需要指出的是，很多人可能有种误解，认为所有的军事单位都是在命令和控制型的环境下运作的，但事实并非如此。在特种作战行动中，我们一直在花大力气分散控制并建立去中心化的决策机制。各种各样的领导责任一级级向下传导，分布在整个指挥系统。

持久和富有成效的变化当然是由高层领导的，但它之所以起作用，是因为整个生态系统中的每个成员都具备恰当的心态，他们对变革目标认识一致。所有的人齐心协力，拧成一股绳朝着同一个方向用力。这是一个集体发力的过程，需要每个人的认可、敬业度和贡献。你必须学会胜任你的角色——无论你是突击队的指挥官、排长，还是前线士兵。我们将共同培养这种心态。这将需要纪律和问责，而这一过程的某些部分将会令人感到不适。正如我们在海豹突击队中常说的那样，我们都必须经历"先苦后甜"的过程。对此我深有体会。作为一个领导者，我经手的各个公司和所有其他公司一样，都会遭遇不可避免的成长烦恼。这并不像翻几页书，给自己打气那么简单。

但在这个旅程的终点，你的商业"工具包"里将会具备你需要的各类工具和武器，让你信心十足地奔赴商业变革的战场。在无论兴衰的现代经济中，你会更能胜任，这不只是你，更是我们大家都要承担的工作——变革推动者。

行动起来吧,让我们做一个组织变革的推动者!

第一部分

建设一种变革文化

并非所有的组织都能自然而然地产生重大变革。无论公司大小或现存体制、结构和文化如何，领导组织变革都会伴随着哪怕是些微的文化转变。

尽管本书第一部分讨论的是通过提升信任度和问责，建立一种更加灵活、适应性强的文化，但它并不仅限于此。建立或改善文化是一个不断演进的过程，大部分持久的文化转变都发生在转型过程的最后阶段。这是因为，精神状态和行为方式需要酝酿足够长的一段时间，才能使"做事的新方法"在文化中生根发芽。

海军特种部队群体的文化是一种特征鲜明、定义清晰的有机体。但这不是一夜之间发生的。它是经过多年的冲突、牺牲、管教和训练演变而来的。我们汲取经验教训，用于改变或改进我们做事的方式——所有这些都对我们的文化产生了深远影响。

本书第一部分揭示了在组织文化中融入信任和问责的重要性，因为只有这样，一个组织才算做好了迎接持久，甚至正在发生的变革的准备。其中阐述的原则和工具将更好地应用于任何组织，以建立一个强大的文化——与某个具体的战略愿景协调一致的文化，并在变化无常和暗礁密布的水域中保持正确的航向。

第1章 文化法则：变革的首要触发器

我必捍卫勇士们舍生忘死、英勇杀敌而铸就的光荣传统和赫赫威名。

——海豹突击队信条

文化及其在战略和结果中的应用，已成为如今"得其要领"的伟大组织的核心关注点。"来自全球咨询公司的大量研究，再加上我作为一名企业主和顾问的经验，均指明文化和财务绩效之间存在着明显的相关性这一信念。"

但就下列4件事而言，许多公司做得远远不够：（1）明确地定义他们的文化；（2）管理该文化；（3）使文化与战略和预期结果协同一致；（4）在变化的时代向文化借力。

在《2017年德勤全球人力资本趋势》报告中，来自全球各地的高级管理人员和人力资源专家将文化、敬业和保留人才等领域列为"紧急"需求。由于全球化、新兴技术、更广泛的就业机会，以及领英[1]、玻璃门[2]以及Indeed[3]等网站推动的组织透明度，求职者——而

---

[1] LinkedIn：面向商业客户的社交网络（SNS）服务网站（www.linkedin.com），旨在让注册用户维护他们在商业交往中认识并信任的联系人，成立于2002年，总部位于美国加州山景城。

[2] Glassdoor：求职网站（www.glassdoor.com）。它鼓励求职者匿名留言，客观评价现/前雇主，因此成为求职者推崇的透明职业招聘网站。成立于2007年，总部位于美国加州米尔谷。

[3] 全球领先的招聘求职网站，成立于2004年，总部设在得克萨斯州奥斯汀。

不是雇主——真正掌握着主动权。而今天的劳动大军和顶级人才，尤其注重他们寻求加入的组织的文化、价值观、宗旨和工作环境。这个现实为那些成功定义并管理文化的组织提供了一个重大机遇。

文化对敬业度有着极大的影响，这在推动变革的过程中起着至关重要的作用——我们会就此在第 7 章中深入探讨。根据盖洛普的《全球职场状况》报告，全球只有 15% 的员工热爱本职工作并积极投身其中，也就是说，他们从感情上愿意投入大量的时间和精力，尽其所能地给他们的团队增加价值并积极贯彻执行公司的各项举措。

更多的盖洛普研究报告显示，员工不用心尽职这一单一原因，便使美国每年的生产率损失高达 5500 亿美元。我们从中可以看出，为什么当今劳动力的敬业度是一个大多数领导者和管理者都要正视的严重问题——但对于那些孜孜以求增强敬业精神的公司来说，这也是一个绝佳的机会，尤其是它与文化和领导变革密切相关。而在像"玻璃门"之类的网站上名列前茅的公司，在很大程度上是因为他们在定义和管理文化方面做得很好，所以能取得如今的杰出成就。

这就是如今管理文化——并做到文化与战略的高度统一——变得比以往任何时候都重要的根本原因。

何谓一个文化表达清晰且与其核心战略目标协同一致的组织？

海军特战司令部——美国海军海豹突击队和特战舟艇载员[①]的总部。

海军海豹突击队的训练和选拔过程如今在许多书籍、电影和网络资源中得到了广泛的描述。但是，除非你亲身经历，否则你真的无法

---

① Special Warfare Combatant-Craft Crewmen（SWCC）：主要执行海岸巡逻、封锁和特种作战支援任务。训练侧重点是舟艇和武器使用技能，协助海豹突击队等特种部队的渗透和撤离，在较大的舰艇无法行动的浅水区进行快速机动。

理解这种环境近乎超现实的本质。基本水下爆破/海豹突击队训练为期6个月,它只是漫长训练流程中的入门阶段,旨在启动培养最精锐和最老练特战勇士的过程,他们将团结一致,齐心协力,肩负着简单明了的使命:击败我国的敌人。

有些反讽意味的是,在顺利完成基本水下爆破/海豹突击队训练后,还要面对更严酷的挑战——在接下来的训练中没有最强,只有更强。少数几个过关学员将进入海豹资格训练,又是长达数月的艰苦磨炼。学员们要不断经受严苛到吹毛求疵地步的考察,按照海军特种作战各方面的要求测试他们的体质和战术上的表现。

我们常说,你要么管理你的文化,要么被文化管理。海军特种作战部队向来都在不遗余力地建设、管理和保护我们的文化,即历经数十年严酷训练和浴血奋战而铸就的共同信仰、心态、价值观和仪式。在此方面,它的作为无可挑剔,但同任何组织一样,它并不完美,自身也有缺陷。但我们的文化并非偶然所得,而是设计使然——它是我们的动力,使我们能够灵活机动、适应变化,并保卫这个伟大国家不被那些想要毁灭我们的人所侵害。

假设你能完成训练——这几乎比登天还难,因为在每一个最初有大约200名候选者的班级里,仅有少数几个人能坚持到最后——你的海豹队同伴们知道,你能加入这个队伍,是因为你经受过极端严酷的训练、具有异乎寻常的韧性,并愿意成为令人闻之胆寒、世上独一无二的精英特战部队的一分子。

他们明白,你是一个"文化同道"。

训练的演进和经验的设计,是为了使海豹突击队能够在生命受到威胁,环境条件千变万化的境况下,不失精英水准地表现。具体地说就是良好的沟通能力,枪声响起时能迅速行动,并在不确定的情况下做出决定。

2003年，我奉命与海豹5队出战海外。我们主要在巴格达、拉马迪和费卢杰及其周边作战。我们展开行动的地点设在曾为萨达姆·侯赛因行宫内的一个院子里，离巴格达机场很近。院子周围建有15英尺高的墙，上面覆盖着铁丝网。整座院落呈长方形，长0.75英里，宽0.25英里。它的东面和西面各有几座建筑，以前是行宫工作人员的生活区。当我们到达时，这里还没有任何基础设施，我们就住在废弃的建筑里，把"北面"睡袋铺在脏兮兮的床垫上，就算是我们的床了。白天热得要命，夜里也好不到哪儿去。蚊子的叮咬令人苦不堪言。院外有陆军士兵警戒，我们负责在院内轮流值守。整个院子只有一个出入口，应该算是相当安全的基地了。不过，一天早晨我们被一阵迫击炮的轰炸声惊醒，我们的东面遭到袭击。看着一群体型健美的武士穿着内裤、人字拖和防弹衣急切迎战的样子，真令人忍俊不禁。但是，这场战斗来得快，去得也快。守在东北角警戒塔上的陆军弟兄们用他们班里的重机枪射出几梭子，就把袭击者打跑了。

我们在巴格达最早执行的任务之一是抓捕一名伊拉克高级军官。据我们中情局合作伙伴们的情报，他的藏匿地点就在附近的一个街区里。在一个被炸得满目疮痍的城市里，我们用来制定行动计划的大部分信息来自我们所谓的"地面情报"——与我方中情局同伴们密切合作，他们发展了当地的线人，以探知敌人的落脚点和行踪。即使我们不可或缺的中情局合作伙伴们夜以继日地工作，也难以无一遗漏地辨识每条线报和支离破碎的线索，从中摘出"宝贵的"信息。所以每次我们离开相对安全的院子时，我们都要做好应对各种突发情况的准备。

就拿这次任务来说，我们于深夜1点整出发，乘坐着专门改装过的几辆悍马和 1 辆萨博班①赶到巴格达市中心的凯旋门,与"拥有"这一战区的常规部队会合。这个位置正处在目标房屋所在街区的外围。在最后一次核对了行动计划后,车队开进到了预定设置点,我们突击小组成员在悍马车队中重新配置组合,以便迅速撤离。

我们已经了解到,这一区域的大多数房屋都有 5 或 6 英尺高的围墙。我们进屋的唯一选择是找个合适的位置翻墙而入,不然就得穿过嘎吱作响的大铁门。于是我们开始使用一些用 2×4s 板材②手工制作的梯子,看上去很不起眼,但特别实用。我们还发现全副武装时进出车辆很困难。于是我们进行了一些"改装"——去掉车门和后车顶。我们在车辆两侧焊上钢制脚踏板,就像你们所看到的特警队队员分列警车两侧去执行任务那样。两侧脚踏板上各站着 1 名海豹突击队员,一起抓住梯子,另外两名则坐在后挡板上。

我们刚一接近目标房屋,首攻小队便迅速下了车。我们翻过墙,沿着房屋墙边排成一队——同时举着枪察看四周,搜寻来自任何方向的威胁。我们的领头破门手从挂在他右小腿上的袋子里抽出一捆炸药,布置好准备炸开屋门。

"3、2、1。起爆!起爆!起爆!"

炸药爆炸了,被炸碎的窗玻璃从我们的头上四散飞过——扎上未被衣服或装备覆盖的皮肤。冲击波猛烈地震荡着每个人的身体。我们鱼贯而入冲进屋里,但我们搜遍了每一层的房间,没找到我们的"大人物"不说,连个人影都没看到。

至少目前看来,这栋房子空无一人。

---

① Suburban:雪佛兰全尺寸 SUV。
② 标准规格的住宅建筑板材,即板材厚度和宽度分别为 2 英寸和 4 英寸。

当时我在 3 楼，和我在一起的有小队长和一名尖兵。我们正招呼人上来帮忙，仔细搜一遍。就在这时，电台里传来"解除警戒"的呼叫，这是在通知我们出去回到车上。在我们朝门外走去时，更多的信息传来。举报人标错了房屋。我们要抓的人藏身于同一条街上的东侧，与这里隔着几栋房子。但我们抓住"大人物"的时间窗口正在关闭。

我们一群人乱哄哄地走出这栋房子。我们用了 2 磅 C-4 炸药破门而入，房前依然余烟未尽，看上去一片狼藉。大家在夜色中拖着梯子和设备，走在陌生的街上。可想而知，此刻大家心急如焚。海豹突击队的作战信条是：迅速、突袭和动作迅猛。事到如今，突袭是不用想了。我们闹出这么大动静，也难怪一些人影影绰绰地出现在屋顶。想必整个街区的居民都被惊醒了。问题是，在这种复杂的环境中，我们无法分辨好人和坏人。四面八方都可能潜藏着危险。

我们急匆匆地赶往下一栋房子。破拆小组（一名破门手和两名尖兵）再次布下炸药准备破门，而此时半个排的突击队员还没翻过墙。此时需要的是争分夺秒。既然危险级别已经提升，大家索性一起上。一声巨响之后，大家蜂拥而入。但这次爆破没把门全部炸开。大门后面还有一道安全门。破拆手不无沮丧，但他冷静地宣布："破拆失败，我们需要手动破门。"

队里的新人都会荣幸地背负最笨重的设备，也就是说此时此刻非我莫属了。我迅速移动到门口，从背上取下重达 30 磅的燃油金属锯。我把它放在地上启动后，开始切割已经变形的厚厚的铁门。现场火花四溅——又一次，不断溅落在裸露的皮肤上。我戴着的巴拉克拉瓦黑面罩上开始出现燃烧小洞。

时不我待。破拆失败造成的问题是，它让房子里的敌人有了充裕的时间做好战斗准备。总算打开了，我们一拥而入，同时搜索 1 楼的每个房间。我们要抓的"大人物"实际上躲在紧靠主门右侧的那个房间里，地上有把 AK-47，显然是他扔的。我们几个人冲上去，干净利落地用黑色塑料松紧铐把他铐住，另有一人站在原地保持警戒。

与此同时，我们另一组队员开始顺着楼梯向 2 楼运动。这是个弯转向上的大理石阶梯，这使得任何沿阶梯向上走的人，完全暴露在来自上方平台上的火力压制下。我们缓缓上行，举着带抑制器的步枪扫描上方有人可能开火的范围。突然间，有个敌方射手朝我们猛烈开火，那个射手就躲在 2 楼一个拐角后面，离着也就 10 英尺远。数十发 7.62 毫米子弹嗖嗖掠过我们头顶，重重地打在我们周边的墙上，被击落的碎石和石膏渣四处乱飞。我们当即予以还击。

砰——砰——砰——咔！

我的步枪竟然卡壳了。我迅速改用我的西格绍尔 9 毫米手枪——左手快速但平滑地把步枪挂到左髋，同时右手从挂在右髋的枪套里抽出我的手枪。尖兵呼叫大家退回原地重新展开攻击。我们照他说的往后退，就在这时，我们的海军看护兵（训练有素的海豹突击队战地医护兵）中了一枪，子弹正好从他夜视镜的底座附近穿了过去，击中的位置也就在他头盔帽檐上方 1 英寸[①]处。他打了个趔趄，但很快稳住继续往下走。第二天他检查头盔时才意识到，当时真够悬的，差点儿就送了命。

我们朝着上面的楼梯平台扔了几颗闪爆弹——咣！咣！咣！——然后，我们继续往上，透过绿色调的夜视镜，搜索烟雾弥漫的区域。由于烟尘的影响，可视度差了很多。此刻，我的夜视镜帮不上什么忙，干脆把它翻到头盔上。

---

① 1 英寸为 2.54 厘米。

我们继续清理这座房子，寻找那个枪手。我和排里的一名队友沿着过道左边迂回过去，进入右边靠里的一间卧室。只见一把AK-47躺在地板上，枪口还冒着烟。我们迅速搜索了一遍，发现枪手藏在卧室左边的梳妆台后面。我们把他揪出来按在地板上，用粗大的塑料手铐锁住他的手腕。

目标搞定。

那么，我们如何继续主导战场，打败危险、分散的敌人呢？这在很大程度上得益于我们定义清晰的文化。一种与我们的战略愿景完全一致的文化，即夺取胜利。

我并不是要让这个任务听起来特别危险，大家都奋勇作战或行动计划杂乱无章。它和我在海豹突击队服役期间参与的众多其他任务没什么两样，而就在你阅读这个章节时，海豹突击队正在执行更加复杂的任务。

我关注的重点不是任务本身，而是那次任务以及后来的每次任务完成后紧接着发生的一切，使我对文化有了更深刻的认识。我们文化的可贵之处，是它具备以公开透明和持续反馈为基础，不断学习和提高的特征，而这是大多数平民组织所缺乏的。正是我们文化中的这一重要特征，才使我们具有了足够动力，推动我们不断取得成效、巩固问责制并成功完成任务。

我们的文化与我们的战略协同一致。

执行完任务后，全体人员大汗淋漓地回到驻地，马不停蹄地存放好装备，然后进屋开始进行传统的行动后回顾和检讨。

众多组织都会反思它们的工作并进行回顾总结，但我们海豹突击队的做法是独一无二的。我们不停地这样做。走进那个房间后，我们每个成员都会把他的军衔级别丢在门外。大家以平等的身份走进房间，人人可以畅所欲言。透明度是关键。新来的队友可以问组长或排长做出某种决定的依据何在；经验丰富的老队员也可以针对哪些策略需要改进，以便更好地执行下次任务发表自己的见解。

不留情面的诚实和透明有益于两个重要目标。首先，一旦出了差错——无论任务规划的方式、所做的决定还是针对目标的执行上——立即予以处理。当命悬一线时，"最优范例"这个概念远远超出了公司警句的含义。其次，它还强化着这个文化中的信任、沟通和问责等要素。你说话有人听，如果你提出的想法不错，一定会得到大家的重视。但这种水平的透明度能起作用的根本原因在于，它深深地植根于我们的文化中。它是一种支持我们学习过程的仪式。

发展和保护文化是任何高效团队最神圣的组成部分之一，但你如果抽空听听商界的很多谈话，你会发现尽管多数企业领导人都明白它的重要性，"文化"不过是一年到头，只在幻灯片上露一两次面、无足轻重的时髦用语而已。

成就辉煌的组织都很清楚，把文化视为无足轻重或可有可无的思路，不只是非常愚蠢。

它是有百害而无一利的。

理由是，不为本组织及其目标积极创造最佳文化的领导人，最终也会收获某种文化。它将是该组织员工思想和经验的大杂烩——不加选择地吸纳一切，从组织如何对待和奖励他们，到哪些行为可以容忍及他们所处的位置。

但高效能组织不会在这些方面放任自流，而是有意识地做出决策，建立和定义一种文化，从而吸引并保留适当的团队成员，促进组织的价值观，并在公司上下通过始终如一的行动强化这些价值观。不仅如此，它们的文化与具体的战略目标协同一致——文化与战略相匹配。

这种行动的一致性涉及所有大大小小的决定。我的朋友和客户戈登·兰斯福德经营着 J.E. 邓恩建筑集团——这个国家最大的商业建筑公司之一。当他接任首席执行官时，他的核心使命之一就是建立一种透明、诚实和负责任的文化。他决心要表明员工才是邓恩公司最好的资产。

我们在海豹突击队里有句口头禅："照顾好你的装备，你的装备就会照顾你。"同样地，你照顾好你的员工，他们就会反过来照顾好你（生意）。和其他伟大的商业领袖一样，戈登明白，如果你照顾好自己的员工，他们就会照顾好顾客——这会带来积极的财务回报。

巨额财务回报等于眉开眼笑的股东们。

他这样做的方式之一是改变员工评估的方式——将其与通常的职业发展过程分开。例如，在管理层中寻求晋升的候选人必须有一个行为记录，表明他们首要考虑的对象是公司员工。在过去的 3 年里，通过专注于促进一种开放式交流、信任和问责的文化——并始终如一和公开地奖励这些行为——公司业务取得了显著增长，财务回报也佐证了公司在这方面付出的努力卓有成效。更重要的是，当你走进公司办公室时，你能明显感觉到它。

文化绝不仅仅是一句口头禅。

发生于 2006~2008 年间的经济衰退有些糟糕的副作用，其中之一便是它导致许多组织因心有余悸而在管理上走入误区。由于市场的不确定性，以及许多公司面临危及生存的真实威胁，许多领导人都认为"文化"这个概念，以及定义和管理它所需做的努力，只是在处理好更具体、更容易衡量的目标之后才值得关注的奢侈品。这导致许多组织做出偏离既定目标的战术决策，并在实际工作中重管理、轻领导。这类公司的表现与那些成功实现变革的公司形成了鲜明的对比。

这是多么目光短浅的表现啊，因为在特定领域独领风骚的那些组织，尤其注重定义并管理文化！文化是战略的重要组成部分，是业绩平平与绩效一流组织之间独一无二的重要分水岭。

正如戈登·兰斯福德说的那样，如果你专心于你的"员工至上"并把团队放在首位，那么其余问题就会水到渠成，迎刃而解。当你定义了你想要的组织文化，将它与愿景和战略结合起来，并付诸真心实意的建设时，你就是在打造一个引领变革的最强大的工具。你将建成一个能够灵活应变并逆流而上的团队——哪怕仅仅是为了求生存，这也是每个组织必须要做的事情。虽然组织变革不需要像在城市巷战中那样步步紧逼，但极强的适应能力将会是走向成功的关键。

"先发制人"法则

在新书《一个任务》中，克里斯·富塞尔（前海军海豹突击队军官、麦克里斯托尔集团的合伙人）深入阐述了特种部队社区对文化转型的需求。最初进入后"9·11"恐怖袭击中的特种部队和整个军队，行动迟缓，存在严重的筒仓型条块分割与各自为政的现象，表现出典型的20世纪的组织特征。许多做法必须改变，使之成为一个现代化的、适应21世纪的有机体，以便能与更分散的敌人长期作战并不断取胜。必须下决心破除各种筒仓，疏通组织内部的沟通渠道。所有这一切最终都会导向心态变化和文化转型。"新"文化需要与新愿景协同一致，并服务于公司的非凡宗旨。

那么，为什么说文化对改变的影响如此重要呢？

因为许多组织达不到他们的转型目标。绩效一流的组织都有一个共同点，在文化与战略之间，前者每次都得到优先考虑。我想把这个理论再延伸一步。对于那些将在21世纪蓬勃发展的公司来说,文化就是它的战略。显然,文化并不是成功商业战略的唯一要素,但它将开始发挥更重要的作用,获得更多的关注、时间和投入。

2013年,卡岑巴赫战略中心调查了两万多名企业高管。结果显示,84%的领导者明白我刚才提到的要点——在引导和管理变革及整体经营业绩方面,文化起着至关重要的作用。

但这项调查同时也表明,超过2/3的组织变革努力均告失败,因为他们在克服自身弱点时,并没有识别并利用内部文化的优势。领导者们承认,他们的组织需要做一些事来适应新的市场现实,但他们多半无法贯彻那些旨在改变的措施,因为他们错误地处理了团队的文化构成。克里斯在他的书中敏锐地指出,如果新的思维模式和行为方式未能最终植根于文化中,转型就不会实现——或持续下去。

在接下来的篇幅中,我们将深入探讨文化在组织变革中的作用,但让我们先来看看文化为何如此重要——不只是在它适用于变革方面,而且是在它适用于建设不断取得成功的公司方面。

正如我之前提到的,定义和管理文化变得比以往任何时候都更重要,尤其是自2017年盖洛普发布一项调查报告以来。该调查显示,员工中消极怠工者占比高达67%,只有15%的员工被定义为爱岗敬业,且有18%的员工玩忽职守——可被理解为与组织对抗。你会明白为什么这是一个严重的问题。但这同时也为那些学习并掌握文化管理艺术的人提供了机会。

文化是领导力的体现,文化是员工爱岗敬业的驱动力。

- 与战略不一致的弱文化 = 低敬业度
- 与战略协同一致的强文化 = 高敬业度

根据《财富》杂志最佳公司榜单和"玻璃门"最佳工作场所榜单（通过员工调查编制的数据），像 HubSpot[①]、网飞[②]、苹果、谷歌和其他许多公司的排名都极高，主因是它们都专心维护一种伟大的文化。例如，网飞公司的《文化宣言》是互联网上被广泛浏览的文件之一。在文化和"最佳工作场所"获得双赢的大多数公司之所以享有如此盛名，就是因为它们本身就是这么做的，实实在在地创建最好的工作场所，在文化体验和改善工作环境上不惜重金。

我离开海豹突击队并重归平民世界后，没过多长时间就认清了这种企业现实。

当时的经济形势混乱不堪，大量公司纷纷倒闭。那些命悬一线、仍在苦苦挣扎的公司绝对不会注重这些会被误解为"可有可无"的管理策略。而我在创业之初，自然也没把这些事放在心上。

我办的第一家公司是一个搜索引擎，在全球范围内寻找新的住宅开发项目——基本上就是 Trulia 或 Zillow[③] 的早期版本。我们的业务发展得不错，也具备了相当大的规模。但这项业务时运不济，因为当时房产市场正濒临崩溃。我们最终筹集了更多资金，成立了一家大型的营销机构。这个企业后来连续多年荣登全美快速成长私营公司"Inc.500"排行榜——至今仍在榜上。

领导一家快速成长的公司并非易事，酸甜苦辣伴随着公司的成长，且苦不堪言的成长烦恼超出常人的想象。在瞬息万变的行业中迅速成

---

① HubSpot：2006年创建于麻省理工学院，公司专营社交媒体营销、内容管理、搜索引擎优化等方面的软件开发和销售。

② Netflix：成立于1997年，是一家为世界多国提供网络视频点播的公司，总部位于美国加州洛斯盖图。

③ Trulia 和 Zillow 分别为美国房地产搜索引擎和房产开发及租赁市场的信息平台。

长的公司需要一个反应极其灵敏的组织，而它的领导者需要拥抱和传播变革精神。我们遇到了一些不可避免的增长屏障，那些都是我在最喜欢的商业书籍中读过，也在研究生院学过的。是时候做出改变，变革的时刻到了。

我决意要应用我在海豹突击队学习和掌握的一些工具，那些失败的组织犯了令其追悔莫及的错误，我不想重蹈覆辙。于是，通过将这些工具与在商业战场上学到的宝贵经验结合起来，我开发了一套"文化驱动转型"模型。这是你要在本书中学到的"切入点"绩效蓝图中的第一步。在本章接下来的篇幅中，我将详细讲解这个模型及其应用。

目标很简单，但要实现它需要付出艰苦的努力。我并没有把变革当作组织内部巨大的破坏力量——一场关乎生与死的危机——来处理，相反，我教组织如何发展一种文化，这种文化可以识别变革，并将变革视为文化的一部分。一种与商业策略和期望的结果完美契合的文化。

我们在此要讨论的步骤将确保你的团队开发一种看待挑战和机会的不同方式。通过发扬光大现存文化的积极面，改善或排除消极面，你可以利用你现有的文化来推动变革，以便获得更好的结果，而无须设法根除现有文化，并完全取代它。

心态的转变，并非像器官移植那么直截了当。

有一点很重要，我需要提前说明，那就是你将不会听到我做波丽安娜①假说式的高谈阔论，说什么海豹突击队的某种"魔法"一经施用，

---

① Pollyanna Hypothesis：波丽安娜假说或乐观向上假说，心理语言学理论。认为人总是看重和追求好的一面，摒弃坏的一面。

所有随市场变化而来的风险和不确定性即刻烟消云散。即使是运营状况极佳、绩效一流的组织，都要花大力气应对变革的挑战，摆正文化在转型中所起到的作用。

但是那些历经成长道路上的艰难困苦，从激烈的市场拼杀中幸存下来并经受过时间考验的组织（及其领导人），已经适应了随变化而来的动荡不安，并有意借助自身文化之力主动引导变革。

从战场应用到董事会会议室

我完成基本水下爆破／海豹突击队训练之后，没过几个星期就发生了"9·11"恐怖袭击事件。离我所在的班级进入专业的海豹突击队资格训练也就差几天时间。我目睹了在袭击发生后，特种部队全体积极主动求变、激进且广泛的转型全过程。新的现实要求组织结构和做事方法的重大转变。我们从本质上的一支和平时期的战斗部队，变成一支战时部队，即将投身于持续16年之久无止无休的冲突中，更不用说期间不断的变化了。

美国海军投入了数百万美元用于市场调查和研究，试图找出成功完成整个训练流程所需的关键驱动因素，以及身体上和精神上的特质。我们不断地把从战场上得来的经验教训加以应用，对各种战略战术进行相应的调整。和任何组织一样，所有这些努力都对文化产生了一定程度的影响。

但是，即便付出了如此多的时间、金钱和高度关注，系统仍然遇到诸多困难。文化不会在一声号令之下就能实现瞬间的转变。在此方面，海军特种部队群体类似于商业世界中的许多组织。如果你想成功地拥抱变化、提升你的文化，并在不确定的环境中茁壮成长，仅有最美好的愿望和看似不封顶的预算是远远不够的。

事实上,直到2005年在圣克莱门特岛举办为期两天的领导层会外活动中,才创立了体现海豹突击队精神的信条。我们的信条本质上是指导我们是谁以及我们存在的目的的文化宣言。此前,我们已在"乌卡"环境中一直运作了4年。"乌卡"(易变、不确定、复杂、模糊),如我之前提到的,最初是由军方将4个英文词首字母拼接成的军事用语,现在已广泛应用于全球商界。但这些新环境需要新的心态和看待变化的新视角。

今天的商业环境也是如此。成功变革策略之路上究竟存在哪些重大障碍?领导层缺乏对愿景的统一认识、变革之战疲劳、技能不足、外部市场因素和散漫的领导人(以及上行下效的散漫的团队)等。

所有这些问题都是我们随后要深入讨论的问题,但是现在介绍一下这些问题很重要,因为它们对理解基于文化的做事方式的价值起着关键作用。

现实生活中"变化疲劳"[①]的实例俯拾皆是,无须刻意寻找。几乎每个组织都面临着来自公司内外——从设立一个团队到管理用户和客户的人力资本挑战。信息流动速度比以往任何时候都快,这使得人们能更容易做出明智的决策——假设数据被妥善管理和传播——但也会更容易制造混乱。扰乱市场能让一家公司赚几十亿美元,但扰乱你的团队会造成极大的压力和倦怠。

根据前文提及的《2017年德勤全球人力资本趋势》报告,60%的员工表示,如潮水般涌来的短信和讯息使他们感到"不堪重负"。简单化必须成为传递变革愿景的新常态和核心功能。

---

① Change Fatigue:个体或团队对组织变革漠不关心或敷衍了事的心理状态。

所有这些信息和变化发生得很快,很少有组织具备相应的培训和技能足以经受得住它的考验,更不要说为己所用了。太多的组织都是临时抱佛脚,在变化临门时才学习如何管理变化,这就像在飞机已升空后,才进入驾驶舱练习如何开飞机一样。你不能在危机发生时才想起来要培养新技能和新策略,你要未雨绸缪。改变不能只是被管理,它必须得到激发和引导。

改变始于许多重要的领导层决策。对海豹突击队有所了解的平民感到最不可思议的事实之一是,它缺乏排级或队级"独裁"式的领导。毫无疑问,我们肯定有负责人,也有等级制度,但领导者们的兴趣在于获得最好的信息,而不管它来自哪里。而在平民世界中的不幸现实是,管理团队常常拍脑袋做决策,根本不考虑怎样从一线团队成员那里获取有价值的情报,权衡后再做决定。决定下达后,他们也不会收集任何反馈以做出相应调整。猜疑和混乱接踵而来。几乎没有什么东西能比这更快地腐蚀一种文化。

也许你遇到过这样的情况。你是一名管理团队的成员,这个团队接到高层领导分派的任务,准备实施一项重要的新举措——比如开发新产品线。在最初的简报中,人们纷纷皱起眉头,探寻的目光在房间里扫来扫去。新计划似乎并不符合公司的文化和价值体系,也不符合真正的专业领域。它似乎偏离了使公司伟大的核心功能,而且在计划中只字不提为了配合新战略而需要的任何文化转变。它的问题在于缺乏真正的愿景——只是为了在一个甚至未必合适的空间中,夺取一定市场份额而采取的一种战术上错位的行动。

接下来会发生什么?这意味着什么?

在整个组织中,人们都充满了疑问。难道发生了什么我们不知道的事?我们为什么要这么做?难道这是别处遇到麻烦后的本能反应?

说不定是领导层为了多赚钱才想出来的"宠物项目"吧？

可能有很好的理由——它们意味着生存还是破产的区别。但所有转型都要求对"为什么"加以深思熟虑并做出有力的解释，同时还要求与公司文化优势的战略相配合。否则，阻力会立即产生，而变革的计划最终很可能会失败。

在《诊断和改变组织文化：基于相互竞争的价值观框架》一书中，金·卡梅伦和罗伯特·奎恩提供了用来诊断文化，以及为改变组织文化和行为而采取策略的工具及仪器。多年研究证实，大多数组织的文化可被归为4种类型：

层级制——偏重结构、控制、流程和稳定性。
市场——注重结果导向的行为、竞争和成就。
团体——团结、沟通和包容的环境。
灵活组织结构——注重创新、冒险、开拓性思维和适应性。

我要补充说明的是，这些文化很可能至少是被适度地"管理"的。许多组织大体上都是上述成分或多或少的混合体。

基于本书概述的"切入点"法则，在引领变革方面，结构灵活的组织因其注重创新、冒险、开拓性思维和适应性等要素而优于其他类别的组织。

这就是"文化驱动转型"模型的切入点。各类组织可依照它的6个步骤，首先确定其文化的积极和消极面，然后采取界定清晰、具体的行动。

模型的第一步是"界定高层转型愿景"。

我们将在后面的章节深入探讨情报搜集和任务规划阶段，但是，在你可以理解文化何以能真正成为变革的首要触发器之前，你需要定义转型的愿景。如果你至少能清楚地说明组织当前正在获得的结果和它未来需要得到的结果，那么你就有了一个良好的开端。

例如，如果一家公司长期以来一直注重销售，却轻视质量和交付，那么，该公司领导团队就需要重新定义他们处理业务的方式方法，前提是他们真的想更上一层楼，或者拥有一个健康的退出策略。一个全新的更高层次的转型愿景，或许意味着要调整对客户、质量和效率的关注度。一旦有了清晰的界定，公司就会知道它前进的方向，以及能够将它们带到那里的文化行为。

第二步是进行"文化诊断分析"。海豹突击队在执行每一个任务之前，都很注重搜集尽可能多的有价值的情报，因为详尽的情报对了解对手和任务规划至关重要。我们对作战区域的了解可以详细到何种程度？谁住在那里？我们在目标地会遭遇多少敌方战斗人员？非战斗人员有多少？他们有什么武器？他们会在附近部署快速反应部队吗？有哪些资源和资产可供我们利用？掌握的信息越多越好，特别是你该知道有些信息可能并不准确。

当你全面透彻地了解地形地貌、可以利用的资源和工具之后，你才能做出最佳决策。

执行这个诊断的目的是识别出文化的优缺点——可加以利用的优点和阻碍进步的缺点。有几种方法来做这件事。例如，你可以在公司特定级别内和全公司范围内通过匿名调查、访谈和开放的论坛等方式获取一些你想要的答案。正规的文化诊断工具一贯是心理研究和咨询公司这种小圈子里专有的，但如今从在线平台到移动终端应用程序，越来越多的工具可供人们使用——它们的主要功能就是让雇主（领导者和管理者）几乎可以随时随地把握文化和情绪的波动。这些工具包括:"文化放大器"(Culture Amp)、"微人事"(Tiny HR)、"黑皮书人事"(Blackbook HR)、"成就者"(Achievers)、"环球人力"(Globoforce)、"好公司"(Better Company)、闪耀(Glint)、"办公氛围"(Officevibe)、"摇动"(Waggl)、"金丝雀"(Canary)和"相关事宜"(RelatedMatters)等。考虑到当今劳动力和年轻一代的特点,这类实时且能在任何设备上访问的工具,突显出前所未有的重要性。

就这个模型的目的而言,如果你正要展开一项调查,应该围绕文化和行为提出你的问题,比如要求详细列出工作环境中的积极面以及哪些地方可以改进。你如何定义我们的文化?哪些地方沟通不足?你如何看待公司内部的信任度?我们真的体现了我们的核心价值观还是只做了个样子给别人看?我们的客户、竞争对手和组织以外的其他人对我们的文化有什么看法?他们的说法符合我们感知的现实状况吗?组织文化是否完美契合我们的战略愿景?我们创造的文化体验是否具有真正的价值并与公司的愿景相一致,或者说它们对公司愿景影响很小或根本没有,甚至有副作用?现有人力资源机制和职业规划项目支持我们努力倡导的行为方式吗?

这些调查可以量身定制,用于在关键领域搜集信息,但必须牢记一条,你总要走出办公室去听听大家的评价和反馈。我发现这是获得宝贵的、具体信息的最直接也是最佳的方式。我之前提到的那些应用程序有助于简化流程,并获得持续反馈。

无论结果如何,由此得到的数据应该用于公司就怎样由文化推动变革,以及公司文化需改善之处等事项,尽可能做出最佳决策。

接下来,你必须做的是第三步"团队敬业度审计"。

绝大多数领导人都有一个共识,即员工是公司最重要的资产。但在现实中，只有当大多数劳动力爱岗敬业时，这种共识才是真实可信的。不然的话，他们要么带来微不足道的价值，要么会处处与组织作对。你必须首先深入了解与自己共事的人力资本，然后才能踏上变革的战场。

在任何组织内，员工都可分为三大类：

敬业的（全员占比15%）：这些员工对组织忠诚，并怀有深厚的感情。他们在各自岗位上都表现出色，才能有真正的用武之地。他们热爱自己的工作，乐于承担本职工作以外的责任。他们通常都具备成为领导者的潜力，在同一公司就职的时间远远长于不敬业的员工。这些团队成员是推动变革的主力。

不敬业的（全员占比67%）：这些员工或许难以识别，因为他们平时的表现并没有流露出任何负面情绪，对本职工作还算满意。然而，他们不会为工作多出一分力，同时对公司的使命、愿景、价值或目标漠不关心。他们不太可能以客户为中心，也不在乎生产率或公司的利润率。这些团队成员的存在既是威胁也是机会——因为只要方法得当，他们会转变为事业兴旺、爱岗敬业的员工，并成为公司变革的推动力。

消极怠工的（全员占比18%）：我们全都在与这类人共事。他们自始至终都表现得很消极，创造一种有毒的环境，过多占用他们上司的时间并总是大声抱怨。更糟糕的是，他们往往有一技之长，属于备受尊敬的专家。正因为如此，他们对其他人有着不容忽视的影响。这些员工可以轻易把毒素传播到整个公司，且很少能成功转变为A级选手。这些员工会抵制变革，需要予以开除。

大多数研究都表明一个事实，即员工敬业度直接影响着生产率和利润率。尽管那是不证自明的，众多经理们依然想方设法地界定、衡量和改善自身团队的敬业度。

经理们如何识别出谁不敬业呢？

他们的团队成员需要信心十足地做出如下声明：

- 我知道领导层对我及我的工作质量所抱的期望。
- 我拥有做好本职工作的资源和相应的培训。
- 我有机会做我最擅长的事，且天天如此。
- 我经常得到认可、称赞和建设性批评。
- 我信任我的经理并相信他们会关注我的切身利益。
- 我说话有人听且能得到重视。
- 我十分清楚公司使命和目标，以及我该做出哪些贡献。
- 我享有在个人品德和职业技能方面学习和提高的机会。

我会在第7章提供给大家改善敬业度的具体做法和流程。

"文化驱动转型"模型的下一步是界定驱动预期结果的心态和行为。

在任何转型中，首先要改变的是人们的心态和行为，然后才能使得文化转向所需的方向，亦即将实现高层次转变愿景的方向。在海豹突击队或任何商业组织中，文化都与团队成员的信念、行为和行动有关。如果你想把当前文化中最强大的方面作为起跳点，你必须要识别出团队中的哪些人是推动者，也就是能够在变革进程中辅助领导者的那些人。

在海豹突击队里，我们的文化中最强大的方面之一是问责制。我们为战争而训练，为胜利而奋战。无论是在训练场还是战场上，不能履行你的职能是不可容忍的。这种心态有助于激励大家投身于必要的行动，并不断加以调整和改进，直至获得我们所期望的结果。我们让自己和其他人各负其责，为完成任务做各自该做的事。领导层让他们的团队担责，而团队让他们担责。如此这般，我们才构建成比各个部分简单相加更强大的团队。

我们文化的其他积极方面是透明度和适应性。我们沟通得好，学得快。无论是在个体还是团队层面，大家无暇顾及消极对抗行为或对改变存在抵触心理。当我们意识到，在"9·11"恐怖袭击事件后的世界里，特种部队群落的文化必须有所改变，才能确保我们面对分散的敌人始终立于不败之地。我们在很大程度上依赖这些文化优势来领导变革。

很显然，当一家公司正经历转型时，其行为方式总会有所保留、有所改变或终止。如果你正面临危机，或者即使你只是热衷于修复某些业务的核心功能，有时自然的反应是想要毕其功于一役，一股脑地处理所有待办事项，以至于在现有优先事项的基础上又堆砌了一些新的优先事项。

那样做是错误的。在基本水下爆破/海豹突击队训练中，你很快就学到了"饭要一口一口地吃"这个道理。如果你专注于毕业前必须通过的一系列难度逐级提升的训练科目，你就会失去理智。为了抵御因应对无休无止的变化而产生的心理疲劳（我们将在第8章中进一步讨论），你可以仅选择几个关键的心态和行为加以改变，并让团队专注于为数不多的几项重大举措。当你给出大量的指令和计划时，它会冲淡信息，令团队疲于应付，并且更有可能导致一切照常如旧。这就是为什么我更喜欢优先化而不是多任务化的概念。一心多用真的意味着你最有可能同时做很多事情，但都做不好。

"文化驱动转型"模型的第四个关键步骤是"激发与任务的一种关联"。

在第 6 章中，你将了解定义和传达引人入胜的变革远景的全过程。领导者就是以这种方式激发大家对任务的认知和关联。从你开始基本水下爆破/海豹突击队训练的那一刻起，海豹突击队的核心任务就浮出水面了。从第一天起，你对此认同并全身心投入，否则你都来不及敲钟表示自愿退出，就被轰走了。等到你完成整个训练并奉命赶赴海外战场时，每一个人都已然与这个事业建立起了亲密的联系。

一个团队，一种战斗。

你未必有可能让你的人经受如此高强度的生理和心理训练，你的公司要执行的任务也并非生死攸关，但道理是相通的。当你试图改变你的组织时，目标是要创造积极的结果，对吧？提升速度、效率、质量、文化、内外部沟通等。因此，告诉大家改变意味着什么，为什么它是必要的，期望获得怎样的效果，每个人在促成转变过程中所应发挥的作用，等等，都是必须要做的。这是整个过程中至关重要的一部分，而且有些工作需要自始至终反复做。如果你的团队不知道"5W"①所代表的前因后果、何时何地由谁来做的话，你就还没有成功地把他们从个人层面上与这项事业联系起来。

通过这一解释和联系的过程，你让你的团队有了充分的思想准备，要追随你参战并获胜。这意味着你需要界定获胜的含义。而且要反复这样做。

我给很多缺乏这个关键组件的组织提供过咨询服务。例如，就销售工作而言，设定"获胜"很容易。你可以告诉一个人，他需要挖掘多少条可跟踪的线索，卖出多少产品，或者获得多少收入。但在非销

---

① Five W's：分别是英语中五个疑问代词的第一个字母，即：Who（谁）、What（什么）、When（何时）Where（哪里）及 Why（为什么）。

售工作的团队中，胜利可能并不那么明确。尽管如此，领导者仍需担负设定目标的职责，这样团队才能着手制定计划去完成任务。它促进协作、动机和联系。

第五步是"分派变革传播者和培养团队网络"。

真正的改变来自顶层的领导，但它能起作用的前提是，愿景和主要战略创举触及公司业务的各个部分——涉及上至董事会下至一线员工的每个人。并非每个人都能认清愿景或认同这种战略——尤其是在他们感觉没人在意他们的想法或干脆置之不理的情形下。我将在随后讨论上下同心和全员参与的重要性时，提供用于合理实施这些举措的相关方法。

即使是那些认同和理解这些目标的人也经常需要指导，以确保他们没把精力用错地方。独断专行和管得太细的领导人总是自认为只要他们定好规矩，每个人都会乖乖地照做，而且认为他们时刻都能观察到整个团队的一举一动。这就是灾难的导因。你不能对劳动力整体过度地一概而论，但有一点可以确定，出生于20世纪80和90年代的员工和求职者不能像老一代员工那样管理。你要以不同的方式领导他们，你必须悉心培养他们对公司的认同感。否则的话，你的团队成员既不信任你，也可能不理会你提出的要求。

任何成功的转型努力，都需要被信任和受尊重的团队成员在各个层级主动"传播"愿景和相应的策略。这要从我所谓的转型特别工作组做起，并以此为起点持续向外扩展。转型特别工作组成员，应包括整个组织内具有恰当代表性的高层领导人和受人尊重的特定领域的专家。遴选工作很可能要从你早已列出、具备高度敬业精神的团队成员名单开始。

他们的任务就是领导变革的整个进程。这是个跨职能团队，其核心功能是发扬公司文化中的积极因素帮助引领转型工作，启动关键性的管理任务并始终如一地传递变革愿景。

优秀的变革传播者不只是孤立地协助转型任务。他们要招募其他传播者加入这项事业，由此构建起遍布整个组织并为此事业而努力的人际网络，并交相分享有关新愿景的故事——通过这种人际交流的生态系统，组织的意旨得以准确无误地传送到最末端。这些传播者可以把"离心离德者"转变为变革领导者的推动力。

有些人会认为所有这些沟通和团结都是有机地传播，无须任何特别努力。这样想倒是不错。但事实上，它确实需要努力——需要勉力而为。在我创建的那些公司里，我成立过一些转型特别工作组，其具体职责就是促进横向信息共享，也就是在同事之间的交流，而不是自上而下的传达。他们成为首要的变革传播者和更多传播者的首席招聘员。

一支转型特别工作组应被赋予一项特定任务，并被配齐完成任务所需的全部资源。他们最有力的武器之一就是创造性的沟通策略。在变化过程中，不存在所谓的沟通过度。在我的一个公司经历重大重组期间，我们在转型特别工作组里设立了被称为"文化俱乐部"的附属委员会。这是一群志愿者团队成员，他们是公司"全力以赴"的文化和价值观的最佳体现。我怎么知道这个？因为他们自告奋勇的举动！他们的使命是继续建设一个伟大的文化，并以创造性的内部和外部沟通的策略来传达改变的愿景。而且，他们干得热火朝天。他们是变革的传播者，他们设计了具有独创精神的网络，使公司始终如一的宗旨得以传播和发扬光大。

文化俱乐部被赋予了创建多渠道沟通工具的自主权，这些工具确保整个公司全力以赴，共同致力于赢得长期的胜利。他们使用社交媒体交流短平快的成果。他们推出了视频大赛,让团队成员反思公司文化中他们最青睐的部分。他们举办了旨在将大家聚在一起的现场活动和团队建设项目。但最重要的是,我们总是把这些活动与我们想要完成的事情紧密地联系起来。这些文化体验的设计初衷就是支持志在必得的信念和行动。

"文化驱动转型"模型的第六个步骤:讲述有寓意的故事。

人是社会动物。尽管经理们倾向于相信他们的团队成员都是理性的生物,但研究表明,我们70%的决策都基于情感因素,而不是定量和数据。当他们能够识别所见及所闻时,他们会做出反应。如果你想改变你的组织,你能做的最好的事情就是讲述那些做得好的人成功的故事。如果某些团队成员已经接受了变化并呈现出可观的成果,那就表彰他们。如果你还处在变化过程的初期,寻找另一个成功经历过类似转变的组织,并讲述他们的故事。

这些故事帮助团队在情感层面上联系起来,并让每个团队成员都能想象得出成功的样子。在后续章节中,我们将会进一步讨论讲故事在交流快赢中如何发挥有利作用,让团队充满活力,对抗因疲于应付变化而产生的懈怠,让他们与长远之计保持联系,并让摇头族加入大合唱。

讲述有寓意的故事不应该只发生在公司的月度或季度全员大会上。转型特别工作组中的领导和成员应随时随地找机会,跟大家说说变革努力取得的进展。这种交流也不能总是报喜不报忧。分享好消息的同时也指出不足之处,让团队网络和传播者帮助传播消息。

例如:"嘿,你听说了吗?我们提前6周完成了选择新软件平台的任务。这让我们付诸实施的时间表大大提前了!事情是这样的……"

你也要保持一种紧迫感，不要总是挑好的说。

比如："我们的确实现了每年同比增长5%的目标，这很棒，但是我们的市场份额仍然在流失，全被我们的主要竞争对手夺走了。我们还得继续努力。"

讲述有寓意的故事是很容易做到的，并且应该有意在整个组织中传递一以贯之的信息。再说一遍，"文化驱动转型"模型并不是"第一步"，而是在整个转换过程中都必须应用的一个流程。你们将会在接下来的章节中看到所有这些是如何开始合流共进的。

来自前线的故事

我来讲几个故事，让你了解一下"文化驱动转型"模型是怎样在鲜活的实例中展开的，以加深对其工作原理的认识。

2012年12月，我收到一家全球银行亚太地区总裁——我们就称他为杰森——发来的电子邮件。他刚刚读了我为《福布斯》杂志撰写的第一期专栏文章《从战场到董事会：海豹突击队的商业领导力成功指南》。

杰森是一个年轻的、精力充沛的金融奇才。他相继供职于美国高盛和瑞士联合银行，从底层迅速崛起，步步高升直至升任这家全球银行的高层职位。他告诉我，他非常欣赏海军特种作战部队的文化，以及我将它应用于商业世界的做法。

他接着解释说，他们最近完成的大型并购仍处在一些文化磨合的阵痛中，他希望我能帮他找到解决问题的办法。像其他大型并购一样，如惠普收购康柏（质量优先的文化与低成本优先文化相融合），将迥然不同的文化融合在一起，可能会引发重大的长期问题，必须加以积极应对。

对于这家全球银行——实际上是两个组织来说,众多文化同化问题在合并之初即已产生并持续了数年,这种状况没什么可大惊小怪的。在邮件的结尾,杰森邀我前往香港,在他们的全球领导力会议上做一系列的主题演讲并举办研讨会。我们双方都很清楚,凭我单枪匹马之力,并不能提供给他们所需的一劳永逸的解决方案,但这项安排将是持续改进努力的催化剂。

当我开始和杰森及其团队在香港的办公室工作时,他就两家公司均面临的文化挑战提供了详细的背景情况。他的介绍不仅限于地理位置上的不同,而是涉及两个组织之间存在的广泛文化差异——一家是高度成熟的高端投资和财富管理公司,另一家则是当时有"银行界的沃尔玛"之称的全球性银行。但是经济低迷使得这项并购极富吸引力。

自然,如此规模的跨国公司已经投入了海量时间和资源,穷尽一家大公司所能采用的传统做法以应对这些挑战。但是他们遇到了巨大的障碍,变化进程十分缓慢。

杰森是位出色的领导者,深知组织需要采用非常规的方法来整合——但是迄今为止,公司采取的方式都中规中矩,未能脱俗。他们一丝不苟地通过人力资源机制、公司简报、更多的会议和数字资源,如内部网等方式推进这项工作。凡此种种不接地气的努力结果可想而知,普通员工根本没觉出领导层想要完成的任务与自己有何关联。

这正是"文化驱动转型"模型的切入点。我开始认识到,对于任何组织来说,要做出重大的改变并克服某些变革障碍,即如当下这种大型购并的情况,必须下猛药应对文化错位。这适用于任何进行并购的公司,无论公司规模大小,也是并购之举成功与否或是否值得做的关键驱动力。我曾见过聪明的企业主放弃了看似非常有利可图、能使本公司价值倍增的并购机会，因为他们认识到本公司文化与潜在并购对象文化之间的差异过大，融合难度过大，合并工作完全有可能走向失败。

因此，在香港的这个活动中，我通过主题演讲、研讨会和分组会议等方式，开始了真正的对话，讨论如何融合文化，保持两者互补关系的积极面，并去除各自的消极面。

这些演讲和发起的讨论令大家兴致高涨，以至于他们请我下个月就去新加坡和澳大利亚，与其他高层领导会面。此后，我每年都要穿梭访问他们分布在亚太区各处的办公室，演讲话题涉及领导力、文化、改善沟通、信任以及问责制。我从杰森那里得到的定期反馈令人鼓舞，公司情况持续向好，并取得了出人意料的巨大进展。他们把握住了转型过程的主动权，因而取得了如此惊人的成效。

假如我并不情愿在自己公司里使用"文化驱动转型"模型，我就不会心安理得地给客户（或你）当顾问。到2013年，我们的营销公司已经经营了近5年。其间我们取得了不小成就，自公司成立之日起，员工人数和收入年年翻倍增长。我们已经连续3年登上享有盛誉的"Inc.500"增长最快私营公司名单，并在3年的时间里收入增长了1700%。在荣登"Inc.500"榜单的第一年，我们成为美国排名第187位增长最快的企业。可以说业绩相当不错。

我们建成了一支优秀团队，拥有出色的客户，并且刚搬进一个位于圣迭戈面积达1.7万平方英尺的新办公大楼。很显然，我们不存在任何危机。

尽管如此，预警信号已开始不时闪现。

那一年，我们开始注意到客户变动率在逐渐上升，同时也注意到我们的净利润率持续下降。我们一直采用的工作流程也不再那么好用。

对于成长中的公司来说，这纯属正常现象。而一旦你意识到自己其实一直在自我迷醉中，全然无视即将到来的挑战，猛醒后走向成熟的过程可能会让你感到不舒服。

当我还是商学院一名初出茅庐的企业家时，我研读了每一本能找到的商业书籍。我最爱读的书之一是马歇尔·戈登史密斯①的《没有屡试不爽的方法：成功人士如何获得更大的成功》。该书着眼于基本的职业成功要素，以及更上一层楼所需要的心态和行为。这是一本关于变革的书。接着我又读了像吉姆·柯林斯②所著《从优秀到卓越》和《基业长青》一类的书。这些书中的综合并经验证的理论明确指出，把一个人或公司提升到一定层次的工具和行为，未必与助其完成一段艰难工作的历程相同。

成长中的企业碰到它们必须克服的某些障碍时，会面临不可避免的挑战。人员、系统、流程，甚至那些将企业带入一定程度增长的文化，与协助它顺利通过某个难点的那些未必是相同的。企业在成长过程中必须不断适应新的行业动向并走向成熟。

我开始看到了转机。我们已经大刀阔斧地调整了我们的流程和业务模式，公司规模扩充到了100多名员工。但是现在，像许多组织一样，我们遭遇了一些未必有现成答案的问题。

然而，有一点我们很清楚，就是我们需要全力建设一种强大的文化，然后借助于它来推动必要的变革。文化驱动转型的时刻到了。

---

① Marshall Goldsmith：全球高级领导者教练领域的先驱与权威者，代表作有《未来的领导者》。
② Jim Collins：著名的管理专家及畅销书作家。曾获斯坦福大学商学院杰出教学奖，先后任职于麦肯锡公司和惠普公司。在其与人合著的《基业长青》一书中提出了他的主要管理思想。

我们的内部研究指出，我们需要新系统、新软件、新的销售和营销战略、新部门，以及我们需要断绝业务关系的客户清单。基本上，这将是一次全面彻底的转型和品牌再造过程。通过使用"文化驱动转型"模型，我们定义了高屋建瓴的转型愿景，并执行了文化诊断分析来收集数据。我们依据这些数据，界定了获得预期结果的心态和行为。

例如，经过诊断，我们发现本公司文化的一项重要内容，是团队成员都满怀激情，全心全意地服务好客户，帮助他们提高业绩。但与此同时，我们与客户的沟通方面，客户满意度却在下降，这种反差表明我们肯定在某些方面做得不足。我们很快就发现其实这个问题很容易解决。我们只是一直未曾做出改变。

因此，我们有了项新任务：充分利用我们满怀激情这种优势，争取与客户有更好的沟通——我们反复向各个团队强调这一点。

但这不仅仅是只出现在幻灯片上的言辞。我们还采取行动以加强这些言辞。公司彻底重组了业务部门，将客户经理与项目经理配对，并给他们每人 5 到 10 个客户，让他们切实地"拥有"客户。我们也改变了衡量我们团队的标准，这样一来，只要他们实现了为此次转型而设立的同样目标，他们就能得到奖励。我们找对了路子。

在这一进程的每个步骤高层领导都积极参与其中——我之所以敢这么说，是因为我就是高层领导人之一。我平心静气地思考公司的文化和我们现有的核心价值观。当一家公司进行脱胎换骨般的重组时，其文化、价值观和品牌都发挥着重要作用。我们是谁，以及更重要的——我们想变成谁，重新审视这些问题并不是一件坏事，属于势在必行。我们有伟大的核心价值观、使命和愿景书——尽管它们需要稍加调整以匹配我们的新愿景。然而，我们并没有文化宣言或"目的"定义。当你的大部分员工都是千禧一代的时候，那是绝对不需要做的！

在我放眼未来，思考我们想要变成什么样时，我发现我们已拥有的与我们想要实现的存在偏差。此时此刻，我们需要的是反馈，让团队同心协力，界定我们的"为什么"。这需要的不仅仅是一两个高级领导人在白板上写写画画，谋划他们自以为妙不可言的美好前景。团队反馈至关重要，要设法激发大家参与其中的积极性。

我在海豹突击队认识到了坦诚相见、公开提意见的重要性，并将其落实为公司文化的一部分。创业伊始，我们获得的天使轮和A轮融资额达到大约100万美元，业务增长迅猛。但随着公司持续成长以及更多优秀人才不断加盟，有关公司的发展方向、价值观和使命方面的问题开始浮现。我不仅想知道经理们对下属的感受，还想知道这些下属如何看待他们的上司，当然也包括我。于是，我们启动了一个匿名的360度评审程序。

公司全员以匿名的方式填写了调查问卷。我登上了从圣迭戈飞往纽约的航班，满心欢喜地期待着从那些问卷中，发现我们公司真的很伟大，以及我作为他们的领导表现得有多出色。

但我读到的内容令我震惊。

我发现有些人说不清楚我平常要做哪些工作，还有些人根本不知道我们的总体战略是什么。虽然其中也有一些正面反馈，但负面的东西才是真正振聋发聩的——作为首席执行官，我知道我该怎么做了。

我召集大家开会，把我读到的所有内容，无论好评差评，一一摆上桌面。我把差评部分揽在自己头上，并强调非常重要的一点，即团队中的每个人都能畅所欲言，无所顾忌地指出他们认为有待改进的不足之处。这是我加入海豹5队后的头几天就学到的一课，但当我退伍并回归平民世界后，渐渐把它抛在了脑后。

从那天起，我们每 6 个月做一次 360 度的评估。透明度已然深植于我们的文化中。它强化了我作为一个领导者的责任感，并且强化了每个人都有发言权的文化观念（这已成为我们的核心价值观之一）。同时，它也是我们正在经历的转变过程中的一项基本内容。

这种转型进展完美吗？不。它花费的时间比我们预期的要长，而且待办事项的急迫性相互冲突，让我们疲于应付。但最终，"文化驱动转型"模型——"切入点"程序中的一项基本原则——得以成功应用，把我们转变为一家效率更高、赢利更多且规模更大的公司。就在最近，这个公司连续 7 年跻身"Inc.500"强榜单，并继续保持着上升趋势。

"文化驱动转型"模型不是在真空中工作，也不只是"第一步"。它必须渗透到整个"切入点"程序的进程中。你选择这么做的同时，并不意味着你就要放弃任何咨询公司都会推荐的、传统的转变战略和策略。"文化诊断分析"的重要功能是加强其他作用，如此一来，它可让你享有转型成功的最佳机会。

如果你致力于"文化驱动转型"模型的六大步骤，你必将看到令人惊奇的事情发生。各个团队开始团结在一起，并在面对逆境时相互之间的联系会更加紧密。海豹突击队常用"先苦后甜"来形容这个过程。

通过描述这一愿景，并彻底（反复地）解释这种转变背后的策略，你就可以将与恐惧关联的基本情绪转变为兴奋。

文化成为首要的触发器。然后，几乎一切皆有可能。

第 2 章　信任法则：自上而下而非自下而上

我刚正不阿，永不妥协。
我品格坚强，固守荣誉。
我信守承诺，言出必行。

——海豹突击队信条

你认为，当涉及需要进行重大变革的组织时，在工作场所的信任有多重要？信任究竟是一种可有可无的社会变量，还是一种用以区别业绩平平与绩效突出的成功团队的不可或缺的成分？

根据人力资本研究所的说法，信任可以被定义为"基于他人行为而将自己置于危险之中的意愿"。照此说法，由相互信任、齐心协力的团队构成的组织，经营业绩必然远胜那些缺乏信任的组织——就这么简单。人力资本研究所进行了一项名为"建立信任 2013：定义高绩效的劳动力趋势"的研究，该研究基于对商务人士的调查。它得出的一个基本结论是，在高绩效组织工作的员工认为他们的领导者是非常值得信任的——那些领导者以身作则，并在职场内外均始终如一地践行其倡导的价值观。正所谓"信任始于顶层"。

那么，信任对哪两个因素影响最大？答案是生产率和敬业度。既然我们已经认定了当今劳动力的敬业度很低，我们或可得出这样的理论：信任通常要么不被重视，要么不被衡量和管理。正如我之前提到的，盖洛普的研究指出，员工心不在焉使得美国每年付出4500亿至5500亿美元的代价。因此，信任似乎并非一个可有可无的社会变量，而是提升或降低公司财务绩效的重要因素。

那么，敬业精神的动力源何在呢？在《信任的速度：一个可以改变一切的力量》一书中，史蒂芬·柯维①解释说，当有高度信任时，员工留任比率和敬业度会增长。高信任度的组织在公司内外都能获得忠诚，从员工和股东到客户和合作伙伴。由此你可以想象，要想在变化无常和不确定的环境中成功引领变革，信任是多么重要。

看起来清晰明了，对吧？

信任是海豹突击队的基本组成部分，从参加海豹突击队的第一天起，你就开始学习它的重要性。每一位海豹队员都清楚地记得"地狱周"的经历，就像发生在昨日那样。岁月如梭，很多记忆都模糊了，但曾经的那段心路历程你永远都不会忘记。

一旦你成功通过为期1个月的训导和基本水下爆破/海豹突击队训练计划第一阶段的几周，你会有机会进入"地狱周"的训练。那可真的是名副其实的"地狱周"。训练进度至此，班里中途退出的学员已经过半。更多的学员在"地狱周"的头几天也会敲钟退出。

在"地狱周"之前的两三个星期并不像去野餐那么轻松，但你每晚至少还能睡上几个小时。而在周日下午正式开始的磨难到来之前，你就已经在忐忑不安的期待中感受到了痛苦。周日一大早，全班学员先去主教室报到，每个人只带着几件必需品。第一天的美妙之处就在于你并不知道"地狱周"何时开始。正当压力和焦虑折磨得你苦不堪

---

① Stephen Richards Covey：哈佛大学工商管理硕士（MBA），柯维林克国际公司创建人、首席执行官，美国著名的管理学大师。

言时，突然间"抱头鼠窜"的场景就上演了。四面八方响起此起彼伏的爆炸声。四处可见的教官，端着M60机枪一通乱扫，虽然用的是空包弹，但也挺吓人的。高压水枪喷着水，烟幕弹爆炸声四起。教官们大叫着发号施令：

"匍匐前进到冲浪区——冲浪、玩沙！"

"舟组组长，给我报数！你的船员都去哪儿啦，先生？！"

"100个立卧撑跳！开除他们！"

现场一片混乱。经过几个小时的疯狂之后，同班的学员们前往沙滩，去享受一段美好的、漫长的"冲浪折磨"。你和你的同学们挽着胳膊走进大海躺下。教官们要确保整个星期都让你处于寒冷、透湿、浑身泥沙之中。我们班可是真"走运"了，进行"地狱周"训练时正赶上寒冬腊月，此时的科罗纳多海水冰凉刺骨。

你知道吗？这样其实挺好。上帝要的是如钢铁般坚强的海豹队员，他们只有"在逆境中才能得到锤炼"。

但有人居然刚熬过最初几个小时就自动退出了。我喜欢看别人放弃，因为我知道，从统计学上来说，这意味着我的机会在不断提高。到了周日夜晚，你会深感绝望，看不到一丝希望。在接下来的6天里，你的休息时间总共也就几个小时。即使你终于可以喘口气了，也一刻不得闲。当你停止运动的时候，你的肌肉就会不由自主地紧绷起来——以至于疼痛难忍，你甚至都没办法知道自己是否还能动。

但你还得动。

"地狱周"的一切都是为了考验你的身体和精神的忍耐极限。你到处跑啊、爬啊，浑身泥沙；白天出汗，晚上冻僵。这是不间断的剧烈运动，教练每分钟都在你耳边悄声劝慰，试图让你放弃。你只有在吃东西时才会停止运动。这可能意味着你要跑到食堂或在冲浪区吃军用即食口粮。

能让你坚持下来的是你的心态，你与舟组其他成员间的关系，以及班里军官的领导力。我们班的领导——班里军衔最高的——简直是个完人，集坚韧、原则性强和富有同情心等品德于一身。我们全被约翰班长吸引住了。他有着积极向上的精神状态。随着"地狱周"一天天逼近，他每天都会设法帮助我们鼓足勇气面对即将来临的磨难。就在周日下午"地狱周"开始的数小时前，他还给我们读了一段选自莎士比亚剧作《亨利五世》中的"圣克里斯平日"演讲。对我来说，这段演讲有多重意义。我在南方卫理公会大学读大三和大四时曾是校橄榄球队的队长，我们队的T恤衫背面就印着那段演讲词。

约翰朗朗读道：

"从今天到世界末日，我们永远会被记得，我们幸运的少数，我们相依相系的兄弟，谁今日与我共同浴血，他就是我的兄弟。"

约翰在4天之后永远离开了我们。

那是星期四凌晨，基本上还是午夜时分。我们这些到目前为止幸存下来的人，都在各自所属的船员组里，在街对面海军两栖基地里的奥林匹克标准游泳池进行接力赛。其中一个队形变换被称为"毛虫赛跑"，其实一点儿都不好玩。在你船员组里的全体成员——大约六七个——所有的人都穿着迷彩服、扎着武装带跳入水中。每个人都仰躺在水上，双腿缠绕在他前面的人的腰部。每个人都精疲力竭了，而且你们还要全力保持协调，力道要恰如其分，让你的头浮出水面。与此同时，你还要设法战胜其他船员组。如果你做到了，就有可能袖手旁观下一轮比赛。教官会呐喊助威："成为赢家是值得的，先生们！"当"毛毛虫"解体——它最终总会这样后，每个人都必须踩着水重新回到原位。

它真的让人精疲力竭。

比赛中途，教官们对我们大喊大叫，让我们都离开泳池，坐到栅栏边上，低下头。没人觉得有什么不对劲儿，因为军令如山，何况此时此刻你已累得精神有些错乱。你真的会不断地产生幻觉，一心想着赶紧做完就算了。

但这次情况有些异样。一定是出了什么事。

他们让我们跑到街对面的海军特战中心，去教室里集合。我们发现约翰没到场，但不清楚为什么。过了几个小时，教室门开了，全体教官走了进来。基本水下爆破/海豹突击队训练的指挥官也来了。他走到教室前头。

他没有丝毫停顿。

他告诉我们，约翰在半夜1点被宣布死亡。死亡原因疑似心脏衰竭，但尚不确定。

他稍作停顿，让大家有个消化的过程。紧接着他说了让我铭记至今的一段话："习惯这种感觉吧，先生们。在海豹突击队，你会失去队友。这是这个职业不幸的一面。"

他看了一眼副指挥官，说道："现在由你负责。"由于当时疲惫不堪，加之已过了很久，我记不得他的原话，但还能回忆起他谈到了团队信任的重要性，尤其是处在逆境时。

教官们走出教室，让我们从噩耗的打击中恢复过来。有些人泣不成声。其他人则茫然呆视着前方。

我们会有个新领导带我们完成余下的基本水下爆破/海豹突击队训练。起初，我们不确定我们是否像约翰那样信任他。他的领导风格完全不同，我们必须努力去适应。在约翰去世前的"地狱周"训练，已经把我们这个班打造得很强大了。"地狱周"的严酷考验在我们中间熔铸了一种无法言传的纽带。简单地说，我们是互相信任的兄弟。但现在的情况会有所不同。

彼此仰赖是我们完成训练的唯一途径，是我们今后最终作为海豹队员完成战斗任务的唯一保证。它也会变得比我们当时意识到的更加重要。此时距"9·11"恐怖袭击还有几个月的时间，而当我们真正成为海豹队员之时，形势会变得异常严峻。我们还不知道未来等待着我们的是什么，更不知道未来的某一天我们会奔赴战场。

作为一个班级，我们团结在我们的新领导周围，而新领导的到来使我们学员间的关系变得更加紧密。作为一名年轻的上尉，他也在学习如何当好领导，有意识地自我培养与班级文化相适应的领导风格。在毕业典礼之前，他早已赢得了我们23个渡过难关的幸运者的尊敬和信任。

他领导我们走向了胜利。

"先发制人"法则

我所有的经历和研究都让我得出这样的结论：建立一种信任的文化是一种颠覆性的战略。人们更快乐，感受到的压力更低，合作得更好，工作质量更高，留任时间更长久。但是，如果领导层言行不一致，就不能建立信任——当然，还有问责制，我们将在第3章中详细讨论。如果缺乏高度信任，一个组织就不会兴旺发达，遑论成功实现转型。

不管人们是怎么说的，商场毕竟不是战场。就算你做出错误的决策，也不会付出生命的代价。基本水下爆破/海豹突击队训练以及实战中必需的信任要素在商业世界有着同等的重要性。像文化一样，信任也并非影响不到公司绩效、无关紧要的社会变量。它是任何高绩效团队必备的最重要的要素之一，推动着他们去履行伟大的职责，获取巨额财务回报，并实现组织的愿景。

它是我们在本书其余部分要讨论的所有议题的基础。如果你能与你的团队成员建立信任，无论你是高级领导团队中的高管还是前线小组中的尖兵，那么你应该算是具备了迎接未来挑战的条件。

2016年，普华永道面向全球的首席执行官做了一次调查，结果显示55%的首席执行官认同缺乏信任是其公司成长的最大威胁。但似乎许多人在学习如何衡量、管理和提高信任方面无所作为。本章将提供一个帮你在此方面有所作为的框架。

能够衡量出组织内外的信任度，并随后实施用于改进信任的体系之举，将确保公司做好应变准备。你将在本章中学习的"支柱"概念将帮助你专注于最重要的信任因素，并提供给你创建高信任环境时所需的工具。

从战场应用到董事会会议室

正如我们一直在讨论的，尽管海豹突击队是军队的一部分，但其文化并不属于命令和控制型。等级制度是存在的，并且具有与军队其他分支一样的指挥链，但由于去中心化环境和赋能授权团队的存在，团队成员彼此间的信任度和信心值都很高，而且它始于顶层。换句话说，指挥官们必须赢得下属团队的信任。这不是能由军令、军衔或军规说了算的。

遗憾的是，无数平民组织并不是这样运作的。领导层总是期待自下而上的单向信任和忠诚。这种"信任"是盲目和虚假的。事实上，我多年前在 *Inc.* 杂志上撰写的第一篇专栏文章论述的正是这个话题。

在我所有的文章中，它的阅读量和分享量一直居高不下。那篇文章提倡的就是自上而下，而不是自下而上地建立并培养信任和忠诚的战略。简单地假设信任存在的做法实在是太有诱惑力了，因为它让领导者感觉他们拥有某种控制力，而且，坦率地说，当你面对一家拥有众多分支、职能部门和各种小圈子的大型组织时，这样做起来也省心省力。

但无论如何，你不能假定信任存在。

我在自己的公司和打过交道的公司里都发现过这种现象。

我手头正好有个现成的例子。当一家客户公司的高管绕过他通常的联络人，直接打电话给首席执行官。后者接到电话后的反应方式，基本上就决定了他的团队内部信任度的高低。我们就假定客户对所做工作质量不满，要投诉。这位高管抱怨说："我们花了这么多钱给你们，却没得到我们想要的。你打算怎么办吧？！"

你可能自然而然地召集下属团队，劈头盖脸地训一通：客户打电话投诉了，我们最好把事情查清楚，否则我们就会失去一大块生意。于是乎，大家分头忙碌起来——各个团队被急火火地召集到一起，手忙脚乱、七拼八凑地解决可能存在的问题。同时一再向客户做承诺，试图通过不断地赠送礼品的方式平息客户的怨气。

高层领导的这类行为暴露出他们缺乏经验和不成熟，而且肯定是缺乏信任的表现。你先是不信任下属，然后又奢求得到他们的回报，天底下哪有这等好事？！

客户公司高管得到的信息很可能是从基层作业组一级级上传的。问题可能是由多种因素造成的——其中许多并不在你的团队控制范围之内。你可以为挽救生意而对下属大发雷霆，或者选择另一种方式，要求你的团队整理一份报告说明情况。

"这是我得到的信息。这是否符合你们了解到的实情？是我们真的失误了，还是客户那边有问题？或者双方都有错？我们该怎样解决这个问题呢？"

你表现出对你团队的信任，你的团队才有理由信任你。你表现出对他们的支持，就是在转化他们的心态，然后他们会为你全力打拼。否则，他们只会心生怨恨，怪你迫使他们无休无止地加班加点，去解决子虚乌有，甚至未必是他们造成的问题。归根结底，问责制很重要，相关团队必须对结果负责。但当结果是共同获取的，便建立起了信任。

如果你破坏了组织内部的信任，那么重建信任的工作将需要很长时间。除非领导团队的行为模式发生突变，或领导层成员出现较大变动，否则往往无法重建。如果上述情况时常发生的话，想要重建就更难了。

这些问题当然可以用正确的心态转变来解决，但显然最佳选择是一开始就建立一个能维持正确文化的体制。

如果信任是一个高效能团队必备的基础元素，那么它必须建立在某种东西之上。自从退役之后，我在打理自家公司和帮助他人的那段时间里，把这个成长平台提炼成我所说的"信任七支柱"。将这些支柱砌入一个组织的文化中是变革的必要条件。没有这些信任因素打基础，任何转型努力终将归于失败。

支柱之一：战场内外正直诚信的领导力

海豹突击队的生活环境会让你很快就暴露出本性。无论你是旅行还是部署时，你都会与大家挤在一起生活。而当你进入生死攸关的场景中时，信任理所当然地成为绝对的必需品。如果你身旁的同伴不值得信赖，你发现情况不对就要即刻采取应对措施。鲜有不可靠的人能完成基本水下爆破/海豹突击队训练，更不要说顺利通过难度更大的高级训练阶段了。但是，不管出于什么原因，他们就算是通过了全程训练并加入了海豹突击队，也不会待太久。

这在商业世界里或许表现得不那么鲜明，但诚信仍然是构成信任文化的重大部分。从根本上看，一个组织的领导人需要言行一致。而且关键是要始终如一。如果你是高层领导，而且总是说些信任和诚信的大道理，但同时你在与员工、客户和战略伙伴打交道——甚至对待家人时——经常失信，你实际上在用行动告诫大家别在意你怎么说。

无论战场内外，诚信都很重要。

虽说我们喜欢把我们的私人生活视为隐私，但你在个人生活中的操守的确会影响到你在职场上能获得多少信任。如果你是一个部门的领导，并且和你的团队紧密合作，你在办公室内外的行为表现都会被人用来评判你。这是领导人的众多负担之一。言行不一必然导致迅速恶化的信任。如果你渴望得到团队的信任，但你在公司工作时失控，或者公司里的人都知道你对配偶不忠，那么你就在损害团队对你的信任。更重要的是，这会让他们以为失信不会受罚，是可以接受的行为。

用来说明这个问题的例证甚至都不需要有多重大，或像出轨那么有戏剧性。假设你经营着一家有20名员工的小商店，你遇到一个攀上大主顾的机会。但是那个客户声名狼藉，你上谷歌随便一搜就能找到一大堆有关他们为人处事的负面文章。你或许会以公司需要业务为由签下这个新客户，但是如果你平常一直强调的都是诚信和信任很重要，你的团队将会看穿你，认为实际上组织或领导者并不把诚信当回事。像所有的文化要素一样，信任和诚信始于顶层。它需要一以贯之的展现。

如果诚信真的被重视，经理们需要奖励那些有如此表现的团队成员——哪怕诚信的行为会导致短期收益上的损失。有一次我在为一个领导力培训会做准备时，我和一位客户闲聊时提到了诚信。公司高层正忙着为转型拟定新的愿景。他们最近完成了一系列的收购工作，一直在努力与"新"公司的愿景对接（并保持一致）。他们正经历着各种变化，并组建了一个文化特别小组。新举措之一就是重新注重提高士气。因为公司内开始出现变革疲劳的迹象，每个人都感受到了变化引发的阵痛。

这位首席执行官屡次指名道姓地提及他们的一位客户。按照他的说法，那是他们公司最大的客户，占其总收入的20%。但是，那个客户把公司团队支使得团团转不说，积累了数百小时的工作量还迟迟不付款。公司这边的项目负责人屡屡出错却恶人先告状，为了保全自己，她在老板面前说尽了项目团队的坏话。更有甚者，她还公然辱骂公司团队。

团队成员们去意已决，就差递交辞呈了。他们本已忍无可忍，而如今公司纷至沓来的新举措对他们来说无异于雪上加霜。但他们能做什么呢？那可是公司最大的主顾啊！

我问他想怎么做，这样下去肯定不行。他的团队失去了信任，感到不受保护。以往试图与客户沟通的努力未见任何成效。我不管他是否会长篇大论地激烈反驳，直截了当地告诉他：该了断了。财务报表显示，在大量额外工作量的影响下，这个最大的客户也是让他们赢利最少的客户。因此，终止这项业务只会对公司顶线业绩有短暂影响。

几天后，他打电话给我，告诉我他已经决定解除与那个客户的合同。接下来的一周，他召集项目团队，并告知他们，随后在全公司范围内宣布了这一消息。接下来发生的事情令人惊讶不已！

他的大胆举动使士气空前高涨。公司的工作环境发生了翻天覆地的变化。腾出来的资源被转移到其他优质（更有利可图的）客户身上，且竟无一人辞职。首席执行官的正直和呵护手下的热情加强了大家的信任，结果是极大地提高了公司的效率和赢利能力。

支柱之二：创造并传播一个制胜愿景

如果你想要一个团队在追求共同目标的过程中齐心协力，相互信任——特别是在变化的时代，你需要设法让大家完全相信这个共同目标。当一个群体上下同心，它会让每个人都很兴奋并且干劲十足，作为领导者的你无须时常对他们施加压力和威逼利诱。

一致性和沟通是创建这种愿景的出发点。你不能只是把你的愿景宣言贴在墙上，然后在季度例会上说一次。信任和齐心来自信息与行动相匹配，不论正式还是非正式，而且要自始至终天天如此。什么是正式的方式？通过奖励支持它的行为来强化你发出的讯息。我们随后还会进一步讨论怎样创建一个强有力的求变愿景，但需要强调的是，它对建立信任具有举足轻重的影响。如果你正在打造"一个团队一种战斗"的精神状态,那么你必须十分清晰地界定那场战斗的内容和缘由。

但扩大信任最有效的方式是在日常举止上保持始终如一的表现。当人们看到你无论是否在办公室里或在人监督之下,都能做到言行一致,那才是真实有效的。

有一次我去拜访客户公司,这个大型健康服务机构聘用了数千名退伍军人。我和一位副总裁会面时,又提到了上述话题。我被带到他们举办的"退伍军人节"纪念活动现场做主题演讲。我的演讲结束后,我们一边聊天一边走向他们的运动场,那里即将举行陆海军之间的腰旗橄榄球赛。他提到,他们最新的文化变革举措之一是重新关注员工的健康。这是他们求变愿景的部分内容。很显然,首席执行官本人对这项新举措深信不疑,为了以身作则,他甚至改变了自己的日常作息习惯。他不只是说说罢了,而是用实际行动表明他要身先士卒。

他每天都会穿上运动鞋,跑遍公司大院。他并没有躲在公司内部令人惊叹的健身房里的跑步机上独自健身,而是面向全公司高调张扬健康是新愿景的一部分。他的行动比言语更响亮。他还特意与更多的人,特别是他不熟悉的人加强互动,随便谈谈关于健康新愿景以及它为什么很重要。有目的地讲故事。渐渐地,越来越多的人在他的带动下改变了自己的行为。公司大院变成了健身场!他创造了一个制胜愿景,并且坚持每天身体力行。

支柱之三：建立并投入尊重

在某一时刻，大多数组织都将拥有一些终身留任、在特定领域有一技之长的人员。但他们同时也是有毒资产。

这些人有时会随意取笑管理层、公司的方向、同事，无所不包。但他们也很聪明，擅长于本职工作。这无疑让他们成了一级选手，对吧？

错！

如果你周围就有个这样的人，你可能会和你身边的人有同样的想法：怎么就没人管管这事？如果对这种人的行为听之任之，他留守的时间越长，散布的毒素也就越多。领导者的纵容会让这类行为蔓延开来。

如果这个人一直表现如初，没人出面遏制其消极性，其他团队成员怎么可能相信他们的良好行为会得到客观公正的评估？

当你打造一个组织或团队时，你可以从头开始创建强化信任和尊重理念的体系，并有"真金白银"的投入。每个经理和人力资源管理者的任务应该是铲除无礼的冲突和失敬的员工。

注意，我并没有说彻底根除冲突。

你不能把冲突和无礼混为一谈。合理冲突是任何高绩效组织的重要组成部分。这是一个公司成长的过程。如果你建立的团队文化，让人们不敢发言或提出建设性的批评，你将失去获得宝贵的投入机会。人们的积极投入很可能导向关键的发展轨迹修正或新的有利可图的机会。不鼓励团队发出声音就像破坏信任一样，也会导致自满和缺乏对共同使命的认同。

我有个总部设在德国的客户，这家业务遍及全球的食品公司正在美国迅速扩张。企业文化中规中矩，具有指挥—控制的领导机制。每个人的办公室几乎都一模一样，畅所欲言显然不属于其文化的一部分。如果你想装饰自己的办公室，就必须从一个插图数据库中选择样式。就连在你的办公室里挂白板，也要得到特别审批！我要说的是，随着公司业务的大发展，他们正在积极地努力改变他们的文化。

公司计划在未来5年把业务扩大3倍，同时增加数百间新店铺。改变势在必行！他们为此请我去公司为期两天的经理人团队建设会议上做主旨演讲，接着再举办一个全天的研讨会。人力资源和职业发展主任想让我们把重点放在让人们脱离他们的舒适区，展开有礼有节的冲突，以便他们能够产生内容广泛、切实可行的解决方案。

根据我们几次规划会议的讨论，我创建了5类主题：领导变革，改善文化，改善内外部沟通，改善供应商关系，以及增长资本化。管理人员被分成不同的小组，我引导大家就如何在这些领域实施变革展开讨论。这需要一点观点的碰撞，而且要让管理者们明白，只要在沟通中做到相互尊重，直抒胸臆是有益的。他们花了不短的时间才破壳而出，但他们确实做到了。那一刻，魔法开始起作用：他们踊跃发言，在激烈争论的同时又能做到不失礼。与此同时，他们的认识逐渐趋向一致，并建立起彼此间的信任。他们在彼此尊重上的投入也有了回报，并在此基础上积极围绕上述5个方面的议题出谋划策，制定切实可行的解决方案。

支柱之四：实施在各级的真正赋能授权

我对该不该在此处采用"赋能授权"一词有些拿不定主意，因为它已成为一个非常时髦的商业术语，但它真的是最适合用来描述我们所作所为的词语。许多领导者和管理者都使用这个词，但在许多公司里，它名不副实。表面上，团队得到实施一项重大项目的自主权，但在实际运行中处处受束缚，被管得死死的。或者某个团队获得赋能授权去做无关紧要的事。毋庸置疑，这两种做法都会有问题。

当今的商业环境是不稳定的、不确定的和模糊不清的。如果你要求生存，你就必须成为团队的一员，而这个团队的成员拥有全程参与转型的权利并享有自主权。坦率地说，这种权利适用于企业的所有方面。

有了适当的培训和资源，员工们必须得到管理其他人的权力，并以他们认为合适的方式实施项目。公司上层如果能充分信任员工们的创造性和自行解决问题的能力，这将极大地调动员工的积极性。2014年，花旗集团和领英联合进行的一项调查发现，近一半的员工宁愿放弃加薪20%，也要获得更大的工作自主权。这充分说明了赋能授权和自主权的重要性。

自主也会促进创新，因为人们自然而然地会在不同情形下尝试各种做事方法。监督机制和风险管理程序可以在决策错误时尽量减少损害。当然，事后评估时也可以把这些错误当作负面教材，总结出经验教训以更好地实施未来的项目。

在海豹突击队中，这是我们职能中的基本元素。每个任务都有明确的目标，但当团队进入行动区域后，形势发展瞬息万变。我们接受的训练就是让我们能够熟练掌握多年开发的工具，应对这些变化。目标是固定的，但战术是灵活多变的。一个排或一支部队的每个成员均获得赋能授权，各自承担着重大责任。你的一些队友可能只有21岁，但却是狙击手和联合战术空中管理员（控制空中支援的无线电操作员，是一项责任重大的工作）。但是我们之所以能够把这些工作托付给他们，是因为他们了解这个任务，并且有最好的培训和适当的资源来完成任务。

真正赋能授权一个商业团队的想法让有些领导者感到不太自在，但是即使是那些接受这个概念的人也常常会犯错。他们提出了赋能授权的想法，但这实际上是一个虚假的姿态。团队成员可以做决策，但他们的决策通常会被推翻，未被推翻的往往是无关紧要的小决策。

再说一遍，那只是放空炮。人们很快就会认识到他们的贡献受到极大的限制。于是，他们要么采取"事不关己，高高挂起"的态度，要么心生怨恨，停止任何作为。那些天赋极高的人会另谋高就，换一个能真正发挥作用的工作环境。

假设你的组织将选择一个新的项目管理软件系统或一套昂贵的仓储设备。正确的做法是，首先听取一线员工们的想法和建议，因为只有他们每天都要使用那个系统，显然更清楚哪种是最佳选择。你甚至可以组建一个团队，并让他们决定选择哪个系统。领导层显然需要在成本和功能方面设定宏观参数，但这个团队需要有自由发挥的空间去完成它的工作，最终选定最符合他们需要的系统或设备。

整整一代组织在付出重大代价后都发现，忽视一线员工的建议会导致令人痛苦的后果。这很难一概而论，但许多千禧一代员工的共性，是渴望做有意义的工作。他们想要感受到自己与事业的联系。激励并推动他们热情工作的是赋能授权及其附带的信任和责任。把它拿走，让工作变成谋生手段，你就会把你的团队变成一群雇佣兵。这是一种所付代价高居不下、压力重重的经营方式。最终，员工流动率会上升，士气会低落，绩效将一片惨淡。

像信任一样，赋能授权不仅仅是一种文化意义上的锦上添花。企业必须建立起允许真正赋能授权的结构。有了明确的使命和愿景，清晰的界限，以及恰当的资源配置，可以让赋能授权做起来更容易。这一点很重要。没有适当的培训和资源，难以实现真正的赋能授权。如果我明确授权下属，让他们主导一个重要的新项目，但又不提供完成这项任务所需的资源，我其实是把他们送上失败之路。他们很快就会醒过味来。信任也会因此受损。

可是赋能授权总能产生完美效果吗？当然不能。犯错在所难免，也有可能走入死胡同。但它会在整体生产率、员工敬业精神、信任和士气方面带来可观且显著的效益。

支柱之五：接受挫折并直面牺牲

正如我们在海豹突击队中常说的"接受挫折！"如同许多重要的事，牺牲可以是真实的，也可以是象征性的。而当一个组织处于变革中，并在这个组织中建立信任，上述两种情形一定同时存在，并且一起完成。

组织中的每个人首先要清醒地认识到，改变需要个人做出巨大牺牲。假设你正在你的公司实施广泛而多方面的变革，它的重要目标是大幅提高效率，净利润率力争提高7%。对一线员工来说，这意味着他们的工作方式会有所不同，并且要花费更多的时间，甚至要加班加点，以便熟悉新系统、新规则和新目标。他们实际上是同时在做两件事。他们一边要完成定额定量的本职工作，一边要实施与转型相关的新职能。他们要冒险走出自己的舒适区，为完成任务需要每周多工作

10至20个小时,却不一定能得到加薪或奖金,至少不会马上得到。他们被告知,每个人都必须再坚持一段时间,不怕吃苦;而且这样的牺牲不会持续太久,一旦公司赢利了,就会有加薪和奖金。

领导团队很容易迷失在云端,沉溺于自我营造的海市蜃楼中。我们将迎来伟大的转变!我们的效率将得到极大的提升,挣得盆满钵满!美梦或许成真,但身处一线的人仍要分身有术,在学习"新做事方法"的同时还要做好原有的本职工作。

所以,你大可想象一下前线团队会有怎样的感受,他们的工作量指标保持原样,并没有做出相应调整以适应新的现实。还有,想象一下当一个组织开始谈论与效率和利润挂钩的变革时,所有前线员工立刻会想到什么。这可能意味着有些人将丢掉工作。那当然是不容回避的现实,但你不能忘记那些担心失去工作的人所付出的代价,或者担心在人手不够的情况下他们将不得不承担更大的工作量。

这些现实问题都需要应对和讨论,而不是把它们深埋在电子表格中的某个地方。这当然是一种很诱人的做法。但是,正如我们一直在讨论的,当你建立了信任,团队成员会坦诚相待,团队成员之间对话时便无后顾之忧,言词也会比较激烈。当下属深知领导层正直诚信,并且坚信尊重得到重视,主动做出牺牲就容易得多,不管未来存在多大困难。

这就是牺牲的象征意义所在。如果领导团队嘴上不停地宣扬变革、效率和利润的理念,但在行动上做不到身先士卒,行为方式依然如故,那么员工们很快就会离心离德。如果人们失去了工作,留下的人加班加点为掌握新系统而费尽心思,他们的领导团队仍在乘坐私人飞机去往各地,开着他们的法拉利停在专用停车场,员工们的怨恨就会像野火一样蔓延开来。这是否意味着他们必须出售红木办公桌,把法拉利降级为丰田凯美瑞？这倒不一定，但还是应该彰显可见的牺牲。一线员工很清楚哪些是真实的需求，哪些是奢侈的享受。如果短期内必须做出牺牲，应该人人都有份。

人人都要品尝苦果。

有一年，我的一家公司业绩不佳，利润受损，高层领导人便改变了我们的薪酬模式，这样我们就只能拿到基本工资，不会收到任何奖金，直到公司重归赢利。如果我一手拿了奖金，转过头就对别人说："对不起，伙计们，今年没你们的奖金了。"对于员工来说，这就意味着我作为领导，不仅不能和整个团队同甘共苦，我还为公司业务欠佳而奖励自己。

在基本水下爆破/海豹突击队训练过程中，班级里的军官们受的苦与学员们一样多。有时甚至更多些。如果整个班级未能准时参加某个训练科目或者表现不好，谁会挨罚？当然是领导者。他们要做额外的立卧撑跳、引体向上以及冲浪玩沙等。我记得我班上的一名军官就曾被埋在炙热的沙子里，只露出脑袋。

象征性的牺牲也有一些微妙的形式。如果领导层把大家召集到一起开会，开始大谈公司业务形势严峻，急需做出重大改变，那么，领导层需要一些形象具体的安排来支持对大家做出"牺牲"的期望。紧迫感体现在哪里？刻意设计的紧迫感必须随改变而来。策划重大变革的战情室安置在哪里？这类事情能使大家团结一致，做出牺牲。在海豹突击队，大家不分军衔高低，一起在污泥里摸爬滚打，共同身临危险处境。我们一起直面牺牲。许多人更是真的为他的兄弟们献出了自己的生命。

支柱之六：公开透明的沟通

许多组织及其领导人都在讨论提高透明度的必要性。这包括团队成员之间的透明度，以及与客户之间的透明度。但这并不是说公司业务的每个细节都需要随时分享给所有的人。出于显而易见的理由，有些战略性决策和整体财务数据就不能分享，需要严格保密。

但是，如果你的组织默认的经营模式是秘而不宣，或不诚实，你将很难建立信任。

在海豹突击队中，扁平化的管理结构意味着我们在所执行任务的细节方面可以毫无保留地沟通。在为任务做准备时，我们不得不完全依赖情报局的合作伙伴，每次行动前都依据他们提供的情报进行一丝不苟的演练。这样做的目的是确保我们更好地应对瞬息万变的行动环境。

但拥有扁平化的结构和公开透明的沟通并不能保证我们每个人都掌握所有信息。每个高效组织仍然具有指挥链，但这类组织同时坚持不懈地打破任何影响信息流通的筒仓阻隔，毫无保留地把全部相关信息传递给最需要它的人。最重要的是，要在正确的时间，把正确的信息传递给正确的人。否则，你有可能会让他们应接不暇，淹没在一大堆他们执行某个任务时并不需要的信息当中。开诚布公的沟通也讲究时间和地点。

这里的目标是简化沟通渠道，确保团队中的每个成员都感受到传达的信息真实可信，符合当时的情境。如果涉及计划或战略的某些内容还不便分享给大家，领导者实言相告并无不妥，但已经共享的信息应该是真实的，而且符合任务的目标。

这意味着不加区分地分享好消息、坏消息和令人厌恶的消息。因为报喜不报忧迟早会出大麻烦。如果你不告知实情并引导大家予以正确理解，那些不了解真相和背景情况的人往往会得出他们自己的结论，这种胡思乱想的结论通常会比实际情况更糟糕！生意上的小挫折本不算什么，但若处置不当，就会在不明真相的员工中越传越邪乎，变成大厦将倾的谣言，吓得一些人开始更新他们的简历和领英上的个人资料。

各组织在这方面栽跟头的方式多种多样，其中之一便是采取解雇一个人的处理方式。解雇员工是企业经营活动的一部分。这从来都不好玩，涉及的每个人都会感到压力重重。但在此过程中，经常被忽视的却是那些留下来的人心里受到多大冲击。在更大规模的裁员中，这种心理震荡的烈度也会呈现爆炸式的增长。

例如，在我的一个公司里，我们不得不让一个老员工离开，因为他不能完成工作指标，也不善于同他的团队沟通。时间到了，我们和他坐下来并告知公司的决定，他惊呆了。他没想到会发生这种事，因为在此前几个月里他的经理从未认真跟他交流过。在缺乏透明沟通和明确的绩效指标的环境中，人们通常会感到沮丧。一旦有人被辞退，大家会因为不理解，或认为公司决定不免无端甚至残忍而产生不信任感。反馈不能只是以年度绩效考核的形式出现。高效能团队用心尊重团队成员，持续不断地提供反馈和支持，帮助他们自我纠错和改进。这做起来并不难，现在有很多辅助性的工具和应用程序可供选择。

作为文化的一部分，透明沟通最重要的方面是学习和改进。在海豹突击队的训练中，以及在真枪实弹执行完每个任务之后，我们都会进行我之前提到过的事后回顾。通常情况下，我们会抛开军衔等级和个人情感的干扰，穷究细研我们对在哪里，错在何处，执行下一次任务时怎样做到更好。我们不只是泛泛而谈，而是公开地逐个品评每个人的表现。我们鼓励众人在相互尊重的前提下，就事论事，勇于争论。这是我们学习文化的一部分，也是我们彼此之间高标准严要求的具体做法。

我最早的事后评估经历之一，是我们排在阿肯色州进行的一场陆战训练中。我们刚刚完成了一整夜的伏击演习。通常，我们都是实弹演练，但对这种夜间进行的演练，我们改用空包弹。我们使用的武器不变，但会换上不同的枪管。在陆战训练中，我是一名M60机枪手。这枪很重，还要带上大约1000发弹链供弹的7.62毫米子弹。新来的家伙干重活，记得我以前提过吧？

我们在闷热的天气中不停地跑，不停地射击，演练了一整天。我实在太累了，精神有些恍惚。我忘了把实弹枪管换成夜间训练用的空包弹枪管。没什么可辩白的，我的确搞砸了。这就意味着我的M60发射不了空包弹。没错，这不过是训练；没错，不过是空包弹。但如果我在真正执行任务的时候，犯了相反的错误呢？不用说，我很早就发现了自己的错误，真不希望在事后回顾时提起这事。

我万分希望我们的排长能敷衍了事，但我知道他不会。不把这事提出来是不负责任的行为。我就不再重述他是怎么把我骂得狗血淋头以及说了多少大道理。关键是我把事情搞砸了，而且对我们来说错误的大小并不重要，而是要尽量避免任何微小的失误，随时发现，及时应对。我后来再也没犯过类似错误。必须立即处理和修复。我再也没有犯过那个错误，很显然，我们在商业世界里肯定不能像在军队里那样，执行那种异常苛刻的事后回顾流程，但是可以采用相对平和，少些脏话的版本，这是一个建立信任的重要练习。

公开透明、良好的沟通以及理性冲突，种种这些都有助于任何组织建立信任并越办越好。

支柱之七：全员问责制

最后一个支柱——问责制，实际上是由上述所有支柱叠加而成，也是我们在第3章中要讨论的内容的预览。提前在此对它加以说明很重要，因为我想强调一点，它将是贯穿全书，并反复出现的一个概念。

"问责制"一词就像"改变"一样，成了人们常用来表达某种负面因素的代名词。我要做的是消除这种误解。问责得当，有助于建立信任和强化团队精神。它不仅能杜绝寻找借口和相互指责的行为，同时还发挥着提高团队和个人绩效的作用。

当海豹突击队外出巡逻或设置环形防线时，每个队员都要负责看好一个特定的"射击区"以防敌人来袭。具体地说，你以自身为圆心用眼睛画一个圆圈，视线所及的那个范围就是你要负责的射击区。从你开始训练的那一刻起，你就不断地强化这个意识，那就是你要对这一射击区以及更远处担负看管的责任。射击区重合使得团队更加强大。问责制和所有权是我们建立团队的秘诀，由此建成的团队整体力量大于每个成员力量的简单相加。

我们文化中的这项元素有助于提高整个团队的工作效率。团队成员既不会做无用功，也不会浪费精力。你不会脱离自己负责的射击区，从而避免了误伤队友的风险。优秀运动队（以及商业单位）的工作方式与军队类似。教练确定每个球员的责任，每个球员则有义务做好自己的工作。

如果有人犯了错误而没有做好他们的工作，预先设立的一个机制会随之启动来解决这个问题。这是另一种问责制，让人们可以完全专注于他们自己需要做的事情而不必有所顾虑。

一个业务团队通常会怎么出错呢？一般来说，团队中的甲等队员有很强的主动性和责任心，会努力做好他们的工作，而乙等队员做事不思进取，或把时间和精力花在与其任务和目标不相符的活动上。

如果这些人的所作所为或不作为无须承担任何后果的话，问责的概念就对整个团队失去了效力。甲等队员往往更受影响，因为他们会觉得自己白费功夫，得不到应有的支持，或者认为领导层在纵容工作差劲的表现。他们也最有可能另谋高就，因为他们能力强，机会也多。很糟糕的现实是，经理们要花费大量时间对付那些对工作漫不经心或消极怠工的下属。

一个组织如果不能始终确立谁该负责，该怎样负责，问责制也就不存在或者无法建立起来。问责制的确立需要时间，久而久之人们会养成担责、坦承错误，并努力做好工作的习惯。他们会认定这才是组织文化的一部分，是组织对他们的期望。但当组织采用不同标准问责时，人们对组织的信任就会恶化，就像前面提到的有毒专家一样。如果管理层因担心惹恼或害怕失去做得不好的员工，因而选择无所作为，就会导致两种后果。一是其他优秀员工注意到组织内存在偏袒现象，并且容忍不良行为，他们非常清楚原因何在。于是，对管理的信任受到损害。二是当事员工会认为他们可以胡作非为而不必担责，并将继续我行我素。

有了一致的问责标准，它就成为文化的一部分。

来自前线的故事

当我针对这些问题向一个组织提供咨询服务时,我被提问最多的是有关如何"衡量"信任的问题。领导人通常认为它是一个"社会变量",难以在财务报告上加以衡量或量化。它或许并非明示在损益表上的一个项目,但它的确存在。我们此前已基于人力资本研究所的《建立信任2013:定义高绩效的劳动力趋势》的报告确立了这一点。信任影响敬业度,而敬业度对组织有直接的经济影响。

我告诉他们的第一件事是赤裸裸的真相。就像人们常说的那样,任何重要的事情都必须加以管理和衡量。你可以度量任何东西,但是任何高效团队唯一重要的文化方面就是信任。没错,它可以被衡量,可以采用我在前一章提及的文化情绪工具中的方法或通过详细的员工调查的方式。领导层和管理层应该更进一步,在这些调查中建立信任指标,这样他们就可以在信任度上单独得分。

对待信任最简单的方法是把它视为一个账户。如果你的信任度账户额度降低,则意味着公司成长速度下降,成本上升。你不需要和会计沟通,就知道这种状况直接影响到一个组织的业绩,无论是体现在财务上还是其他方面。

当信任账户处于高位时,公司成长速度上升,成本下降,效率得到大幅提升。这无疑提高了赢利能力和满意度——无论是员工还是外部的客户和战略合作伙伴,皆大欢喜。

为便于衡量这个信任账户,我将其分为3个不同的类别,目标是测定它对业务的经济影响:

·内部信任度

- 外部信任度
- 建立或损害信任的行为

内部信任

为了对此类别做出判断，一个组织需要首先提出最基本的问题。

- 这个团队信任领导层吗？
- 该企业文化是协作型的，还是筒仓型的？
- 人们是在互相竞争还是作为一个团队共同工作？
- 团队成员以及部门之间的沟通流畅吗？
- 领导和经理们言行一致吗？
- 各职能部门之间的隔阂有多严重，是缺乏信任的结果吗？
- 敬业度方面的问题是由内部信任缺失造成的吗？

衡量内部信任不属于精准科学。当信托账户额度很低时，每个人都能知道。你不时会遇到一些糟糕的领导或经理，他们被自己的欲望蒙蔽了双眼，或者情商很低，根本意识不到信任缺失的状况。但是研究表明，组织内部信任程度的高低对生产率、收入和利润都有直接的正面及负面影响。

外部信任

这项内容涉及用户、客户和合作伙伴。与之相关的问题包括：

- 我们的用户相信我们会以他们的利益为重吗?
- 我们的合作伙伴、供应商或分销商相信我们之间存在信任关系吗?
- 我们与他们沟通的透明度和频度如何?
- 为改进我们的产品和服务,我们是否公开要求客户提供反馈并加以应用?
- 这些关系纯粹是事务性的,还是存在一些更真实的东西?

外部信任度高低在财务方面表现得比内部信任更为明显,因为它直接关系到客户和合作伙伴的忠诚度。如果信任度较低,客户和合作伙伴流失率将居高不下;这是一个显而易见的财务问题,因为你正在失去生意,越来越差的名声也妨碍着你获得新客户。

建立或损害信任的行为

最后这部分是所有建立或伤害信任的行为和行动的清单。如果你想要一个拥有高信任度的高绩效团队,你必须用行动表现出你的期待,不能只是心里想这样或停留在嘴上。至于实际情况如何,只有通过对可信度、问责性、行动一致性和透明度等领域衡量后,你才能得到真正的答案。

领导团队通常最关心的是经济因素,这也是他们请我提供咨询服务的主要理由。有关文化的种种说法听上去都很好,信任也的确很伟大,但我就想知道它能给我们带来多少净收益呢?

如果财务报表能增加一行"信任"就再好不过了,但这需要更多的工作。如我此前描述过的那样,在我的组织中,我采用了360度匿名反馈调查,从中辨析出那些建立和破坏信任的行为。一旦识别出有损信任的行为,包括我自己的行为,我会即刻予以纠正。

这意味着多少美元呢?数十亿美元。记得我说过的吗?

低信任度组织的员工流动率和客户流动率高得多。如果是因为信任度低而导致员工流失(这在离职面谈时就能很容易确认),你要付出这个离职员工双倍的成本才能找到替代他的人,这还没算上你由此损失的生产率。必须认真对待这个问题,不然要付出惨重的代价。同样地,大量研究表明,替换客户要比保留现有客户的成本高5倍。

我们就再从全球性食品公司的例子说起。对这家公司来说,最重要的战略举措之一就是充分利用其业绩空前增长的优势,改善与食品供应商的关系。他们需要增进信任,建立更有意义的关系。没有供应商的食品公司会有发展前景吗?肯定没有。他们需要重新关注并赢得外部信任。

我们首先详细分析了一份供应商的调查报告。总的来说,这个调查的重点是该公司如何进一步改进与供应商的关系。从调查结果来看,沟通和发展非事务性关系出现的频率很高,显然是供应商们共同关注的重点。他们希望获得更多有关其产品的反馈,同时也希望公司愿意听取他们的建议。他们希望签订长期合同,由此体现出双方同舟共济的诚意。他们还希望公司能分担更多风险,以便双方共同发展,而不是仅仅被告知他们的产品要在沃尔玛试销,以及业已通过审核之类。所有这些做起来并不复杂,但它意味着做事方法和心态上的重大转变,且要自始至终地体现在行动上。

调查的结果表明,与供应商之间的外部信任需要有所改进。但他们知道，除非极大地提高与供应商之间的信任度，否则他们无法实现未来 5 年规模扩张 3 倍，同时增加数以百计的新店面的规划。于是，他们开始着手这项工作。

再说一次，这就像问个问题一样简单：我们能做得更好吗？可以提问的对象包括客户、员工、合作伙伴和同行。但是为了建立信任，仅仅提问是不够的，还必须采取行动。信任是很微妙和脆弱的，但它又是用来打造高绩效组织最强大的工具。与婚姻一样，它不是那种双方各占一半的关系，而是要双方均付出百分之百的努力。

它同样是引领变革的文化利器。

第3章　问责法则：所有级别的主动担责

在缺乏命令的情况下，我将主动担责，带领队友并完成任务。我将在各种情况下以身作则。

——海豹突击队信条

在任何高绩效的组织中，问责制并不是出了问题后大家就开始议论的概念。它是一种文化的基石，在这个文化中，人人努力完成任务，无论成功还是失败，都能追溯到负责的人。除了信任之外，问责制对任何公司的士气和财务健康都有极其重大的影响。它是亟待转型的文化中最重要的一个元素。

我必须强调敬业的重要性，因为它有助于建立问责制赖以发扬光大的文化。虽然许多公司花了相当多的时间来衡量"员工满意度"，但这并不一定是高绩效的重要指标。盖洛普的研究表明，尽管衡量和管理满意度可以创造一个很棒的工作场所，但仅靠提高满意度和幸福感这两项指标并不足以成功地引领变革，留住顶尖人才，并提高经营业绩。因为很多满意的员工属于不敬业的员工类别，他们满足于得过且过，不愿再多付出一丝努力。与之相比，敬业的员工被认为是最负责任的。

与组织期望和行为规范相关的问责制，并不是新鲜的概念。早期的希腊哲学家，如柏拉图和亚里士多德，在探讨责任、正义、社会秩序和惩戒时,就提出了问责的概念。这可以从两个层面来看待:(1)个人层面的问责制;(2)组织层面的问责制。个人层面的问责可以分解为任务绩效和情境绩效(对组织的社会和心理核心做出贡献的那部分活动)。

组织问责制及其与组织财务成功之间的关联,正日益成为学术和产业界广泛研究的对象。在我上一个公司的重大转型过程中,我们对这个概念进行了研究。随着我们的增长和成熟,我们面临并需要更多的改变,同时我们也意识到,只有能真正掌控完成工作的方式和时间的赋能授权团队,才能让我们在成长的路上走得更远。结果清晰可见。当团队乃至个体获得对任务的更多支配权时,他们会投入更多的时间、能力和精力,并出色地完成任务。在命令和控制的环境中,情况恰好相反。处于蒸蒸日上的组织中的团队,一定会感觉自己有发言权,并对重要的决策有真正的影响力。

想象一下这样一种环境:当任务失败时,众人言词激烈地相互指责。但在另一种环境中,人人心知肚明,每个团队成员都将尽其所能地履行自己的职责。那会是什么样的情形?能取得怎样的结果?什么样的经历创造了一个可信的问责环境?

在基本水下爆破/海豹突击队训练中,问责的概念从训练之初便深入人心,也就是我们常说的"我们的训练永无止境"。

从第一周开始,我们在整个训练周期中,都会执行一个匿名的同侪评审程序。你可以匿名地列出表现优秀的和表现较差的学员,并有机会解释你的理由。

教官们在决定学员去留时,同侪评审的结果会有重大影响。那些得到同侪差评的学员通常被提交到训练委员会上予以审查。教官们约谈学员时,会问询同学们为什么给他差评,以及他对此有什么感受。

教官们不单是想获得"正确"答案,更关注他被问询时的言行举止。假如这名学员未能表现出应有的虚心认错和诚恳的上进愿望,那么他的训练生涯也就走到头了。

假如一名原本各方面表现出色的学员得到差评,这对他来说可能会成为惊人的驱动力,无异于拯救他职业生涯的一记警钟。这可能意味着他具有成为优秀队员的潜能,只是尚未得到班里其他学员的信任。或者他的自我意识太强,待人接物态度欠佳,让别人感觉不舒服。这需要调整。对于表现一般的学员来说,差评或许会激发他的积极性,使他最终顺利完成训练。

但是,如果一名学员缺乏团队合作精神,或者态度恶劣,桀骜不驯,通常也会在审查过程中有所表露。关键问题是,他还百般辩白,毫无反躬自省的意愿,这种表现基本就在那一刻断送了他的前程。

这种评价体系调动起了一个团队所应具备的全部优秀要素:信任、品格、透明度以及最重要的问责。再说一遍,这个过程也是我们文化的一部分,它是一种引导期望和社会规范的仪式。它并不出乎任何人的意料,而且最重要的是,它让每个人都致力于追求卓越。

你必须全力以赴使出全身解数,因为这是团队的期望所在。如果你做不到——或者即使你已用尽全力但仍然不够好的话,你会危及团队中其他人的生命,你就必须离开。但通常情况下,那些在同侪评价中排名垫底的人,或多或少会有所欠缺。不管是道德品质的问题,还是真的不具备为了同伴而有超常发挥的能力,大家都能看得很清楚。

这是海豹突击队训练和选拔过程中非常重要的一部分,从中获得的经验教训会一直引领着你,直至你正式加入海豹突击队并被部署到世界上一些最危险的地方,甚至海豹突击队在战区的机动、射击和通信方式也能反映出这一概念的影响。每一个精心策划的动作、团队成员之间传递的每一条信息和与敌交战的方式，无不是事先精心设计的。每一个海豹队员在训练期间的文化经历一直作为首要战略的一部分发挥着作用：创造世界上最好的战士。我听人说过，战场上的其他常规部队甚至仅凭倾听与敌交火的节奏和激进性，就能够判断出是否有海豹队员参战。

写字楼里的会议室当然迥异于拉马迪中心城区的交战热点。但最终问责的经验教训则从其军事上的应用完美地转化到了商业世界。如果组织文化的构成中缺少问责的内容，任何追求改变的努力都不会成功。

"先发制人"法则

信任和问责制是任何一个面临重大变革的组织最重要的两大文化支柱。信任使团队具有共同的目标感：实现一致认同的愿景。问责制确保执行任务的方法得当，从而实现愿景。"切入点"程序的关键部分就是教你学会如何衡量和提高信任度与问责制。但是要记住，文化上的持久转变是在转变过程趋于完成之时，而不是初始阶段，才会真正变成现实。它必须与落实其他原则同时进行。

我的一个客户，总部设在圣迭戈的一家医疗器械公司，就通过这种方式完成了它史上重大转型之一，因而对此概念非常熟悉。其转型过程并非一帆风顺，最终的成功则证实了这一概念的有效性。该公司目前是世界上在医疗设备方面最大的上市公司之一。当初我应邀到该公司做一个主题演讲并举办一系列领导力提升项目。在为此做准备期间，我开始研究公司的历史，以便更好地了解它的文化。我还采访了几位高管，他们经历了公司史上多次并购活动而幸存下来。

我的发现证明，改进问责制的模式和战略会带来巨大的收益。

在转型之前，公司原有的品牌濒临消亡，而且该公司是该行业中杠杆率最高的公司之一。华尔街对该公司的评价是，创意很好，意图也不错，问题在于执行力不足。而公司文化正是这些问题的根源所在。公司上下缺乏保持竞争力的紧迫感，整个组织完全缺乏责任感。为挽救公司，董事会背水一战，引进了一个新的首席执行官。这位新人有着令人难以置信的履历，曾多次力挽狂澜，使濒临破产的公司重获生机。

在最初几年，他实施了自己久经验证的方法，逐条梳理财务数据，以找出效率低下之处，如从何处能够腾出资金用来偿还债务，以及寻找可以重新投入研发的机会。新方法取代了旧系统，并逐渐推出高效流程。但所有这些努力却是雪上加霜，公司经营状况进一步恶化。

公司的股价继续下跌。他不明白这是怎么回事。有一天，他在与公司一位营销总监的谈话中，问责的概念出现了。她说起研发部门的一些人多么可靠的故事。她滔滔不绝地说着他们在工作上的出色表现，不仅总是能做好工作，还总是表现出负责到底的精神，能够有效地与各方面沟通。就算犯了错误，也从不回避，而是勇于检讨自己的问题。更重要的是，如果真的出了错，他们不仅承认错误，还立即着手制定下一步工作计划，以确保不重蹈覆辙。他们真的是负责任团队成员的典范。

"想想看，假如公司每个部门的人都这样那该多好！"她说道。

听了这番话，首席执行官不禁思绪万千。也许他采用的方法一直以来就是错的。他甚至根本没考虑过文化元素所起的作用。是什么让他们不思进取？是什么信念和经历在推动他们一步一步走向破产？更糟糕的是，假如没有这么有才能和负责任的人，他们会被置于何等境地？如果组织内的每个人都这样做，公司又会取得多大成就呢？

从那天起，他把自己的时间和注意力从财务数据转移到了文化上。他制定了一种战略，在充分发扬现有文化的优势的同时，致力于改善问责制缺失的领域，这其实就是我的"文化诊断分析"模型的修订版。在接下来的3年里，公司股票价格飙升，经营业绩大幅提升，从高负债转为利润丰厚。

与信任一样，组织层面的问责制是领导力的反映。所有的人都应该掌握"6项基础领导责任技能"，特别是领导转变方面的内容。

·结果驱动的信息发送：问责制的起点是清晰界定你所期望的具体成果。领导人要给予团队在"如何"实现上拥有自主权。

·勇于担责：这是双向的。如果领导人公开承认错误或承担失败之责，团队也将更愿意这样做。

·方向明确：如果一只狗同时追两只松鼠，它很可能一只都抓不住。当优先事项明确，领导传递的信息前后一致时，团队就会更加负责任。朝令夕改只会造成困惑和混乱。

·技能培训：团队缺乏履行职责的技能，又得不到相应的培训，所谓问责就成了天方夜谭。因此，要想让团队成功，就要在员工培训和职业发展上有所投入。

·求变意愿：当领导人公开接纳反馈并坦承他们愿意改变，团队中其他成员会视其为文化的一部分，并愿意追随。

·合理冲突的决心：与合理冲突的信任支柱类似，如果领导人身体力行，能够投身于合理冲突且鼓励团队照此行事，他们便能够构建一种问责制的文化。

再说一遍，问责制不应该是出了错以后要执行的一套追责措施。它属于追责吗？当然。但它只是最小的部分。问责制为优秀组织取得辉煌成就奠定了基础。它让你信心十足地引导变革。

从战场应用到董事会会议室

海豹突击队强化问责制理念的主要方式之一，就是遵循公开透明的交流这种规范。这可以体现在我们讨论过的更正式的"事后回顾"的过程中或非正式的谈话中。

我们拥有一种不断学习的文化，而大部分学习内容来自同侪。

正式向海豹突击队报到具有某种里程碑的意义。你会感觉到一切都变得如此不同。你经受了世界上最艰难的军事训练，但那已经无关紧要。如今，你要证明自己具备了成为一名真正的海豹队员的资格。我还记得我和基本水下爆破/海豹突击队训练班其他几名毕业学员去海豹5队报到的情景。我们已经被分配到各自的排。那时的司令部大楼不像现在的那么金碧辉煌。我们排的营房还很小，只是几座沿着后围栏分布的平房，围栏外就是海滩。我们的装备储存在大型军用集装箱里。对此我记得很清楚，因为我作为团队新人，我最初的重要职责之一就是用油漆刷新那些大家伙。我在突击队里拿到的第一件武器是一把油漆刷。这丝毫没有让人血脉偾张、激情四射的感受！

在前台登记后，我走回我们排所在的区域去见那些家伙。我头一个遇到的就是马克。这是他的第二排，军衔是中士，也就是说，他属于中层管理。他来自阿拉斯加，显得冷静而稳重。他在加州橙县上完大学就加入了突击队。大家都很尊重他，都知道他是个值得信赖的队员。

他邀我一起在午餐时间去慢跑。我很快就了解到，海豹突击队队员的生活节奏，要远远快于参加基本水下爆破/海豹突击队训练或海豹资格训练的学员。我们悠闲地用6分钟跑了7英里，边跑边聊。至少他是这样做的。马克谈到了该怎样做事，对团队成员的期望以及责任感的重要性。

马克成了我的导师，直到今天依旧是我的好朋友。他后来写了登上《纽约时报》畅销书榜首的《艰难时日》，讲述了他参与抓捕或击毙奥萨马·本·拉登的任务的故事。

在一次集训（排或部队部署之前进行的为期数月的强化训练）期间，演习内容和任务演练的复杂性，远远超过你在海豹突击队资格训练期间所经历的。各级的问责制和主动权是集训成功的关键。此时，我们在阿富汗的战事已持续一年，注意力开始转向伊拉克。我们排得到消息称，我们或会入选首批进入伊拉克作战的海豹部队。因此，我们现在做的一切都很重要，且比以往任何时候都重要。

集训内容包括一系列"最后的训练"作为每个训练类别的总结。你要把全部动作从头至尾串起来。例如，在战斗潜水和海上操作类别演练完成后，我们将假想一个所谓的"多船攻击"（摧毁或俘获敌方船只）任务。演练伊始，整排队员使用固定开伞索系统从C-130运输机的尾部跳出。在跳离飞机之前，我们先推出4艘配备了降落伞的黑色橡皮艇，里面装着我们所有的武器和潜水装备。在日落之前，我们落在离圣迭戈海湾湾口几英里的水里，紧接着我们抛掉降落伞，踩着水迅速备好船，爬上船，然后向我们的指定降落点进发。我们在途中穿上潜水服。这时，太阳已经下山，天又黑又冷。我们到达了预定地点，从那里潜入水中，在大约20英尺的深度潜游了大约1英里后到达我们的目标地点。我们在其中的两艘船上布好吸附式水雷，并向第三艘船发起钩爬式的攻击。这要求我们利用我们附着在船体上的重磁铁，把潜水设备用钩环挂在磁铁上，然后浮出水面。

我们用一根伸缩式长杆把软梯挂到船边上，然后爬上船。要想顺利完成这项任务，每个人都必须各负其责，认真做好本职工作。这里便体现出平日训练的重要性了：最好能够在训练时解决潜在的问题，而确保大家在各个环节配合默契，而不是把问题带到战场上。只有在训练中多出汗，才能保证在战斗中少流血。

和往常一样，当训练完成时，我们会做一次事后回顾。在伊拉克的一次事后回顾给我留下了很深的印象。当我们开完会走回帐篷的时候，在会上曾提到我的那个队友把我拉到一边，说想私下聊聊。他在成为海豹突击队医护兵之前，曾是海军陆战队的一名经验丰富的侦察狙击手。他的大意是说，在会上提到我时完全是出于尊重才说了那番话，纯粹是为了学习，不想因此影响我们的友情。

问责制和公开透明的沟通是我从海豹突击队带出来，并运用在我建立的公司中的两大概念。我建立的核心价值之一——"每个人都有发言权"——就是从我所说的公开透明的沟通衍生出来的。它是问责制文化的基石。

如果你建立一个团队并赋予它向你追责的权力，你会采用一种完全不同的标准来经营。就这么简单。

可惜的是，这种问责和沟通的水平在商界很鲜见。众多公司都会进行360度评估，借助于这个机制，每个员工都有义务评估自己的上司和同事。这肯定是个有效的工具，但如果由此评估搜集的信息未能得到有效利用，它就是无用功。

问责和公开透明并不意味着你享有只发牢骚却不提供解决方案的特权。它的目的是建立一种发现问题所在并解决问题的机制。它不是让人们发泄不满和表演给人看的舞台。如果你要表达不满，最好也同时提出你的解决方法。

我可以有声有色地讲述一段段逸事，让大家了解海豹突击队是怎样培养责任感的，但更现实的问题是，你该如何在你的机构中建立这些系统？这就要从最基本的层面上做起，即你应怎样聘用和奖励员工，领导层容忍什么样的团队。它最终取决于领导人的作为：创建正确的文化，一种旨在获得特定成果，包含问责制的文化。

罗杰·康纳斯和汤姆·史密斯合著的《改变文化，改变游戏》是我最喜欢的关于组织变革的书籍之一。该书集中探讨了怎样为推动成功变革改进问责制。它的引言首页部分恰好印证了我的理论，节选如下：

在努力推动组织成功变革的进程中，首要工作是创建一种组织文化，让人们对彼此乃至组织负责。问责制如若缺失，则变革进程将会迅速崩溃。随后，人们外化变革的需要，抗拒旨在推动他们前进的举措，甚至会破坏组织转型的努力。问责制一旦就位，组织中的各级员工将积极发挥他们在推动变革中的作用，并且主动承担能使自己和组织取得真正进步的工作。

他们提出的四级"成果金字塔"模型，为组织把问责植入文化并成功引领变革奠定了基础。这四级包括：（1）界定组织需要实现的转型成果；（2）为实现那些成果而必须采取的行动；（3）为使每个人都能采取这些行动，所有人都必须固守的信念；（4）必须落实并利用的文化体验以灌输那些信念。

在像海豹突击队这种问责制得以发扬光大的组织中，每个人的信念和行动都毫无例外地体现着一条界定清晰的宗旨。这些信念和行动旨在取得非常具体的成果：祛除世界上的邪恶。

想想你所在组织已建立的招聘和薪酬机制。你是否在雇佣和奖励行动及行为完全符合公司目标的那些人呢?那些情形是否与你在转型中要实现的前景完全一致呢?

在我的一个公司里,我们在运营的头几年业绩高速增长,但是我们跟踪的一些指标开始发出警告信号。我们的客户满意度和保留量开始下降,客户转换率开始上升。

我们决定改变我们的经营方式,以便向客户提供更好的服务,并确保公司的可扩充性。我们首先改变了奖励财务和项目管理团队的方式,激励他们与服务部门更紧密地合作,从而更好地为客户服务。此前存在太多的相互指责,在争取成果上缺乏足够的"团队"自主权。我作为领导者之前未能确保在我们的文化中强化这个信念。

随着新架构落实到位,我们不仅提高了客户保留数量,而且吸引了更优质的客户。以前我们到处去拉满足最低赢利标准的客户,如今我们的市场营销和调查部门密切合作,推出更广泛的案例研究,从而使我们吸引来规模更大、利润率更高的客户。我们发现自己具备了提供大型服务的能力,这给了我们猎取"鲸鱼"的信心。

这当然也导致了阵痛,因为多个部门需要快速学习并适应新的运营方式,但最终,我们实现了两个目标。公司收益得以改善,员工满意度提升,士气大振。所有这些都是改进问责制结出的硕果。

当我开始向一个面临严峻的转型挑战的组织提供咨询服务时,一线员工缺乏责任心的问题总会浮出水面。这就是公司不能实现既定目标的原因所在。

但这能怪谁呢?如果团队成员不愿承担责任,那么公司文化中显然缺乏问责制的内容,或者未能体现在高层领导的言行之中。这些都不令人感到奇怪,尤其是在公司处于危机中的时候。

当聪明的人在寻找答案的时候，他们往往已经准备好了（并且如释重负）把责任归咎于某件事或其他人。但我可以告诉你，从个人和专业经验的角度来看，问责制始于组织的顶端，而不是底层。我遇到过不少海豹突击队优秀指挥官和经验丰富的高管，他们都会在出现重大变故后，主动站出来承担责任，尽管导致失败的人和事会有很多。只有上层无论何时何处都能身体力行，主动担责，问责制才能真正成为一种文化的基石。无论是公司的最高层，还是部门或分支机构的最高层，都是问责制的起点。

如果你指望你的团队在转型过程中帮你扭转局面，但你又不提供适当的资源，替他们扫清路上的障碍，或者给他们一个可行的计划，你究竟为他们承担了什么责任呢？

如果上述各项都不到位，你就注定会让团队走向失败，而你苦心建立的信任也会受到损害。你的所作所为只会促使你的人加强自我保护意识，驱使他们躲进洞里，不思进取，只是为了保住工作而完成日常最基本的工作。或者，正如罗杰·康纳斯和汤姆·史密斯在他们的书《改变文化，改变游戏》里写的那样："有些人甚至会积极地对抗转型措施。这种状况不仅无助于推动变革，而且必定会导致变革失败。"

那样的话，你就把自己从一个能激发持久变革的领导者变成一个管理者。这就是你必须掌握"6项基础领导责任技能"的原因。

事实上，这种情况经常发生并不奇怪，因为在过去的50年里，商业的重点一直是管理机制，而不是领导力的基本要素。

当危机来临时，管理团队便汇聚一堂反复测算，分析效率低下的原因，并在电子数据表格上来回移动记账科目。在转型过程中，所有这些工作可能迟早都得做，问题是，他们面对迫在眉睫的其他系统性问题时却无所作为。这些活动也无益于厘清他们的前景，以及为此需要做哪些事，它们仅仅是一连串杂乱无章的战术动作，与重中之重的战略和愿景毫无关联。当然，它们也没有发扬光大文化的积极面，借以推动变革。

想想在任一组织中的销售经理所面临的基本问题。当销售人员发现自己没有完成预定的销售额时会发生什么？

本能反应？肯定是写更多报告。同时深入了解一线员工究竟打了哪些电话给顾客，并详细分析那些员工每天的时间是怎么安排的。电话追踪，时间追踪，花更多时间在"客户关系管理"系统上输入数据，不一而足。虽然做了不少事，但遗漏了更重要的一项：采取特定行动以兑现符合某种战略的具体结果。

我并不是说那些行为都是错误的。数据搜集是必要的，未能实现销售目标时更是如此。但是，该小组销售业绩最佳的员工看到新的报告要求，会不无沮丧地心想："我每周要多花3个小时做这些报告，这会减少我打电话和会见客户的时间。"

新发的一系列指令真的能提高生产率吗，还是只会增加员工的工作量？

领导力的一个核心功能是确保众人为同一愿景共同努力。也只有在这个前提下，所有的战术动作才会符合战略上的要求。

领导者不应通过强行实施武断的规则以及命令和控制的职能来实现问责，而应创建有利于大家团结一心的体制，也就是通过确保团队和组织获益的各种方式建立问责制。他们需要改变思维模式，并消除妨碍团队进步的各种因素。

在基本水下爆破/海豹突击队训练中，每个舟组都由7名学员组成。舟组的表现完全取决于其中每个成员做出的努力和取得的成果，而不是队里最优秀或最强悍、最坚韧的队员的表现。但这也归结于领导力和由舟组组长创立的团队文化。在基本水下爆破/海豹突击队训练最初的几个星期，教官们会在各舟组之间轮换组长，希望借此提高组长们的领导能力。教官们会从低绩效舟组物色人选派到高绩效舟组当组长，反之亦然。通常情况下，在新组长的领导下，原本表现不佳的舟组会有突出表现。同样地，在新组长的领导下，表现不佳的舟组并无退步。为什么？因为他们已经有了一种以团队合作精神和责任感为主干的制胜文化，这种文化足以抵消能力稍差的领导。

这就是真正的领导力发挥作用的地方。管理任务主要在公司文化转变的准备阶段发挥作用。提高问责制是一种领导职能，只有在自顶层向下传播的情形下才能实现。领导者每天都会创造形成文化的经验，无论由此形成的文化是好是坏。正如此前所讨论的那样，一种文化将会存在并朝着好或不好的方向演变。或随意形成，或有意为之。这些经验的来源多种多样，包括公司各种会议和团队建设活动，以及内部沟通和协作的运行方式。每个经验要么支持，要么减损文化，或对支持文化并无实质性的影响。

有种很好的方法可用来确认这些经验是否对实现问责制以及组织期望的结果有影响，那就是对它们加以诊断。与"文化驱动转型"模型的第一步相似，要想评估组织问责制的程度，首先要做些研究。

在海豹突击队里，我们从远景开始，再逐步拉近。我们要达到的目标是什么？要取得那些结果需要采取哪些行动？什么样的心态和信念会促使人们主动采取行动？我们有哪些或需要实行哪些文化经验以确保人们如此相信并采取行动？上述问题的答案，我们都可以在我们的训练和组织结构中找到。

例如，我们海豹突击队必需的"结果"是永远保持警惕，时刻准备着听到一声号令便立刻迎战。时刻准备着，这意味着我们所有的装备和器械都要保持清洁、随时待发。同时也意味着哪怕天塌下来，也不能影响待命状态。正如我们常说的那样：保养好你的装备，你的装备就会照顾好你。

我们有很多类似的口头禅，还有一个涉及这个过程的优先次序。在完成任何训练或任务之后，我们会集中精神清洗和装配好队里的装备，然后是排里的装备，最后才轮到我们自己的装备。接下来，你还要和每个人核实一遍，确认没有遗漏。然后，你才能去洗澡，或者吃点东西。你把自己放在最后。这个过程就是让这种信念潜移默化的文化体验。这种信念督促着我们的行动，使得我们时刻待命，并能够随时应战。

在圣迭戈的一个晚上，我们排乘着橡皮艇出海航行了几小时，我们刚回到驻地便开始清理橡皮艇。队里的设备优先。我们都筋疲力尽了，此时的大海波涛汹涌，掀起高达12英尺的巨浪。屋漏偏逢连夜雨，我们的艇上有个舷外马达还总是停机。

排长告诉我，所有的橡皮艇都要用淡水冲洗一遍，然后再收起来过夜。橡皮艇都被装到拖车上，停在我们的白色福特F-150大型皮卡后面。其他几个人准备好了水管，我跳进卡车，开始把拖车往后倒，以便我们冲洗橡皮艇。如果你曾开过挂着拖车的皮卡，你就知道倒车时注意力要极度集中，且需要练习。

我立刻意识到这比我预想的要复杂些，但也不必担心，我对该怎么做了然于心。我只需倒着开20码①左右，就能靠近水管。我先往左打方向盘，接着又向右打。我反复前进后退，试图把皮卡和拖车一起掰直。这样一来就容易了。我只需踩一脚油门。

---

① 1码约为0.9米。

我说干就干，皮卡开始往后倒。

砰！皮卡戛然停住，然后我就听到队友们的一片咒骂声。

我刚刚撞翻了排球场的球网网柱，那可是海豹5队具有传奇色彩的网球场啊！想象一下，在电影《壮志凌霄》展现出的一段波澜壮阔的场景中，某个白痴开着车闯进排球场的样子。幸运的是，那时是凌晨2点，没有举行排球赛。自从这支队伍建成后，这些网柱就被水泥固定在地面上了。网柱被撞得面目全非，以至于没人还有心思把它恢复原状。从此以后，我们的传奇排球场再也不是海豹5队文化生活的一部分了，或者说从此退出了海豹5队的历史。这么说吧，我们全排队友都认为我是那个晚上的罪魁祸首。我记得，他们用了整整两卷胶带把我缠了起来。

来自前线的故事

在我加入突击队后的早期，我们曾奉命活捉一个大人物，地点在距巴格达1小时车程的乡下。由于敌方战略的常规做法之一是在路边布下简易爆炸装置，我们通常会乘UH-60型黑鹰直升机前往行动地点。

这天夜里，月亮当头，能见度很好。我们将要袭击的目标有两栋房屋，于是我们排的队员分成多个四人小队，或者说是火力小组。我的小队负责占领位于东南角的小房子，其余小队负责突袭大房子。

我们小队的黑鹰直升机悬停在那栋房子的北侧，离地面15英尺处。我们顺着速降绳滑下，迅速移动到正门。我们围住门，拧了一下把手。

门没上锁。

我们缓缓推开门，先察看有无危险，然后进了屋。我们各自察看事先分配好的四处角落。突然，有个惊恐不安的人从里屋走了出来，身后紧跟着他两岁的儿子。他们显然不是威胁，所以我们进去清理房间的同时用阿拉伯语向他们喊话："Imshi, imshi！"（走开，走开！）

我很快给那人戴上了黑色塑料手铐，让他坐在一个角落里，接着我收到无线电呼叫。那是排长，他命令我们撤回直升机。飞行员弄错了坐标，把我们降落在了错误的目标点。

我切断了那人的手铐，我们跑回了直升机。几分钟后，我们在一英里外的正确目标上方再次滑下速降绳。

当我们穿过院子的时候，我们遭遇火力袭击，有人在房子西侧隔着一小块空地的树线位置朝我们射击。因为对方乱射一气，并未对我们造成实质性威胁。我们继续向目标移动，一直在空中掩护我们的AC-130炮艇监视着那个区域。

我们迅速抓获了那个家伙，并没遇到多少抵抗。我们当时的撤离计划是出院子后，穿过目标地南边一片浓密的棕榈林。我们有两个预定着陆点，都在树林的另一边。两架黑鹰直升机负责接送我们排，另一架负责接应押送囚犯的人员、情报人员及囚犯。当我们穿行在小树林中时，有人再次从树线一带向我们猛烈开火。我们开始还击，但很快就开始叫大家停火，因为我们意识到敌人根本看不到我们。我们全都戴着夜视镜，但对方没有。我们的引导员打开电台，呼叫武装直升机并告知树线坐标。几秒钟后，我们听到电台里传来"即将轰炸"的声音。

又过了10秒钟。我们借着棕榈树的掩护，在原地静静地等待。突然间，咚！咚！咚！一连串猛烈的爆炸声传来，炸弹准确地击中了目标区域，树线一带被炸翻了天，大火伴着浓烟冲上夜空。我们用无线电呼叫直升机飞行员,告诉他们这里是一个"热"着陆区。我们飞快地跑过农田,冲向直升机。说实话,身背60磅的装备并戴着夜视仪能跑快还真不容易。我突然被一处田埂绊了一下,整个人扑出去摔到地上。当时我脑子里浮出的头一个念头就是:糟糕!真希望没人看到这一幕!我们总算是赶到着陆点,连滚带爬上了直升机,然后离开了那里。

这是我们经历过的很多夜晚中的一个,从中我们可以看到,团队合作、信任和问责制确保我们克服种种困难齐心完成任务,让我们具备了快速适应多变环境的能力。如果没有问责制和主动精神,一切就会陷入混乱。

在战斗中需要百分之百的问责制,这应该不存在任何争议。

然而,在企业环境中,你必须确立团队一致性和机制,从而将它注入企业文化中。在人们的行为方式缺乏规范的流程或系统引导,趋向问责制的情况下,仅靠嘴上说问责制是行不通的。只有通过公司上下一贯的表现,且这类行为得到表彰和奖励,才能真正确立问责制。在这种情况下,它便开始成为文化的一部分。

要做到这一点,任何组织都可以遵循一系列简单的步骤。这些步骤适用于建立问责制的两种情况,一是在内部团队中间,二是与外部的客户、战略合作伙伴,或组织之外的其他人。我们已经谈到了构建优秀的内部团队的重要性,但是出类拔萃的组织很清楚,用户、客户、合作伙伴和销售商是确保组织朝着正确方向前进的最强大的动力所在。我的一个客户会定期从供应商那里收集外部反馈,因为他们知道如果双方能够互助,不断改善经营状况,开发更好的产品,并依靠彼此获得成功,每个人都会赢。双方的关系是真实的,而不只是简单的交易。彼此间的信任和责任感是双方往来中的一个重要因素。这是大家共同的期望。

为实现真正的问责制，你必须：

1. 承认现实。如果你没有看到并认识到你周边的状况，你就无从承担责任。无论管理团队还是前线部队，大家都必须具备对周边态势的感知能力，理解手头的问题以及获取结果的计划。如果你对上述状况毫无认知，你将很难迈出第一步。

2. 拥有它。除非每个人毫无例外地积极投身于这个任务，否则你不可能构建各尽其能密切合作、整体能力大于各部分简单相加的团队协作网。就其内部而言，它意味着公开、真诚的反馈，这种反馈的终极指向是实现将所有的流程、行为、信念和行动与预期结果协同一致的目标。就外部而言，它意味着迅速并诚恳地承认缺点，并尽可能多地收集反馈，以制定解决方案。

3. 制定解决方案。当你实现了前两个目标并能积极主动地从可靠的工具和信息来源中获得足够多的信息，你就具备了制定解决方案的条件。制定方案的心态关键何在？切记，问题总会出现，在你的计划中嵌入应急机制并留有余地。战略上要有弹性。

4. 大胆行动。团队的区别就体现在这里，有些团队制定方案后便立即执行，另一些则畏首畏尾，迟迟不动。优秀的团队对流程有信心，一旦达成一致并做出决定，有赋能授权团队予以配合，就毫不犹豫地展开行动。勇于担当预想的结局，必要时加以调整。

最终，你所创造的是一种团队合作、问责和信任得到回报的文化。它不是那种人人自危的文化，在那种环境中，人们对所谓的"问责制"表现出极度的厌恶，因为对他们来说，问责就是大家必须遵循一套严格的规则做事，否则将受到严厉惩处。在真实的问责环境中，每个人都拥有主动权。每个人都在反躬自问,我还能额外做些什么来帮助团队完成任务?庸碌无为是不可容忍的。我所有的经历以及许多研究都表明,问责制与信任一样,对任何组织的经营业绩都起着积极的作用。它振奋士气,它提升效率,它加快执行速度。

任何组织都能借力自身文化同时推动变革和转变心态。但无论哪种文化,它的形成都需要很长时间,而改变一种文化同样需要很长时间。

位于圣迭戈的那家医疗设备公司专注于再造他们的文化,以配合他们取得事关公司生死的结果。他们花了3年时间修复文化并改进问责制,不出所料地得到了令人欣喜的回报:公司股价从每股0.31美元上涨到22.35美元,年均营收增长约15%,远远超过了该行业3%的年均增长率。该公司后来被"财富500强"中排名前20位的公司收购,获得了高达1700%的股权投资回报。随后这部分业务被剥离,并成长为今日的医疗设备巨头。这一切都源于他们明确界定了他们所需要实现的结果,并由此出发,努力创造一种基于最终责任原则的文化。

第二部分

备战变革

一旦一个组织着手重新设计文化以适应新愿景,并已经采取了初步行动,那么这个组织紧接着要做的,就是开始转变心态,在整个组织内从尽可能多的人那里搜集有价值的信息,规划变革任务,并传达组织意图。总之,准备变革之战,正当其时。

要想成功领导变革,高层领导们必须首先改变他们自己的心态,接受他们将被推出他们的舒适区这一事实。然后,他们的言行才能变得真实可信。真实性和信念是推动团队团结一致、实现持久变革的根本动力。心态转变之后,会更容易带领团队全心投入到目标规划的进程中。

转型任务的计划和执行效果的好坏,完全取决于你的准备工作,以及从组织内外搜集的情报充足与否。在缺乏合适的工具和组织结构的情况下,毫不夸张地说,这将是一个艰巨的任务。但转型的这一阶段实际上提供了一个难得的机会,可以让尽可能多的人汇聚一堂,提供反馈和想法,并进行任务规划。一旦任务计划书形成初稿并且统一了认识,沟通的时机和一致性就成为决定成功与否的重要内容之一。

我将在本书第二部分中提供一些工具和方法,用以转变心态,在情报搜集过程中吸引大家积极参与,制定任务计划,并成功传达其意图。有这些工具在手,你的团队必将做好迎接变革之战的准备。

第4章 心态法则：对任务满怀信心

无论战场内外，我始终以荣誉为重。

无论身在何处，我具有控制我的情绪和行动的能力，这使我有别于他人。

——海豹突击队信条

领导者体现出符合组织宗旨的适当心态是成功转型的开端。心态正确与否可将领导者区分开来，前者能够实现他们期望的转型目标，后者则不能。在《哈佛商业评论》刊载的文章《区分我们达到的和未达到的目标的准绳》中，凯特琳·伍利和阿耶莱·费斯巴赫探讨了延迟满足的概念，以及设定短期和长期目标的好处。他们的研究也支持这样一种观点，即短暂的满足也能让人们在努力实现长期目标的过程中保持活力和情感上的联系。例如，接受调查的学生谈到，对他们来说学习材料的趣味性非常重要。喜欢读有趣教材的学生会花更多的时间学习，并获得更好的成绩。想象一下！

我们将在接下来的章节进一步讨论讲述有寓意的故事和庆祝阶段性小胜的重要性，特别是在涉及降低源于不停变化的战斗疲劳，以及保持团队积极关注任务成功的情形时。

伍利和费斯巴赫还在他们的文章中，提供了3种利用即期收益增强持久性的战略，因为持久性是成功转型的必要条件。他们研究的重点对象是学生、健身爱好者和博物馆爱好者，但我认为这些战略也与组织变革存在关联，有必要加以了解。

1. 在选择与目标成果相关的活动时，要考虑到快乐因素。我们都知道，变革总会让人感觉有些不适，因此大家共同努力举行一些涉及整个团队的趣味活动，降低恐惧感，并让团队兴高采烈地迎接变化是很有必要的。

2. 在计划中加入一些即期益处。当大家短期内都能实实在在地获益，你会取得更大的成就，使得缺乏敬业精神的员工转化为推动变革、责任心强的员工。

3. 在努力实现长期转型目标的同时，反思这些即期收益。采用"文化诊断分析"模型中"讲述有针对性的故事"的方法，确保每个人都能意识到这些好处以及他们与任务成功密不可分的关系。

转型工作大多失败的根本原因在于，领导人本该预见到成功必经之路，但他们却缺乏展望未来的思想准备。他们对属下、客户乃至自身组织整体上所抱持的固有观念、见解和设想使他们误入歧途，不能精确察知和理解他们所面临的动态挑战。因此，他们在战略及战术上的应对措施与其面临的转型现实大相径庭。他们做出错误的决策，略过至关重要的基础性变革步骤，一头扎进无底的深渊。

传统领导层具有的一些信念和设想实际上阻碍了——而非推动着——变革。因笃信时间就是生命，领导人急于应对转型所需，匆忙上阵，所作所为不但毫无章法，而且背离他们本想实现的目标。更有甚者，部分领导人压根就不清楚目标是什么。所作努力初见成效，可喜可贺，但这并不代表快马加鞭就是恰当之举。我们海豹突击队有句名言：别急着找死。

简而言之，放缓节奏，穿过目标，降低风险，只在必要时进击。在这些情景中，若领导人缺乏必要的思想准备，他们就会在本该"全力出击"时吝于资源投入并缩手缩脚地应对变化。思想准备不足，缺乏远见及其完整准确的表述，种种这些都导致领导人和经理人为维护本部门利益争相冲向终点线。部门间的沟通——即使有的话——缺乏系统性，随之而来的就是一团混乱。当领导人向前推进时缺乏全局观，他们便无法正确地整合各项革新措施，由此产生的冗赘和混乱，既浪费公司资源又拖累变革进程。

你会觉得这听起来并不陌生。

调研显示，大多数领导人在两方面得分很低：自我反省和寻求他人的反馈意见。领导者的思维方式，即他们感知周围世界和处理具体信息的方式，决定于他们的视角。这当然在很大程度上是一种潜意识的行为，由此导致领导者不恰当地推断出他们在变革中面临的挑战。这就是为什么情商对成功地引领转变至关重要。我们将在此后的章节中做进一步解释。

在"ChangeLeadersNetwork.com"网站上一篇名为《为什么领导组织转型成功需要领导者心态的转变？》的文章中，迪安·安德森和琳达·阿克曼·安德森解释了一种被称为"共同创造"的领导风格。它独树一帜，完全不同于最常见的领导风格，即不同于我们已经确定在转型进程中并无积极作用的"命令和控制"风格。

按照他们的阐释，"共同创造"的变革领导风格常会催化出利于成功变革的下述条件：

·组织上与本地决策的本地控制保持一致。

- 大量信息向四面八方传播,使整个组织得以智能地参与。
- 变革计划在层级和职能部门之间轻松集成。
- 贯穿整个组织的共同和一致的变革目标。
- 不断学习并修正变革计划的路径。
- 众人进入未知环境(乌卡)时可信赖的可靠领导人。

改变一个组织及其文化需要一个更开阔的视角,给予被许多领导人忽视的变量和动力学足够的注意力。大多数领导只关注系统、流程、技术、产品和服务,却忽视了转型心态、行为和文化,因而走上一条痛苦的失败之路。

在基本水下爆破/海豹突击队训练过程中,你会经历无数次转变。但更重要的是,你的思维方式日渐进化。那些在恶劣、悲惨境地中成长起来的人学会了把所有的痛楚、恐惧和苦难转化为攻击性,这种强大的攻击性,无情地鞭策着你坚持到训练结束。这种攻击性,使一个幼小、胆怯的蝌蚪蜕变为一个勇敢、自信和生猛的蛙人。要想做到能够坦然接受挫折,你首先需要彻底改变看待当前现实的方式。

在"地狱周"训练期间,你的双腿会肿胀到无法区分大小腿的地步。湿漉漉、满是沙子的衣服磨蚀着你的皮肤,直到你大腿内侧、腰部和腋下再无完肤。头顶200磅重的舟艇无休止地奔跑,你的头皮血肉模糊,一层层地结痂。有些学员不堪噬肉菌的折磨,被迫退出训练。其中一些甚至差点儿因此被截肢。

我们班上的一个家伙在"地狱周"训练期间两根胫骨骨折,但他没告诉任何人,硬是咬着牙坚持到了训练结束。他是怕被别人知道后被迫降级到下一个班,又得受二茬罪。我有严重的髂胫束综合征(俗称跑步膝,因跑步运动过度造成大腿和膝部损伤)和左肘骨折,还有比较严重的黏液囊炎。我的肘部肿得很厉害，看上去就好像皮下有个棒球。但我还是硬挺下来了。说句实话，真的是苦不堪言。

在其中的一项科目训练过程中，我们在圣迭戈湾南部的泥滩上过了一夜，那是个你根本不会在明信片上看到的地方。那是种什么样的感受？就像在黑色半冻的酸奶里来回爬了几个小时。

你的舟组要进行各式各样的赛跑和竞赛，因为教官们显然很乐意想方设法折磨大家。数小时后，每个人浑身上下都被冰冷、黏稠的泥浆糊住了。你只能从那一个个惨兮兮、污秽不堪的人形中分辨出一串张望着的白色眼球。我们全都累坏了，精疲力竭，瑟瑟发抖。教官让我们把船翻过来，把它们设置成跳水平台，并命令我们在平台上跳跃、空翻，与此同时教官们根据姿势和创意给我们评分。

得分最高的舟组（一种全凭个人感觉的评分系统）获准在篝火边上站几分钟。这听上去似乎是一个令人难以置信的奖励——类似于即期好处！不过，等你真赢得这个奖励，你会发现根本不是那么回事。在那 5 分钟的时间里，你的脸被烤得热腾腾的，而你的后背部分却被冻僵了。

当真是冰火两重天，但你必须坚持到底。你必须练就坚不可摧的意志。

人们怎么可能忍受得了这种磨难呢？海豹突击队的信条有一句很经典："我是个普通人，但我心怀超凡渴望，追求成功。"我们并非凤毛麟角的奇人，但对成功的强烈渴望使我们有别于失败者并能够逆流而上。

心态转变乃成功之母。

等到训练班进入基本水下爆破/海豹突击队训练的第 3 个阶段，也就是从第 5 个月开始，留下来的这群学员从体能到精神都达到了巅峰状态。我们知道自己会毕业，接着继续深造，而教官们再也无法摧垮我们。当教官们成心要惩罚我们，命令我们先冲浪玩沙，接着做没完没了的立卧撑跳和俯卧撑的时候，我们会放声大笑，发出"hooyah"的欢呼。此刻，他们无论做什么都打击不了我们的精神。你微笑着对自己说："谢谢你让我变得更坚强。"

我们拥抱磨难，笑对痛苦。

完成世界上最具挑战性的特种作战训练需要钢铁般的意志，而这也在战场上塑造着我们。我们崇尚的信条中还有一条同样令我们精神振奋："我的国家期望我比敌人更强壮、更坚韧。"这种信念确保我们将会召之能战，有战必胜。它让我们具有适应任何恶劣环境的能力。

海豹突击队训练的目的在于，打造能够适应环境条件不断变化的特战人员，以及能够实时处理复杂信息并做出关乎生死的决策和有自知之明、灵活应变的领导者。这是一个以进入第一天训练为开端的发展历程。而我们从不停止训练。

在海豹排或任务组中，高层领导人为特定任务提供愿景和背景。他们确定任务，并将信息传达给团队的其他成员。他们加强团队成员对任务抱持的信念，这具有传染力，它使每个人与目标建立情感上的联系。他们排除障碍，提供必要的资源和训练，最重要的是，他们让团队其他成员参与到任务的规划和准备工作中，我们将在随后章节中进一步讨论这一点。

他们还会在整个指挥链逐级向下授权，把许多重要的任务分配下去。在培训和准备工作上看似无休无止的时间和资源投入，当然是有目的地进行的。在许多领域，技能和专长的交叉存在是必需的。通过在整个团队中扩散训练、责任和领导力，你可以创造出众多战斗小组，他们的整体能力远大于个体的简单相加。

正如我之前提到过的，无论哪个高绩效组织，只要它想罗织由拥有自主权的团队和领导者构成的网络，就必须在培训和职业发展方面不惜投入重金。如果缺乏必要的技能和资源，所有克服转型障碍的努力终究会归于失败。这通常首先需要领导心态的转变，因为这些工作肯定会占用一些原本可以用于其他措施的时间和资源。承认上述现实是有所作为的第一步。

想为实战做好心理准备需要反思和专注。这同样适用于变革之战。一个强大、负责任并相互信任的团队将团结在能体现勇士精神的领导者身边，他们将紧密团结如一人，共同奔赴战场。

在这一章中，我们将讨论如何实现心态转变和对任务的普遍信念。

"先发制人"法则

要想在战场上赢得胜利，就必须首先心怀必胜的信念。指挥官必须对这项事业，乃至对预期能确保任务完成的战略和战术，表现出发自内心的极大热情。这同样适用于商业战场。

要想成功地领导变革，高级领导人首先必须改变他们的心态，接受他们将被迫脱离舒适区的事实。然后，他们的言行会变得真实可信。真实性和信念激励着团队齐心协力，并实现持久变革。

在我访问的许多组织中，许多董事会成员根本不明白真正的转变需要多大决心、多少时间和投资才能实现。他们要么否认，要么害怕，或者他们只是缺乏远见，想象不出他们的组织会有潜力变得多么伟大。他们从来不会设问："假使……将会怎样？"

或者，我会发现另外一种情形，大家对发展前景存在共识，但在实现路径上各说各的，无法统一意见。最常见的情形是，领导者和管理者更想沿用现有的系统和流程，只是做些小打小闹的改变，因为这让他们感到舒适和有"安全感"。比如，收入下降了，那就再多卖些。我们的工作太多，忙不过来，那就更努力地工作，延长加班时间。我们的产品组合似乎不再满足客户需求，那就寻找新的经销商，进入新的市场。诸如此类。

但是，难道做同样的事却期待不同的结果不是精神错乱的表现吗？没有人想认真看待数据反映的实情，因为面对现实通常会令人感到不安。

我的一个客户，一家位于东北部的大型意大利餐厅连锁集团，是成功转变心态的一个很好的例子。在为他们筹备年度领导会议（我将在会上就领导组织变革发言）的过程中，我和他们开过不少讨论会。有一次，公司首席执行官回顾了这个经营了30年的企业的一些历史。在公司创立之初，他们推出了基于质量和顾客至上原则的品牌。那对他们来说一度是最重要的。

但随着他们的成长和知名度的不断扩大，这个品牌吸引了规模更大的餐饮集团的视线，成为潜在的收购对象。最终，他们被收购了。但收购方的高级团队主要由具有财务头脑的首席财务官和财务总监组成。他们制定了快速增长的计划，其中包括一些偏离品牌创立初衷，即高度关注服务质量的举措。批量生产的冷冻产品取代了每天从当地采购的新鲜食材。速度和简洁取代了时间和关怀。诸如此类的事例不胜枚举。种种这些都属于旨在扩张连锁店的正常举措。但这样做的结果可能对品牌最重要的资产——客户关系——造成损害。当你的决策完全依赖一套当前和历史财务数据时，你将错失让任何组织繁荣昌盛的根基——人和文化。

首席执行官开着玩笑说："他们尽全力要毁掉这个品牌，但失败了。"

当他接手时，他为回归基本制定了新的愿景。质量和客户再次成为公司优先要考虑的，而组织中的每个人都必须体现这种新思维，他们为此兴奋不已。他们在培训和新技术上不惜重金投入，用于实时客户反馈和情绪分析。他们为新获赋能授权的团队提供了领导和取胜所必需的工具。

这将是一种重要的组织转型努力，但是前景一片光明。首席执行官的心态和对任务的热情感染了每一个人。这家公司的大批门店经理和高管都在新愿景的鼓舞下重新焕发了活力。他们知道未来不会一帆风顺，但他们对新愿景满怀信心。

因此，领导者需要问的决定性问题是，在这种不确定的环境中如何带领组织走向繁荣。你如何为一个团队创造极具吸引力的愿景和精神状态，而这个团队明知存在着诸多不确定因素，但仍然激励着人们全力以赴，并"拥抱恶劣境况"？

答案是，着眼于深受变革影响的核心领域：

- 心态——对任务怀有真诚的信念。
- 行为——支持这种文化的态度和思想。
- 文化——使得这些信念潜移默化的一种环境。
- 战略——与愿景一致的规划。
- 战术——为达到目的而采取的行动。

如本章开篇所述，"先发制人"法则之心态转变是以高层领导为开端的关键的一步，由此确保他们借助于恰当的透视镜观察变革战场。如此这般，可以让他们率领一支胸怀清晰的成功愿景、齐心协力的团队以正确的方式进场。

从战场应用到董事会会议室

2001年1月,时任美国总统的乔治·W.布什任命唐纳德·拉姆斯菲尔德再度担任国防部长。拉姆斯菲尔德是21世纪军队改组的关键人物之一。他知道变革即将来临,他希望军队做好准备。

在策划美国对"9·11"恐怖袭击事件的反击上,拉姆斯菲尔德发挥了至关重要的作用,其中包括两场战争:一场在阿富汗,一场在伊拉克。他采取的重大举措之一就是把海豹突击队的规模扩充了15%。所以我们只需降低训练强度,让更多学员毕业,对吗?

当然不是。

如果你从销售和市场营销的角度来看的话,我们真正需要做的就是招募素质更佳的学员,也就是确保有更多候选人愿意经受严苛训练的考验,且更有可能顺利完成整套训练。为了做到这一点,我们需要让更多的人认识海豹突击队。这意味着要有更多的市场营销,这就需要我们的思维方式急剧转变,不再是"沉默的武士"那种老式想法。

海军特种部队高层有不少人反对这项主张,耗费了不少时间才取得共识。最终,大部分人都发现,这对招募到更好的学员起着根本性的积极作用。影片《勇者行动》在某种意义上来说就是这项战略的具体体现。这部2012年出品,以海豹突击队为主题的影片导演是迈克·麦克罗伊和斯科特·沃夫,编剧是库尔特·约翰斯塔德。影片中的角色全部由现役海豹突击队员和特种作战舟艇载员队队员出演。本片主旨就是要向世人展示海军特种部队的形象。

无须多言,这种做法与我们的部队传统格格不入,但它却是海豹突击队华丽转身,成为现代化的、更大规模的21世纪组织战略的必要举措。我们必须走进候选学员的集中地,为此,我们需要转变思维方式,摒弃固有的做法。这是个大胆的行动,但正因为如此,我们招募学员的能力大幅提高。

但变革并不总是要由难得一遇、具有远见的领导人采取大胆和激烈的行动来实现。这种认识与你平常所读到的有关企业高管、体育教练,甚至军方领导人的"英雄"壮举存在较大出入。被人们神化的这些人似乎都具有异于常人的特征,即他们属于眼光远大、魅力四射、不达目的誓不罢休的特殊综合体。他们的做事能力令"正常"人望尘莫及,而且总是单枪匹马地建功立业。

我无意贬低他们的伟大或者说有胆有识的领导人并不重要。他们的作用当然很大。而当今现实是,有一位远见卓识的首席执行官固然更好,但一个组织能否最终实现既定目标,完全取决于它是否能把领导力、新颖的想法以及独创精神贯穿于组织内的各个层级。这样的组织不能一门心思地钻研怎样高效地管理人和资本,而是需要培养各级领导力,特别是在转型期间,同时那些领导人需要对他们的使命深信不疑。

我曾在一家大型跨国医疗保健公司主持过为期一天的研讨会,主题是领导力开发。研讨期间,我与培训和发展主管有个非常有意思的对话。她跟我谈了她上一家供职的公司在重大转型中发生的一些事,那家公司也是个医疗保健行业的巨头。

表面看来,情况并不很糟糕。收入相对稳定,但公司与用户和医师的关系急剧恶化。不仅如此,公司每天的损失高达100万美元!与通常情况一样,许多公司出现问题的根源都能追溯至它们的文化。

经过150多年的发展,该公司构筑了一种非常保守的文化环境,由此导致其员工故步自封到无以复加的地步,几乎不愿承担任何风险,且不能容忍丝毫改变。

他们基本处于庸碌无为的状态中，且不自知。

在20世纪90年代后期，该公司与另一家同行业的大公司合并，后者的文化特征则是勇于创新、敢于冒险。不幸的是，这反倒强化了该公司现存的僵化文化，而合并后的新公司并没有带来任何创新动力。两种公司文化相碰撞，使得原本应密切合作的众多部门间出现严重的隔阂。

情急之下，该公司引进了一位新人担任首席执行官，这已经是在5年间第4次更换了。那位主管清楚地记得当时员工们的反应：

"又来啦……"

"换汤不换药，照样失败。"

"做好准备吧，手头上要改的都顾不过来了，看来还得加码。"

但事实出乎意料。这位首席执行官要标新立异。他采取的新方法充满了感染力。他的愿景与现实完全合拍。他并没有像前任那样闭门造车，为凭空构思的转变计划推出一套新战略和创立新文化，而是反其道而行之。他深入基层，与员工交谈，听取他们对现状的看法，让他们参与到规划进程之中。他设立了覆盖广泛的团队网络，其中吸纳了组织内部备受尊重并有影响力的员工，协助他领导转型工作。这些员工对公司文化现状也感同身受。

所有这些工作都有哪些成效？

他深入基层广泛搜集信息，以用于制定切实可行的转型方案。汇总上来的信息暴露出公司在战略和文化两个方面都存在不一致的地方。它也使得公司文化的积极因素得以突显出来，这使公司可以充分发扬这些因素的作用，从而助力推动转型进程。最后，也是最重要的，新政让公司全体员工在整个进程中都享有发言权。

他借此获得广泛认同，同时也改变了大家的心态。

假如你是领导者,你该怎样让大家的心态焕然一新呢?你怎么知道该转换成何种心态,如何获得他人认同呢?另外,假如你处在第一线,你如何让自己接受现实并力争成为领导者呢?依照我本人的经验,我总结出6项基本准则,可用来指导表里如一的领导心态的形成。

1. 后天养成,而非天生

大量针对儿童的研究显示,那些自认为有天赋的孩子所取得的成就,不如从小被教导要刻苦努力的孩子,为什么?因为当面对一些他们无从下手的事情时,自认为有天赋的孩子往往会感受到威胁和无所适从,与之相反,出身劳工阶层的孩子只是把它视为另一个要解决的问题。

从我的经验来看,领导力同理。世上究竟是否存在天生就有魅力、智力超群、出口成章且气场强大的人呢?当然有。但天生禀赋并不是万能的,且可以肯定它不能保证一个人能毫无准备地上战场或承担压力重重的企业转型工作。

杰出的领导人终其一生都在学习。他们善于倾听,从善如流,乐于获取和收集下属的反馈,认真对待并采取相应行动。

无论你是个初出茅庐的企业家、一个组织中冉冉升起的新星还是你已成功当了30年的组织带头人,你都要在研讨会或主题演讲场合争坐前排,认真记笔记,如饥似渴地为求不断进步而汲取新思路。正如我此前提到的,作为海豹队员,我们坚信我们的训练永无终止之日。倡导变革的领导者持有同样的信念。他们学习、应用、自我修正,然后学到更多有用的东西。

2. 以身作则

海豹突击队唯一不缺的就是装备。我们有很多很多的仓库，里面存放着用于执行各种任务的专用装备。但几乎每个海豹队员都因为太在意自己的表现，而不惜自掏腰包购置能更好地帮他完成任务的各种器材。他们会嫌标配的不够好，就自己买个更轻便、袋子更实用的战术背心，或者买个更得心应手的佩枪之类。

在体能训练上也是这个道理。几乎可以确定的是，每个海豹队员的体能都处于巅峰状态。但很多人会自费上柔道训练班，或参加一些令人不可思议的活动，比如超级马拉松，以确保自己成为精英中的精英。比如与我同时完成基本水下爆破 / 海豹突击队训练并一道加入海豹 5 队的戴维·戈金斯，他完美体现了精英"以身作则"的精神，是我认识的人里做得最好的。

在我们首次部署结束后，每个人又回归训练模式，他选择了陆军游骑兵学校——另一个以残酷训练闻名，把普通战士打造成特战队员的大熔炉。他不必去，但他自告奋勇。当他成功完成游骑兵学校的训练后，他又开始琢磨怎么再上一个台阶。但是以他已达到的高度，还真不容易找到更艰巨的挑战。戴维开始上网搜索，"世上最难的超级马拉松"引起了他的注意。他找到了一个被称为"恶水"的超级马拉松，这项比赛要求选手们穿越全程 135 英里的加州死亡谷。由于他跑的里程从未超过 20 英里，因此没资格参加这个赛事。于是，他报名参加了两天后在圣迭戈举办的 24 小时耐力跑步赛。他没进行过这种训练，但跑出了 18 小时 56 分钟的成绩，这让他有资格参加全程 100 英里的夏威夷超级马拉松。上述两项赛事为他赢得了参加下一届"恶水"超级马拉松的资格，此时离比赛开始仅剩 6 个月。

如今，戴维已成为世界闻名的优秀运动员之一。他在美国全国广播公司的《今日秀》直播节目中，打破了吉尼斯引体向上的纪录。他成为在24小时内引体向上次数最多的人。你本来以为引体向上不算什么，对吧？

我们不可能都像戴维·戈金斯那样。毕竟，他是相继完成海豹突击队训练、游骑兵学校和空军战术空中管制员训练的第一人。噢，对了，他还完成了3次基本水下爆破/海豹突击队训练的"地狱周"强化训练！

但在平民世界，我曾见识过许多同样追求卓越的领导人和奋战在一线的人。普通员工利用业余时间主动学习其他技能，使自己一专多能。他们会参加网络研讨会或研读白皮书以拓展自己的知识面。他们会做任何力所能及的事，努力提高自己，给所在组织带来更多价值。这就是"新兴领导人"的定义。

作为首创公司的领导者，我要表现出对创立高效团队的高度热情，于是我不断研究并记述这类实践活动。然后我会把我的文章分享给团队成员。事实上，我每天都在这么做，而不是整天坐在办公室里，然后在每季度举行的团队建设会上用幻灯片花20分钟讲给大家听。以身作则是帮助大家转变心态的最佳方式，因为言行是实实在在的，每个人都能听到和看到。

3. 给出"赢"的定义

在2016年里约热内卢奥运会期间，我在电视上看到迈克尔·菲尔普斯获得众多金牌中的又一块之后在泳池边接受采访的直播。那次比赛中途，他的泳镜进水影响了速度，他奋力拼搏，最终以毫秒之差赢得冠军。采访记者气喘吁吁地问他是怎么在那种极端不利的形势下胜出的。他若无其事地答道，当时他脑子里只有一个念头，不停地告诉自己要赢得这次比赛。就这样，他用不用游泳镜已无关紧要，他很清楚自己该怎么做。

真正有远见的领导人不仅自己能做到这一点，还要让整个团队都能做到，提供给他们一幅愿景蓝图，让他们追随你一心求胜。在转型的重重压力和不确定性的境遇中，他们不仅要界定组织的长远愿景，而且还要定义每个行动的意义以及它们发生的原因。

领导者可以带大家做个颇有意义的演练，共同设想一下公司成功转型后的样子。作为一个组织，我们将以何种风貌示人？未来在这里工作会有什么样的感受？我们的文化将如何推动结果？公司所在的社区里的人会怎样评价我们？竞争对手会对我们的哪些优点心服口服？我们将经历怎样的内在和外在变化？试着一股脑地回答所有这些问题会很有趣，能帮助大家认清最终的胜利会是什么样的。这并非是要把众人引入迷幻的世界，但研究表明，当我们想象自己实现一个目标时，我们的头脑就会从头开始，找到一条让我们取得成功的路径。定义制胜目标会改变人的心态，因为人们就此会努力寻找通往成功的道路。

4. 扩充工具箱

想想上次你在工作中发现有些状况需要大刀阔斧改革的时候（或许你今天就有这种想法！）。如果你正在筹备转型或正处于转型之中，你会发现这是一种动态的、千变万化的情形。团队成员有进有出，职位换来换去。困惑和压力处处可见。资源和培训至关重要。听上去像是回到了要做"额外"家庭作业的美好时光，对吧？

"让领导力充满整个组织"这种话，说说也没什么不好，但你如果不能在某个人的日常职责中以系统化的方式实施的话，你反而在你要走的路上设置了顽固的障碍。

如果你决心购买并阅读这本书，可见你很认真地要改进自己的表现，并希望在一种求变的文化环境中蒸蒸日上。但如果你除了睡觉，大部分时间都在工作，连和家人在一起的时间都很少，你怎么可能有"余暇"培养自己的领导力，无论你靠自己还是作为导师或学员？

众多组织试图走捷径，选派团队成员不时参加一些研讨会或由我这样的人举办的主题演讲会。我尽力而为，但如果培养领导人的承诺只是体现在每季度花上一两个小时的做法上，结果可想而知。

无论你是团队负责人还是一名成员，只要有兴趣提高自己的能力，你就必须每时每刻致力于扩充你的工具箱。这意味着以赋能授权真正的领导力培养为出发点，搭建实在的组织结构。这种结构旨在为持续进行的员工培训提供相应的资源。

在我的组织经历转型期间，我采取了多种方式落实上述观点。其中最简单和最成功的方式是创建一个读书俱乐部。拥有一个奖励创造力和革新的文化是我们的兴趣所在。因此，我们要求领导团队（董事及以上）每周参加一次非强制的午餐会，阅读涉及领导力、管理和巅峰表现之类的书并加以讨论。公司将提供午餐，人人都可以参加。俱乐部原本面对管理团队，但对组织中所有愿意来学习的人开放。参加俱乐部活动的一线员工可以从书中得到一些宝贵信息，同时也有机会与领导层面对面交流。大家一起读书并交流读后感，让每个人都有所收获。

此外，我们还从科技行业借鉴了另一种流行的、富有成效的做法。我们把一大片工作区指定为"创新实验室"，每个团队成员都可以在工作间隙来这里，想待多久就能待多久。这个实验室有十分清楚的目标，并做了简明扼要的描述。我们想要来自不同部门的员工组成一些团队群策群力，想出标新立异的点子来提高我们的服务质量，创造一种新的服务或产品，或者设计一种改善工作场所体验的新方法。

像读书俱乐部一样，大家来去自由，但高层领导必须参加。这又把我们带回了领导者行为对文化的影响的话题。如果一线员工认为公司高层言不由衷，或并不在意结果如何，他们也不会对公司的所作所为当真。

这类创举需要成为日常经营的一部分，而不是下班后就置之脑后或被视为可有可无的事。它们需要深思熟虑，以及时间和金钱上的适当投入。

为扩充每个人的工具箱而在时间和资源上的投入，会提升工作满意度，保留更多员工。员工的信任度增强了，心态转型进程的东风也就不远了。

5. 接纳反馈意见

内心再坚强的人也会害怕尖锐的意见。假设你对自己的表现以及他人对你的表现的看法有准确的认识，那就容易多了。匿名反馈和同侪评估过程会很快厘清这种误解。在此方面，我有切身体会，负面反馈可能动摇你的自信心。但如果你不能把握现实，你就永远无法就未来何去何从，以及如何实现期望的目标做出实质性的决定。当球队开始落后时，优秀的教练不会情急之下做出随意的调整，希望借此能稳住阵脚。他们会倾听相关各方意见，评估当下形势。

在洛杉矶参加一些会议期间，我和我的好友马克·欧文有过一些交流，我们谈到各自作为顾问在商界互动中的一些见闻。我俩聊了很多，并在交流过程中触及我们都有的一种感受，即在大多数情况下，企业界的平民是可怕的沟通者，尤其是涉及接受反馈意见方面。这话听着很刺耳，但大体上属实。我们会在后面的章节中进一步探讨沟通事项。但在此值得简单说几句，因为它与反馈有着极其密切的关联。

在企业界，沟通要么不存在，要么在沟通时掺杂着被动攻击的企图，以避免合理冲突。大变革时代，太多的人不仅不能很好地把握他们该怎么做，而且也得不到公开、诚恳且有建设性的反馈意见，告诉他们到底做得如何。即使他们真这么做，也做得远远不够。

你从参加基本水下爆破 / 海豹突击队训练的第一天起，就开始接受如何成为有效沟通者的培训，因为在城市巷战这种混乱和危险的环境中，有效沟通的能力是十分必要的。如果你的团队不交流，有人就会丧命。我们之所以能战无不胜，就是因为我们能够移动、射击、无缝沟通。

很显然，在公司环境中，后果不见得那么严重，但如果反馈渠道不畅通并得不到应有的重视，一个组织也会走向象征意义上的死亡。在这方面正确的做法是接受并落实尽可能多的反馈意见，而且不能敷衍了事，在会上说句"大家干得不错"就完事大吉了。公司应创造一种宽松的环境，让大家鼓起勇气敞开心扉，抛开公司政治和级别的束缚，畅所欲言。如能做到这一点，你可以学到涉及你的组织和员工的许多重要且富有成效的事情。

我能想到的一种极具感染力的场面就是，公司高管团队把大家召集到一起，态度诚恳地对他们说："我们哪里做错了？我们该怎样改进？我怎么做才能让你们生活得更好？你们需要什么资源？"那些吸纳这种反馈的领导人能够给他们自己以及团队带来全新的思维。

业绩出色的组织诚心接纳这种反馈，它们不会因此感受到威胁，而会针对人们反映的问题采取相应行动。这并不意味着你只是盲从所有的新鲜见解，认为它们都是最佳做法。但当领导团队虚心求教并把他们听到的最具建设性的建议，融入他们的新举措之中，他们便建立了信任并必将获得团队的拥戴。这意味着他们真的在倾听。

6. 庆祝得胜

没有任何组织，哪怕是海军特种部队，能够在所有的时间获得百分之百的拥护。唱反调的人无所不在。他们可能是老员工，抗拒改革；也可能是公司合作伙伴或董事会成员；或者可能是一名中层管理人员，在新计划下工作量大幅增加，于是他要么袖手旁观，满腹牢骚，要么积极反对新举措。

当事务发生变化时，你总能听到人们窃窃私语。我们以前就这么做过，根本行不通。那种想法毫无意义。我们为什么要在这上面浪费时间？如果你想要所有的人一致拥护，你就得永远等下去。

如果你仅凭反对者的呼声高低来判断转型成功与否，你很快就会失望至极。

与其关注那些反对声，或试图迫使他们屈服，你不如专心做一件事：向全体员工展示已有的成就，继续推广愿景，宣扬新思维。

这意味着不只是简单重述上个季度的统计数字，或者说句"这个月我们做得更好"之类的空话。如果你能跟大家说清楚新心态和新方法是怎样一步一个脚印地带来了成效，你就在削弱来自反对者的阻力。

我们在谈论如何保持专注，以及应对因不断变化而产生的战斗疲劳时，会就此做进一步讨论，但在此需要强调一点，平息反对者的最佳方式是展示并庆祝已取得的成绩。

通过提供真实的信息以及展现变革进程带来的真实"风貌"，你就会解除反对者的武装，从而降低负面因素带来的不确定性。心态转变的实现离不开领导层和个体的积极努力。不幸的是，它并不总是能够成功，但它更可能发挥潜移默化的作用，使组织内的大部分人接受领导率先垂范的行为模式。

来自前线的故事

我最喜欢的名言之一，是"一战"期间的德军陆军元帅说的："与敌一交火，所有的计划就全作废了。"正因为如此，海豹突击队必须被打造为适应能力极强的组织。

海豹突击队的任何分队都能获得美国军情机构的全力协助，即便如此，我们仍然需要应付"灰色"情报。

目标处有多少敌人？不确定。

我们有多大把握我们要抓的人就在那里？相当肯定，但无十足把握。我们如何确定这个信息源值得信赖？我们认为很可靠，但不能百分之百确定。

达娜·普里斯特和威廉·阿金合著的《绝密美国》一书很值得一读，作者详述了"9·11"恐怖袭击后各情报部门职能交叉，机构重叠的状况。该书勾画出的组织机构图密如蛛网，令人叹为观止，其中包括超过1300个政府机构，2000个政府合同公司，以及超过85万拥有"绝密"安全级别的人员。该书揭示的事实是，我们在应对"9·11"事件时，情报部门的转型可能造成了前所未有的冗赘、浪费和混乱。

在这场冲突的最初几年，我们与上述许多机构密切合作，以获取我们需要的情报，但随着时间的推移，一些问题和不确定性接踵而来。自"9·11"事件以来，我们的许多转变之一是使我们自己具备搜集情报的能力，这样我们不仅能审核情报线索，也承担起获得尽可能准确的信息的责任。如果你自己的人要基于这些信息行事，你将会确信这些信息得到了全面到位的分析，并从中得出切实可行的见解。经事实验证后，它还让我们有机会回溯既往，判断我们所获的情报的质量——这有效改进了我们的信息搜集流程，并帮助我们修改任务战术。我们能够依照我们对情报的信任程度而采取相应的行动战术。

一旦有情报到手，高层领导人会调入其他团队成员予以分析，并由此制定任务计划。

你认为渗透目标的最佳方式是什么？

我们该直接突入并降落在屋顶上，还是在数英里以外落地，然后潜入？

一旦你制定好了任务计划，就把它一级级上报以获得最终批准。当然，在审批过程中，各级领导人也会提出补充意见。经批准后，任务书下达并做最后的任务简报，然后你就开始联系执行任务所需的后勤和各方支援，比如你需要常规部队封锁行动区域，空中支援，以及你可能需要的任何东西。

人人都赞同每个任务计划吗？开玩笑，当然不是。一项任务中包含的无数细节，计划过程中要做的许多决定，都不可能让每个人满意。但是团队中的每个成员都是这个过程的一部分，即使我们确信无论计划多么周全，临场发挥时形势总有可能出现一些混乱，我们也要同甘共苦。

在完成任务后，正如你此前所读到的，我们会以公开透明的方式，毫不留情地予以评估。如果有些地方做错了，我们就加以检讨，并汲取教训。我们精益求精，不断进步。

这里是一个临界点，众多平民组织及其领导人从此失去了支持，也没能改变心态。高层指示逐级下达之前，没有从组织的重要成员那里搜集信息。他们缺乏共同创造转型的领导风格。

这导致组织罹患两种非常严重的病症。其一，它传递的信息是赞同和推进之间不存在任何价值或联系。如果我把时间和精力投入任务中去，但我的经理根本不在意得到我对这个计划的看法，我为什么还要主动承担风险？我还不如干脆什么都不说，得过且过，或者，我实在是不甘平庸，另谋高就。其二，它会导致组织行为进一步僵化，即使路径出错也得不到丝毫修正，而这原本要在整个变化过程中多次进行。

这不是抽象的理论，而是我相信并付诸实践的东西。在我经营的一家公司，我们曾推行过一项重大举措，把5个软件程序合而为一。我们选择了一个新程序，结果比我们所需要的复杂得多。我还错上加错，指定了一个不合格的人负责运行这套新软件。我们给了他办公室和预算，简单地告诉他："去为我们创造这个新系统吧。"

在整个过程中，领导团队既没有发挥领导作用，也没有花时间评估"现实"以及我们在变革之战中可能面临的挑战。我们表现出不闻不问的态度，也很少检查工作进度。我们做了决策，把它交给某个人去"执行"，结果却是置我们自己于死地。

这不是真正的赋能授权，它是误导和拙劣的构想。

而且是我的错。

我们指定的项目负责人发现了问题，并决定再次更换软件。新选的软件更复杂、更难懂。本来普通的旧丰田车开着还行，我们偏要买辆法拉利停在车道上。

这个项目的主管又推出了另一项培训计划，并雇用了 10 名新员工来运行新系统。我们一一都批准了，但随后我们大幅削减了相关投入，因为我们正处于转型中途，并感受到它所造成的财务压力。投入不足导致只能提供最低限度的培训，效果大打折扣。这正是我之前提到的错误做法。

当我们的一线队伍得不到应有的训练，并在运行软件过程中困难重重时，他们没有得到急需的支持。他们最终做了任何理性的人在这种情况下都会做的事。他们基本上放弃了新软件，恢复到他们熟悉的旧系统。因此我们耗时耗资引进的新软件沦为废弃工程，人见人烦。没人想要运行它，任凭它自生自灭。

相反的做法如何呢？

如果领导者能够表达清楚需要大家做哪些事，并向一线员工表明他们获胜所需的资源一应俱全，大家就会保持冷静和专注，因为他们知道自己注定会取得成功。他们会对这个任务充满信心。他们会朝着领导人指明的方向前进。他们心悦诚服。

还是以我此前提到的那家医疗保健公司为例，当首席执行官以全新的心态展开转型工作时，每个人都追随着他投入转型之战。为什么？因为他们知道他本人对此信心十足，而且全力以赴，这带动着众人以同样的激情投入到这项事业当中。

在新首席执行官开始工作后的几年里，通过调查、谈话和观察，大多数员工都感觉自己干劲十足，并为成为这个"新"组织的一员而感到自豪。更重要的是，该公司的经营业绩直观而清晰地反映了这些变化。仅用了几年时间，公司便华丽转身，从每天亏损 100 万美元到每天收入 500 万美元。公司的营业收入从亏损 3 亿美元变成赢利 17

亿美元,股票价格也从每股 5.84 美元跃升至 48.40 美元。

这种骄人成绩并非来自某种奇迹般的精心的重建。它来自公司营造的集思广益、群策群力的氛围。而这,其实任何组织都可以做到。

第 5 章　备战法则：搜集情报并制定任务计划

队友的生死和任务的成败完全取决于我——我的技能、战术水平和对细节的关注程度。

——海豹突击队信条

我之前就说过，在"9·11"恐怖袭击发生后，美国军方很快意识到，要想持久作战并击败危险的、四处出击和分布广泛的敌人，我们就必须转变观念和文化。我们拥有最优秀的勇士、情报专家和民众的广泛支持，但缺乏足够的敏捷度，以跟上这些战争的发展进程。尽管我们搜集了海量的数据和情报，其中大部分却是冗赘的、相互矛盾的，或深陷在各个筒仓中。

这与我们在当今的全球商业环境中所面临的情形并无多大差异。

我们掌握了有史以来最全面的数据搜集工具和信息识别技术。但如果我们不相应地调整我们的战术，并在当今如火如荼的反恐战争中有效利用这些信息，我们具备的这种优势根本就算不上优势。

机会何在？

充分利用大数据，以获取转型决策中必需的信息情报。

挑战何在？

为了在转型决策中正确地利用大数据，一个组织必须首先要变成数据驱动型，同时也需要心态和文化上的转变。

在海豹突击队的每个级别，我们的训练以及运作均以去中心化的领导、协作和沟通方式为主旨。我们已经准备好投入到非常规的作战之中。但是，伴随现代战争的不止这些，还有从全球各地汇集而来的情报资源、我们所承担的任务的政治后果，以及其他组织为解决同样的问题而同时采取的行动。在把所有这些简单叠加在一起后，你会很容易看到乱作一团的局面。如果没有全面的数据分析和集成的方法，那么可用于重大战略的情报将变得过于复杂和难以解读。

传统的等级结构、跨分支亚文化以及信息共享的方法，常使我们在与敌交战之前陷入内部争斗。高级领导人最终意识到，军队整体以及军中之矛的各类特种部队必须彻底转变为秉持同一宗旨的、21世纪的现代组织。要做到这一点，我们必须进一步提高搜集和分享信息的能力，并做到信息共享畅通无阻。僵化死板的结构不仅抑制了搜集数据的能力，也不利于传达协同一致的愿景，我们将在第6章中就此加以详述。

特种部队在"9·11"事件后的最初几年悟出的道理，完全适用于今天的商业世界——从初创企业到区域性组织，再到跨国公司，无一例外！

2015年，毕马威发布了一份报告，题为《数据驱动的商业转型：驱动绩效、战略和决策》。报告指出，大数据的出现使得商业世界发生了前所未有的改观。各类组织现在有机会利用数据及其分析，淡化以过程为中心的经营方针，并转向以数据为中心，即在涉及战略和决策方面，成为数据驱动型的组织。

数据驱动组织的息税折旧摊销前利润开始出现20%至30%的增幅，这要归功于由此释放出的效率和更精细的财务审视。但是，许多组织尚待引入适当的系统并把特定领域的专家安置在适当的位置，以充分挖掘其商情潜力。尽管大数据已经排到了企业议事日程（与企业文化类似）前列，但大多数公司需要在几个关键领域大幅改进：

- 组合、组织和管理多种内外部数据源的能力。
- 为预测和优化转换结果而构建分析模型和指示板的组合技能。
- 高级领导人在推动文化向数据驱动转型时须遵循的严格纪律。

例如，"亚马逊金牌服务"利用数据来确保按时交付商品。同样，海豹突击队使用数据和情报来确保不失时机地击毙恐怖分子。原理基本上是一样的。

数据至关重要。情报至关重要。协同一致至关重要。

具备使用数据以适应和应对实时挑战的能力和自由也是如此。海豹突击队必须这样做，以确保生存并击败敌人。

你和你的组织同样如此。

在毕马威每半年进行的全球首席财务官调查（上述报告中引用了调查结果）中，受访者认为大数据和分析对于实施"精益财务"战略（优化财务流程以最小化低效、减少不必要的成本，并提高速度、灵活性和质量）至关重要。这是在我一家公司转型期间我们决定更换首席财务官和整个财务团队的核心原因。我们需要搜集和整理商业情报以及获取切实可行的见解的技能。我们的财务部门缺乏发挥积极战略作用的能力。尽管人和文化在任何高效的组织中都必须享有优先地位，但财务和运营数据也必须如此。

在参与调查的高绩效受访者中，有41%的人还指出，作为精益财务和决策机制的触发器，大数据和分析是"十分重要的"。海豹突击队依情报而动，不论在字面意义还是比喻意义上均如此。信息来自我们自己开发的资源、当地线人、联军、情报机构,以及平民组织。情报形成了海豹各队奉命执行的任务的基础,并且是构成所有任务的原材料。

但是,无论情报的可信度有多高,海豹突击队绝不会奢望只是照本宣科地展开任务就能取得成功。即使所有的情报细节都得到证实,人会改变,情景会改变,而且敌人也会以出乎意料的方式反击。因此,海豹突击队训练和备战的出发点就是针对变幻多端的偶发事件加以演练。

应对不可避免的伏击

无论是在伊拉克展开的进攻行动,还是基本水下爆破/海豹突击队训练、海豹资格训练或排级训练,海豹突击队执行每次任务时都会代入各种各样的应急预案,依靠团队的适应能力在遭遇突发不利状况时采取相应对策。在某次训练场景中,我们排奉命制定一项复杂的任务计划,用于袭击位于圣迭戈海岸附近圣克莱门特岛上的"敌方"村庄。我们依据提供给我们的情报简报制定了任务计划。

上午10点整,我们在洛玛岬的潜艇基地登上一艘核潜艇,前往该岛。那是我头一次也是最后一次进入潜艇,这么说吧,里边非常狭小,比在电影里看到的小得多。在长达12小时的航程(他们会在我们穿插渗透前做全天演练)中,我们只能待在鱼雷舱里。我就只好躺在鱼雷上打了个盹,说实话,那可真不舒服。

夜里11点钟,潜艇浮出海面,我们带好所有装备和橡皮艇上到潜艇顶部。我们组装好橡皮艇，从潜艇侧面顺下去，全体队员上船，在夜色的掩护下展开渗透行动。在离岸大约半英里处，突击队穿戴好潜水衣和脚蹼潜入水中，推着装在防水袋里的武器和装备前进。我们上了海滩，集结完毕后，便朝着4英里外的村庄隐蔽行进。在离目标500米处，我们遭遇来自山脊线一带的大规模伏击。对方居高临下，占据了有利地形，但海豹队的理念中没有"畏战"一词。我们面对伏击的信条是猛烈还击。这意味着重火力反击或呼叫空中支援炸毁敌方阵地。

我们在制定任务计划时，就考虑到了在山脊处遭遇埋伏的意外情况，并根据提供给我们的资料得出可操作的情报准备了应对之策。我们有备而来，来之能战。预测可能出现的结果是卓有成效的数据分析及其应用的核心功能之一。

面罩揭开后你该做什么

有备无患的另一例证是被我们称为"蒙面方框演习"的训练科目。在一间屋子中间的空地上用胶带在地板上划出一个方框，你站在方框内。你头戴面罩，它通过一根线直接连到固定在天花板的滑轮上。一名教官牵着线的另一头，他会向你描述一个场景，而你被蒙着面站在那里。你会听到有关将要展开在你眼前的一些基本情况，但你不知道屋子的格局，或者有多少人会出现在你面前，也不清楚他们是敌是友。

你站在那里一直想知道究竟接下来会发生什么，然后教官拉起了面罩，你要做的就是在模拟场景中应对你所遇到的任何情况。比如，你可能最先看到一个漂亮女孩站在10英尺外朝你招手,但同时你身后有3名男青年冲你大喊大叫。

你必须对眼前的形势做出迅速判断。

你也许会判定那个女孩不会构成威胁。但当你快速转身举枪瞄准那几个凶猛的男子并准备射击时,你可能蓦然感到有把手枪抵在你的后颈上。

是那个女孩吗?这样看来她并不是人畜无害的啊。

这个培训的目的是让你的精神处于各种条件和变量不断变化的状态中,由每个队员自行判断一个特定情形,校正自己的反应,并具备经过训练的直觉来感受其周边的团队成员会采取哪种行动。全美橄榄球联盟(NFL)的优秀四分卫似乎总能在开球后找到最重要的接球手,原因就在这里。他们无数次的训练就是为了知道一旦出错该怎么做,因此在实战时会镇定自若,而不会感到恐慌并茫然不知所措。在类似的公司转型中,实时数据吸收能力一样重要。如果缺乏实时数据(以及一贯快速的数据共享),就很难理解何时需要校正前进方向。

众多平民组织的表现与上述情况恰好截然相反,在那些组织中,充其量只存在与广泛的、共同的责任和信息传播概念直接对立的做法。典型的命令控制型组织有着明显的筒仓型架构特征,因而向一线经理传达宝贵信息时往往会阻力重重。而身处"乌卡"环境中的经理们,急需他们赖以决策的信息。中上层同样如此。

通过构建数据驱动心态和文化,以及与战略相关的恰当模型,任何组织都将在转型和经营业绩等领域拥有更强劲的求胜动力。

"先发制人"法则

你的转型工作的计划和执行成效如何，完全取决于你在组织内外搜集信息与准备工作是否到位。如果没有适当的工具和组织结构，即使最终完成了任务，它的过程也会险象环生。

我实在想不出有多少组织不想做得更好，实现更密切的协作、精诚团结、畅通无阻的沟通，以及更高的信任和责任感。你不必成为首席执行官，也不必拥有工商管理硕士学位，就能理解上述所有条件一旦落实到位并在文化中生根，肯定会带来更好的财务回报。但许多组织却陷入其固有的体制和结构中不能自拔。他们不能或不愿脱离原有轨道，走上更好的路径，因为他们不敢尝试新鲜事物，或者担心失控。说不定他们还缺乏信心，因而迟迟不能投资于更适用的数据采集工具，以及能够操作它们的人员。

假设你在一家规模尚可的会计师事务所工作，你们同时拥有个人客户和企业客户。在一次大型年会上，领导层团队宣布了一个扩展企业业务的计划，准备花更多时间和精力去招揽该地区的大客户。该公司的营销团队可能会全力支持这个计划，并为此制定了吸引那些客户的大计划。但如果真正负责那类账户的一线业务代表被排除在计划过程之外，他们也就没机会提供有针对性的信息，比如怎样有效地联络那些客户，需要采取哪种结构、系统、工具和数据源以支持为那些客户提供数据驱动的决策服务。

由此可见，公司对未来的发展方向达成水平层级的共识，却在垂直指挥系统上缺乏协同。当然，有时也很容易看到两者同时存在不一致的情况。出现这种不一致的根源在于，高级领导人未能从他们的一线队伍那里了解到足够的、重要的实际情况，而在指令和信息自上而下的传达过程中，就会出现遗漏和误解。

2013年3月，麦肯锡公司的多米尼克·巴顿和戴维·考特发表了一篇题为《构建数据驱动战略的关键》的文章，很好地阐述了"尖兵"法则。他们详述了组织可采取的三个行动步骤，以推动组织转型为数据驱动型。第一步是开发与业务相关、简单易行的分析模型。最佳方式是从一线经理那里搜集情报，确保所选工具与现有决策程序完美匹配（当然有些程序也需要做适当改动）。下一个步骤是在一线队伍使用的简单工具中嵌入分析方法。这里的关键词是尽可能做到简便易行。最终目标是提供直观的工具和模型，改进他们的工作职能和决策能力。第三步是培养利用大数据的各项技能。为此，它通常需要一种具有多面性的方法，其中包括由高级领导挂帅推进，培训并奖励创新的行为方式。

数据驱动组织的共同特征

成为数据驱动型公司的路径未必只有一条，但那些做得对的公司都有些共同特征：

·数据驱动型公司重视持续的信息共享。协作是公司文化的核心原则，而且大家有个共识，即公司内的任何人都能接触到所有恰当的数据。

·数据驱动型公司认为全体员工都应该获知那些值得共享的数据。这种做法既改善了它自身对当前形势的感知，也提高了个体和团队的业绩。关键是"可以用到"的说法,而不是硬塞给他们。

· 他们拥有能够理解结构化(正规数据库中搜集的)数据和非结构化(如源自电子邮件或演示文稿的)数据的工具和技能,从而可用来决策和预测转型结果。

· 数据驱动型公司将数据搜集定为跨部门的主要活动,属于要被衡量并奖励的行为。

· 它们有能力实时察知哪里可能需要修正或该如何把握新机遇。

· 高层领导人不仅支持数据驱动型文化建设,还能够有意识地自上而下加以宣扬。

· 它们利用数据不断诊断现有系统和流程。任何一个业务上的求变提案都可得到数据支持。

· 它们珍视公开透明的工作环境,并鼓励向上管理和交流。

2012年,"经济学人智库"在 Tableau 软件[①](我上一家公司的供应商伙伴)的赞助下进行了一项调查。接受调查的 530 名高管来自各行各业,分布在北美、亚太地区、西欧和拉丁美洲。该调查的重要发现是:"业绩卓越的公司都采用了数据驱动的文化,它们通过提供必要的培训和促进各级员工以及部门之间共享数据的方式,最大限度地利用数据。"

总体上看,来自业绩一流企业的高管中,有 76% 的人认为数据采集是根本。与之相比,来自业绩低于同侪的公司高管中只有 42% 持同样观点。也可以说,就像本书中阐述的其他原则一样,它们看似简单,但往往知易行难。对于一些大公司来说尤其如此,它们一直以

---

① Tableau Software:数据可视化商业软件公司。

来吃老本过得还不错，根本就没想过利用大数据的优势。

顺便提一下，我的营销公司就以数据驱动为荣。它是我们文化及战略优势的一部分，但这也不是一夜之间发生的。我们过了很久才意识到这是让我们脱颖而出的好机会，然后开始实施。这次转型可以细分为两部分：内部数据搜寻，用于营销、运营和人力资源；外部数据搜寻，用于改善产品、服务和客户关系。这就要求公司上下全面转变，包括心态、品牌营销、资源投入、引进人才、培训需求，以及总体上我们该怎样走向市场。这并非易事。然而，结果证明我们实现了内外部的重大转型。内部效率大幅提高，我们替客户推广活动做战略决策的能力也空前增强。

龙头企业深悉数据及分析的重要性，并在相关工具以及所需人员的投入上不惜重金。通过数据驱动的文化建设，使得整个组织都认识到数据的重要性，并以此为基础做出切实可行、行之有据的决定。这提高了速度、效率、预测结果的能力和在转型期间的机动性。

所有这些都对经营业绩和股东回报产生了积极影响。

从战场应用到董事会会议室

杰夫·坎贝尔是我的好朋友和导师之一，他在餐饮业有着长期和成功的从业生涯。我们在圣迭戈一次高管培训活动上相识，当时我和他都应邀在会上演讲。后来，杰夫又介绍我去他在圣迭戈州立大学主办的"工商管理硕士"领导力培养项目中做讲座。1982年，杰夫成为汉堡王的总裁兼首席执行官。那时，该公司正处于业务萎缩江河日下的窘境之中。它在与麦当劳的正面交锋中损失惨重，并面临汉堡王加盟店众叛亲离的险境。

就在这种背景下，杰夫头戴独特光环入主该公司。除了标准的学位，如心理学学士、营销和历史学硕士，他还曾是美军精锐部队第82空降师的军官。当杰夫接手汉堡王之时，他很想大破大立，从头做起。毕竟整个公司摇摇欲坠，而他又恰在此时被提拔为变革代理人。

但杰夫决定另辟蹊径。

"我们必须设法改变这个拥有4000个自营店和1000个加盟店的公司的经营状况，那些加盟店本来就不喜欢别人指手画脚告诉他们怎么做，如今更是对眼前每况愈下的状况满腔怒火。"他说，"问题的答案不是告诉他们我打算怎么做。那样的话就太简单了，只需要开个10分钟的会就解决了。"

数据采集并不总是需要投入数百万美元，用以引进新的应用软件和建立一个专职的数据专家团队。这个过程还应加入一些人员互动（其实是很多），而且正如我指出的那样，这需要完成两件事：你从一线员工那里获取有价值的见解并由此聚拢人气，你重视他们的意见，他们自然也会拥戴你。

与此前我提到的医疗保健公司首席执行官一样，杰夫展开了一个遍及全国的"倾听"之旅。他在多个城市召开大会，邀请加盟商参会并当面诉说他们面临的所有问题和苦恼。等大家诉完苦，他就问他们想怎样改变公司发展方向。

杰夫广泛采纳了众人的建议，开始实施自己设想的重整计划。公司从此步入正轨。他后来又领衔百事品牌的发展工作，继而成为尊尼火箭美式餐厅和卡塔莉娜餐饮集团的首席执行官，直至他目前在圣迭戈州立大学酒店与旅游管理学院担任导师和项目主任之职。

杰夫的做事方法与他师从享誉世界的餐饮大佬诺曼·布林克不无关系。他是"杰克在盒子里"快餐店总裁和"牛排+啤酒"餐厅创始人。

"诺曼的领导风格是不停地提问。"杰夫说,"严格地说,和天天与顾客打交道的人聊天,你能学到不少好主意。在一流组织中,领导力和数据向上流动,而不是相反方向。"

有了信息自由流动,组织就能准确识别自身所处的位置并认清发展的方向。风险和挑战能更清晰地呈现出来,并得到完整的理解。于是,这些组织能够更好地预测转型结果。

编制任务计划

在海豹突击队,我们严格遵循一套直截了当的情报搜集和编制任务计划的程序:

· 分析情报和整个任务的细节,以充分理解战地指挥官的意图和它与大局的关系。这类情报通常来自内部和外部两方面。

· 确定编制计划所需的物资、资源、人员和时间。

· 以集思广益和去中心化的方式规划任务,让团队中重要成员和各领域专家全程参与。

· 确定长远计划。

· 赋能授权关键领导人,在任务细节和行动路径上通力合作。

· 准备应急方案。

· 了解可控或可降低的风险并制定相应方案。

· 根据最新得到的信息和形势变化,不断核查计划和应急方案以做出相应调整。

· 向全队介绍计划内容，从无缘参与规划过程的成员那里获得反馈。根据反馈意见完善原计划，以取得大家认同。

听起来还不错，对吧？

但当我和我公司的客户会面，听他们描述自己的业务流程如何完美后，再将之与我亲眼所见的情况相对比，我会发现两者之间往往存在较大出入。

你可以拥有世界上最好的计划，但正如人们常说的："与敌人一交火，所有的计划就全作废了"。进入市场时也如此。很多很多组织全都不遗余力地制定战略计划并予以实施，但当首次出现重大差错时，这些组织便进入了危机模式。每件事都需要加以审视，此起彼伏的问题使大家疲于奔命，肆意浪费人力和资源。

战略计划去哪儿啦？就这件事而言，它就是一张毫无用处的打印件。

我给你设定的目标是，改变你的心态，不要再拘泥于为做好准备而做计划。那是两种截然不同的事务。

制定计划当然是准备工作的一部分，但远远不止于此。有所准备就意味着你对既定计划了然于心，且当事情未能按计划进行时，你也拥有足够的职能和技能予以纠正。事实是，计划总是赶不上变化！除了计划，你还具备利用大数据的能力，可为任务规划进程提供有益的参照，并在必要时利用上述数据修正发展方向。在当今的"乌卡"环境中，仅凭直觉向前一味猛冲通常是不够的。

如此多的商业文献和自助空间都被用来帮助人们更好地、更全面地规划他们想要做的事情，无论是个人生活方面还是职业生涯方面，但鲜有人关注赤裸裸的现实，即形势总是变化的。

在体育界有个比喻在这里能派上用场。我的朋友和客户德文·凯西是 NBA 的多伦多猛龙队的主教练，他曾向我解释过他的教练方法。篮球教练会照惯例研究下一周的对手球队。他们会花费很多时间找出对手的强项和弱点，并针对他们的弱点制定相应计划，这就跟军队执行任务的做法一样。

但优秀的教练并不会机械地按照预定计划行事。备战下周赛事的重要内容之一是假想出一系列"如果是这样我们怎么办"之类的问题。假如对方球队这样应对，我们该怎么做？假如我们这部分计划执行不力，我们的选项 B 和选项 C 是什么？

在此最佳的表达方式是说优秀教练，或者优秀的军队和企业领导，并没有制订出更好的计划方式。他们只是想出了制定更好的计划的方法。他们结合实时数据和来自团队开诚布公的反馈来做出明智的决定。

你肯定愿意投身于这样一个组织：它期待并做好了迎接变化的准备，而不是时常因准备不足而陷入狼奔豕突的境地。如果你们属于有备无患、充满活力的团队，你们实际上会期待变革的到来，因为你们深知自己处于比竞争对手更有利的状态。

这种灵活机动的组织要求在组织内部向下分配责任和权力，我们此前提到过这一点，但它同时也要求在衡量和评估不同团队成员的方式上实现重大转变。与信任和问责一样，如果你想要一个团队重视并使用数据，你必须提供适当的工具和培训以及奖励数据驱动行为。

零缺陷心态

在 20 世纪 80 至 90 年代，美国军队陷入了一种被分析家称为"零缺陷"的思维模式。晋升文化即是一例，那些能够提交"无瑕"记录，即无摩擦、无伤亡且各方面都无懈可击的军官才能得到提拔。这种模式导致军队领导层整体上出现极端的风险规避倾向。如果你曾试图标新立异或宣扬一种未被广泛理解或接受的战略，你就很可能被划出晋升名单，并最终被裁掉。

这显然是一个领导层的问题，但你可以从组织中的低层人员的角度设想一下。假如你发现了一个问题，或者你觉得有个为改进工作方式提建议的机会，但你心里没底，不知道你的领导会不会接受并采取行动，你恐怕不需要太久就决定放弃这个想法，然后选择埋头只"做好你的工作"的那种做法。更糟糕的是，假如你提的问题被认为与现状有冲突，因而受到压制，会有什么结果？某律师事务所的一个中层经理曾告诉我："高级领导人声称他们希望大家畅所欲言，但当我们反映了情况或填了他们发放的调查表后，就再无下文了。相关信息似乎流进了一个黑洞，提出的问题从来都无人过问。一切都依然如故。"

即使这种"零缺陷"文化如愿以偿，打造出了一个无风险、高"效率"的战斗集体，它仍然远离了任何一个军事集团应实现的最终目标。任务会失败，事实上有时的确会失败，因为军中各部门的许多领导人都失去了鼓励创新思维、权衡风险与回报的能力和意愿。

重管理轻领导

约翰·科特和詹姆斯·赫斯科特在《企业文化与绩效》一书中，精彩解读了零缺陷思维方式和这种环境对信息分享的抑制作用。他们描述了过度管理和领导力欠缺的组织具有的流程特征：

远见卓识的企业家精神再加点儿运气创造了一个取得最初成功的商业战略。

在市场上确立了主导地位。

公司经历了一段时间的收入和利润增长。

公司培养并提拔经验与培训极少的管理人员，而非领导人。这些经理可肆意构筑筒仓壁垒，表现出亚文化部落行为，并存在上行下效的现象。高级领导人听之任之或视而不见。

傲慢、分裂的文化与无数各行其是的小圈子共生，协作和信息共享荡然无存。这些管理人员无视真正的领导力，以及团队成员中具有这种潜能者的价值。他们抑制创新并以官僚集权的方式行事。

无数平民组织都不知不觉地以零缺陷模式要求其基层员工，无论是他们对待新信息的态度，还是跨部门分享信息的做法。如果基层人员觉得自己一旦"犯错"就会被严厉处置，他们就会在分享信息时谨小慎微。这种态度对脑外科医生来说最合适不过了，因为他们的一举一动事关人的生死。

但假如你们是一家专门提供企业对企业电子商务方案的软件公司，一个大客户带着问题找到公司销售人员寻求解决办法，你该怎么办？领导层可能坚持让销售人员注重公司的最低赢利要求，尽可能多地销售现有产品；或者，领导层心态开放，密切关注来自市场的信号，从中发现了潜在的机遇，进而创造了一种新的、利润更丰厚的产品线。新产品会成无底洞吗？当然有可能。但正如观看 NBA 的人们所说的那样，你如果不投球，肯定百分之百不中。信息流动不畅，又缺乏获取信息的手段和流程，领导层团队作茧自缚，结果只能是自废武功。

来自前线的故事

在我离开海豹突击队和完成研究生课程后初创公司时，我设想的是我可能利用在上述环境中学到的备战和计划方法，创立一种令数据信息在公司上下自由流通的体制。

可是初期效果并不理想。

在我创办的其中一家公司里，我们曾构思了一个全新设想。我们当时认为这个构想一旦付诸实施，会极大地提升我们的服务水平，为我们的客户设计并配置高度集成的解决方案。但要真正付诸实施，我们还要走很长的一段路，仅仅是高质量的数据分析、创意和各版本层层堆砌是不够的。制定战略需要我们采用新方法，解决人才招聘、部门结构和大部分现有流程等方面的问题。我们采取的第一项行动是搜集情报，用以支持我们的转型任务计划。我们通过包括焦点小组、调查工具、圆桌讨论、停止—启动—继续的练习和一系列民意调查及访谈在内的各种途径，力求获得尽可能多的数据。我们不只是在内部做，还走出去搜集外部信息。我们基于两个问题做了一个简单的客户调查：

问题 1："这是我们正在努力实现的业务目标。你认为我们目前哪方面做得好，我们需要怎样改进才能达到目标并为你提供更好的服务？"

问题2："你当前愿意把我们推荐给其他用户吗？如果选择'不'，那么假设我们成功实现了这个新设想，你会愿意吗？"

我当时是圣迭戈广告俱乐部执行委员会成员，因此我有很多朋友和替我们的竞争对手工作的同事。我会约他们共进午餐或随意交谈，征询他们应对特定目标的建议。我是在开发"情报"源！我会坦诚相告我提出这些问题的理由，因为我们既是对手，也是好朋友。

搜集情报的方法

- 调查问卷
- 焦点追踪
- 访谈
- 圆桌讨论
- 财务、会计和项目管理软件
- 分时跟踪、情绪和客户反馈应用程序
- 停止—启动—继续练习
- 与友好的竞争对手面对面交谈

搜集完信息后，我们便开始把它们应用到我此前述及的任务规划流程。我们合并了一些团队，以便更好地协作，实施新的奖励机制，修改了报告结构，重新设计了整个办公区，并推倒了实在的或虚拟的墙。通过利用源自内部和外部的优质数据，我们终于成功制定了包括应急预案在内的任务计划。

虽说多年来我身负各种背景经营多家公司，但我的经历与许多企业家并无太大不同。进入研究生院深造是个共同点，但在学校的大部分时间里，你基本学不到今后要用到的实际内容。在海豹突击队整个训练流水线上也不能学到你所需要的全部技能。在实战中，形势瞬息万变，根本不存在训练时还有中间叫停的可能。

当然，掌握一些会计准则、财务、营销和管理方面的基本知识还是有帮助的。但经营实体业务本身就意味着你要应对不确定性、风险和几乎不停的变化，如今这样的时代更是前所未有。理论和理想只能带你走这么远。

但多数企业家，比如说，都是从小做起，一个一个地逐渐增加人手。由此形成的小团队，彼此间关系密切，你对每个人的情况都了如指掌，沟通也很顺畅。毕竟大家可能都在一间屋里共事。大公司里某个部门的领导人和经理们基本上也这样。

随着业务不断扩大，人员大幅增加，你不再可能与团队中的每个成员保持密切的个人关系，不断形成的筒仓也阻碍了信息流通。但需要再次指出的是，宝贵的情报也可能来自外部。要么是你尊敬的、关系不错的竞争对手，要么是你聘用的、此前在竞争对手那里工作的新员工。

假设你的销售经理从竞争对手（尽管我并不鼓励夺人所爱的行为）那里"挖来"一名销售人员。这有点儿像哗变，因为你雇佣的这个人非常熟悉对手的情况，而且往往会带着对手的客户加入你的公司。

这时你可以有选择地抛出如下问题：你原来的公司是怎么做这件事的？公司哪里存在不足？他们何时完成了这类转型，对文化的影响体现在哪里？哪些措施行之有效，哪些根本不起作用？原公司怎样评价我们公司？

从本质上讲，你实际上是借着竞争对手的视角得到关于你方的探报。这是有关你们团队的免费信息资源，帮助你了解你们哪里做得好，哪里存在不足，而后者往往是大多数组织不那么积极寻求的。

出现这种情况的原因很多，但最普遍的一个是过于自信。

如果一个组织一直顺利地应用由来已久的系统和流程，你会发现，该组织的文化其实在影响着领导人理所当然地沿用他们固有的做事方式。这是种低风险策略，可以防止不必要的事后猜疑和不确定性。如果这类组织的领导人面临危机，他们最常见的反应也似乎是最合理的：我们以前就遇到过这种状况，我们是如此这般处理的。所以，这次我们还要采取同样的处理方式。不幸的是，当今的组织面临着它们前所未有的障碍，因此并无前例可循。

你不需要向前看多远就会发现那种心态是多么过时，甚至到了几近危险的程度。巨型公司在短短数月或数年便陷入困顿，一一消失，根源就在它们总是试图以同样的方式解决当前的问题。

1886年，希尔斯百货正式开业，并在随后的100多年稳居世界零售商前列，其间历经大衰退和消费者品位的剧变，直到1989年它被沃尔玛超越。至2005年它实在无法在类似的低成本、广泛分布的模式下继续经营，最终被凯马特收购，此时它名下的百货店已从3500个急剧减少到不足700个。2000年，雅虎总市值是1200亿美元，是数字世界中无可争议的领军企业。到了2008年，它沦落到微软出资500亿美元收购的地步，该宗交易终告失败。2017年，雅虎被威瑞森电信作价450亿美元收购，从此作为独立品牌的雅虎从市场上消失。

你不明就里地让自己沉浸在大数据分析的现代世界中，与你盲目固守1990年时可能安全的策略一样危险。杰夫·坎贝尔经常谈到，美国公司是如何被工作场所的"金融化"掐住咽喉的。会计师、金融专家和律师正在成为老一代的领导者，他们决策的依据不再以人为中心，而是仅仅依赖一套财务报表。当众人被非人化并转化为数据点时，毫无疑问，领导团队将很难与这些人有心灵上的沟通并激励他们。凡事都要有个平衡。正如我之前所说，财务模型也必须与战略远景相一致。数据和见解必须与来自前线部队的透明情报汇聚在一起。

我之前提起过，这种情况曾在我的一个客户，位于东北部的大型餐饮集团——那里发生过。主导收购战略的基本上都是具有财务头脑的人，他们做决策时根本就不考虑品牌、质量、餐厅经理甚至顾客的意见。

"他们基本上是想方设法要杀死这个品牌！"首席执行官告诉我。"但他们失败了。这个品牌已经如此强大，它活了下来。我被请进来，就是要带我们回到我们最擅长的领域。"

我完全赞同他的做法，这和杰夫·坎贝尔的方法很相似。我领导企业时总是把3种最重要的资产按照如下顺序排列：员工、客户、股东。在财政上负起责任的基础上，把团队和客户放在第一位的做法，最终总是会让股东们满意。

但数据分析和数据可视化同样重要。你需要一个指示板并了解公司经营状况的关键绩效指标。研读财务数据，利用管理指示板并探究提高效率的路径，是领导者的三大法宝。但如果一个团队领导者认为自己可以力排众议，高调宣称："嗨，我在上一家公司就是这么做的，所以我还要应用这些标准化的工具！"可以肯定的是，接下来一定会发生令人不愉快的事。

你认为数字不会说谎，其实不然。损益表并不会反映出各种软性成本。比如，你的信任估值是多少？员工对你的拥戴估值是多少？忠诚呢？士气呢？所有这些用什么经济指标才能表示出来呢？

我们的目标是利用信息，具备新的、包容的心态，使你的员工高度认同公司使命。获取最好的信息用于决策，然后发送给基层团队自行决策所需的数据，确保自上而下、自下而上、水平方向上的信息流通。

如果只是为了有个计划而编制计划，你会堆砌海量的信息并得到一本厚厚的计划书，但将依然漫无目的地前行。运气好且竞争对手同样无序的话，你能做到长时间不出问题，但是你公司各处都承受着巨大压力，任何一处都有可能因不堪重负而随时崩溃。

当好数据带不来好结果的时候

海豹突击队曾奉命执行一项特别任务：前往伊拉克的拉马迪远郊区抓捕高价值目标人物。地面情报人员传来的消息是，伊拉克军队一位重要领导人和资金提供者目前藏身在那里。

凌晨2点15分前后，我们从距离目标数英里的集结待命处出发，与我们在此处会合的陆军部队则作为必要时的快速反应部队留在原地。我们在距离目标所在大约1000米开外短暂停留，重新配置我们的悍马车队，随后我们前往据信目标藏身的那座房子。我们悄然下车，步行着接近那座房子。

破门手来到屋前布下炸药。"3、2、1。起爆！起爆！起爆！"

轰隆隆一声巨响！然后就发生了我们从未遇到的情况。我们进屋后，那位高价值目标自己向我们扑过来。当时我们跟着两名尖兵冲了进来。跑在最前面的三个伙计一起冲着他开火。我们继续往屋里走，并再次遭遇意外情况。

这座房子的格局与我们的情报员描述的完全两样。它全然不同于伊拉克的传统房屋布局，共有两层，中间是个庭院。到处都是开着的门，也可被认作"威胁"所在。一阵枪声过后，它已经不再是热点。

我们按照传统队形散开，一一清除眼前出现的威胁。但这座房子的非传统格局让我们小队兵力过于分散。我刚走到一间屋的门口，眼前突然闪现出四名成年男子，他们也大惊失色。但我身后并没人上来紧抓一下我的肩膀（这是我们向同伴发出进屋的信号，告知对方"哥们儿，我在后面掩护你"）。在这种短兵相接的情形中，门口就是我们常说的"致命漏斗"。我必须当机立断。我尽可能靠近门口，并没有进屋，而是迅速扫视屋内各处。你知道我们交战的首要原则之一是什么吗？就是你永远不要贸然独自进入房间，必须要有同伴提供掩护。屋里那几个人中的一位极其暴躁不安，他迅速举起手里的AK-47步枪。于是，我当即开火打死了他。

从我们得到的情报中，我们从未料到会发生这种情况，所以只能随机应变，临场发挥。情报本身似乎还可靠，但有时数据会误导人。或者，很快得到突发状况验证的数据才是真正的好数据。

谁做得对？

研读案例研究或讲述大量商业失败的故事都不难做到，但我们需要花费同样多的时间（如果不是更多的话），向那些做得好的公司学习。最近一个客户和我聊了一些关于他们公司的历史，以及他们如何在公司内引领变革的情况。该公司，即 MBX 系统公司，在激烈的市场竞争中，克服重重困难脱颖而出，其诀窍就是积极主动而不是被动地采取随机应变的行动，并在情报搜集和任务规划过程中推行团队合作和参与。

MBX 公司专门为世界上一些要求极其苛刻的独立软件供应、服务巨头设计和制造服务器设备。但它并非以此起家。公司创立于1995年，曾开发电脑主板，主要面向小公司开展业务。随着公司进入21世纪初，主板变得过时，定制服务器业务日益商品化。继续向终端用户销售的做法逐渐失去意义。变化来了！

他们知道，采取一些相当大胆的举动是求生存的必经之路，为此，高级领导团队向组织内关键团队成员发放调查问卷，力求获取尽可能多的信息。他们始终不遗余力地保护公司文化，并在面对独特的挑战时，充分发挥自身文化优势的良好历史记录。公司文化的优势之一便是基层员工对客户的深切关怀。但有个情况很快显露出来：公司必须放弃原有的小客户，以大型贴牌生产的客户为新的赢利点。

当时，公司收入的30%左右来自小客户。在经过深度规划流程后，公司逐渐停止与那些小客户的业务往来，并把它们介绍给值得信赖的合作伙伴，而由此损失的收入则由新增的大客户予以填补。公司全体员工都明白他们需要做出这一举动的缘由，因为他们参与了决策和任务规划的全过程。他们尽心尽力地把他们原有的客户介绍给其他供应商,有效地保护了公司的声誉。

在我上一家公司里,我们经历了类似的过程。为了重构经营方针而放弃数百万美元的现成生意,这让人感觉挺奇怪的,从长计议的话,这也常常意味着赢与输的分水岭。缩减客户名单之举使得MBX系统公司提高了效率,客户数量减少但利润更丰厚,这让公司腾出了大量资源,可用于其他核心业务的开发。

2008年衰退来袭时,MBX采取了与众多公司相反的做法。他们没有大砍成本和裁员,而是为未来的增长加大投资力度。在众多竞争者倒闭的同时,该公司收入和市场份额双双提高。他们成功地打入了贴牌加工行业,在大幅减少客户的同时使收入倍增。公司内占据关键岗位的员工在这个战略的规划和实施过程中,发挥了重要作用。上下同心使他们能克服畏惧心理,培养敢冒风险的文化,同时也让他们对未来发展道路上要面临的变革做好了思想准备。

2011年,公司领导团队决意展开新一轮转型,以在竞争中保持领先。他们再次组织了转型特别工作组,一头扎进从各方搜集来的数据堆里。数据显示,公司82%的收入来自仅占15%的客户。这令公司处于岌岌可危的境况中。好在公司仍持续受益于上次转型的积极因素及其悠久的文化,即向大家公开披露公司财务现况的传统。领导层团队向全体员工通报当前事态的发展,以及需要哪些改变。数据是最有说服力的,公司全体员工毫无保留地支持领导层意欲实施的新战略。

下一步计划?把客户基数砍掉65%,专注于赢利丰厚的其余客户。你可能会想,大家看到这个计划时一定会摇头叹息。但他们没有,因为包容和透明的沟通是搜集情报和规划进程的基础。他们如期剥离了那些客户，但整体收入仅下降了15%。成效如何呢？人均产出效率和收入大幅增长。质量和交货时间更有保障，每个客户带给公司的收入同时增长。

我们的谈话又转向了文化和价值观，我问客户她的团队在这些重大转型期间表现如何。她的回答有力佐证了我有关文化驱动转型的理论。MBX公司有意创建了旨在协助实施其变革战略的文化环境。他们在发扬积极因素的同时，改正负面因素。他们成立并指导读书俱乐部，立志于把公司打造为一流工作场所。他们从其核心价值中剥离了"价值观"的概念，代之以"习惯"的称谓。

为什么？

因为伟大的领导人知道，除非公司里每个人都能在其日常行为中体现出来，否则价值观便毫无意义。价值观重在众人的身体力行上。当符合价值观的行为变成习惯后，它才会成为文化的一部分。这些习惯将得到领导层的公开奖励。各级财务数据公开透明和通力协作也是这种文化的一部分。

通过创造一种无惧风险、透明公开，并允许每个人参与计划过程的文化，MBX持续保持着在市场上的主导地位，公司价值不断提升。更重要的是，他们从未将裁员纳入转型战略。2016年，公司终于登上"最佳工作场所"榜单。通过规划变革并赋能授权组织中的每个人，该公司仍然是成功和持久变革的榜样。

如果你发现你的组织在数据搜集、从中发掘宝贵信息的能力和决策程序等领域有所欠缺，你可以采取一些初始步骤引领组织走向正确的方向。大多数组织都理解大数据和情报的重要性，但仍然缺乏恰当使用数据所需的工具、流程和人员。一旦定义了战略远景并确立了业务案例，你就具备了为成为数据驱动组织而投资的基础。企业必须建立或获得符合其目标的合适的商业情报工具。同样，只获取你需要的工具——保持简单，尤其是在转型初期。

就像海豹突击队、中情局的伙伴们，或者任何名列前茅的组织一样，当我们改变自身文化接受使用数据的做法后，我们可以基于更准确的信息，并做出更好的决定以实现快速反应。

第6章 传达法则：渠道比愿景更重要

我必捍卫勇士们舍生忘死、英勇杀敌而铸就的光荣传统和赫赫威名。

在艰难困苦中，队友们的宝贵遗产坚定我的决心，默默地指引我的每个行动。

——海豹突击队信条

在海豹突击队中，我们的宗旨很清晰，它由浇筑了我们前进道路的勇士们定义再定义，历经千锤百炼而成。当一个组织内的大多数人理解并接受求变愿景时，它才是强大而有效的。与众人共享对新未来的憧憬会让团队充满活力，并帮助他们克服因变化而产生的痛苦——即使在极端的艰难困苦中，这也能坚定他们的决心。

但有效地传达新愿景并在整个组织中获得衷心支持是一项艰巨的任务，尤其是在大型企业中。管理者和领导者往往推广远见不足，宣扬短视过度。而且有时候传递的信息又前后不一致。总而言之，上述情况各有不同，但结果并无二致。

任务失败。

翻阅"财富500强"公司亮眼的年报时，你会发现公司的信条、承诺和理念总会出现在开头几页。通用电气公司的2016年报开篇即见诸如"引领数字工业时代""落实中轴点"之类的大标题，并穷尽商业词语大谈公司不仅要"勇立潮头",更要投身于变革,从而"使通用电气立于不败之地"。由十几位专业人士组成的品牌形象及战略宣传小组或会负责实施上述目标,但众人对这种远景叙说会作何反应呢?它取决于组织内日常沟通的细节。

组织中的每个人都需要胜任一项基本工作,即能够有效地沟通,这在家庭和运动队里也是一样。很显然,能够在组织上下双向共享重要信息是很重要的。但它不止于此。组织中的每个成员都需要掌握用来沟通和理解所传递信息上下文的适当工具。

这是领导层的切入点。

在观看一场橄榄球比赛的基本进攻时,你很难看出眼前演绎着多么严密精巧的决策过程和行云流水般的动作配合。实际上,在赛前数个月,教练组便拟定了一套竞赛战术,其中包含了球队可以采用的各种各样的队形和打法。队员们人手一册战术书,他们要做的就是牢记在心,然后教练组再通过队员们的演练不断加以改进,直至在场上叫出任何一个动作名称时,所有的队员都知道该怎么做。

说起来好像并不难,但你想象一下比赛进行当中的情形。进攻协调者根据比赛形势要组织一种特定的打法,并通过头盔上的耳机传达给四分卫,然后四分卫加入到聚拢在一起听取战术指导的一群队员中,告诉进攻球员接下来要做什么。四分卫在进攻前走到攻防线,察看防守方阵型。我们决定采用的打法是否依然妥当?他必须在数秒内决定采用计划中的打法,还是当机立断选择另外一种打法。这就是实时调整。每个场上队员必须步调一致。否则,边侧接应队员就会跑错路线,前锋会挡住不该挡的(或无人可挡),结果就是比赛失利。

观看一轮精彩的进攻就是要欣赏最完美的交流过程。团队领导层交代了战法,队员们运用娴熟。正确的进攻战法一经采用,相关信息当即传达到一线队员。当队员来到场外后，会告知教练组他们在场上看到的进展趋势，教练组随即完善战法，制定出更好的进攻战术。

这种比赛看着真过瘾。

我们一直都在说，在当今变化莫测、动荡不定的全球商业环境中，尽管迅猛发展的通信技术已经使我们能够与身在各处的人实时互动，但人与人之间的沟通面临前所未有的挑战。

没有什么时刻比海豹突击队在执行危险的任务时更需要良好的沟通了。有一次，我们奉命直接行动强袭巴格达市中心一幢两层的公寓楼。情报报告显示，大约有15到20名青壮年男性藏身此处，其中5人是我们想要抓获的高价值目标。

我们分成三个小组执行这次任务，并与驻守该地区的常规部队，以及空军和陆军游骑兵快速反应部队协同行动。攻击小组包括两个排的海豹突击队员和一个排的波兰"雷鸣"特种部队（我在自序中提到过）的成员。我们排是主攻队，分乘三架UH-60黑鹰直升机前往目标。另一个排负责提供"机动"支持波兰小组的行动，即利用悍马战车发动地面进攻。

海豹突击队的机动小组和"雷鸣"特种部队小组将乘坐4辆悍马接近目标，并炸开大门。与此同时，我们小组将速降到楼顶，破门进楼。行动的关键是把握好时机，因为楼顶面积有限，每次只能有一架直升机把突击队员送到楼顶。我们的任务是清剿二楼，他们负责一楼，然后我们在楼梯的中间地带"消解冲突"。

简单地说，我们要在中间碰头。

尽管有太多需要注意的细节，这次任务大获成功。我们一枪未发便抓获了所有的目标。行动各方做到了完美配合。

近身作战的方式在打击敌人屏障重兵据守时最有效，但若沟通不畅的话，它也会暴露出一些缺点，比如说，有可能发生误伤友军的悲剧。在与波兰特种部队展开合作的初始阶段，我们不得不努力克服两个团队之间存在的文化和语言上的隔阂。

战术必须结合起来，以确保我们成为无缝运作的团队。最初，语言上的障碍导致了沟通迟缓，针对这种情况，我们围绕沟通的内容以及涉及的各方制定了一些标准的操作程序。在最初的几个月里，它就像是刚刚完成合并的两家公司，紧接着就承担起它们从未做过的大事。如果缺乏对任务的一致认同，或者在混乱中无法保持无缝沟通，像这样的任务永远不可能成功。

"先发制人"法则

在转型工作的各个环节，畅通无阻的交流都至关重要，这似乎是显而易见的。但在为客户们解决沟通难题方面，我花费的咨询时间达到了数百个小时，我可以相当肯定地告诉你，许多组织都做不到。这是许多转型努力未能实现最终目标的根本原因。

他们没有应用我在本章后面概述的6项原则。他们既不能做到保持信息的简单和真实，使用多个渠道和工具，反复不断地传播，并同时努力确保管理者和领导者行为始终如一，也没有在整个进程中搜集反馈信息。

为了更好地定义"切入点"模型中的沟通法则，我们需要界定存在于组织内部，且妨碍正确传播变革愿景的障碍。它们可以是行为上的，也可以是结构上的。

结构障碍

筒仓

在前一章中,我们讨论了筒仓型的条块分割及其对信息搜集和在组织中传递一致信息的影响。在大多数公司中彻底消除筒仓是非常困难的。但是,如能创建一种文化环境,允许赋能授权团队跨部门工作,并创建跨职能的小组,使之拥有实时(基于良好的数据)决策的自主权,如此一来,公司便可以在这个不断变化的商业环境中以更快的速度前进。

20世纪80年代,杰克·韦尔奇担任通用电气首席执行官期间,首次提出了跨组织筒仓的工作方式,这在当时来看是具有革命意义的提法。他的经营理念是拥抱飞速发展的全球化和技术创新,并鞭策其员工在思想和工作上勇于标新立异——缩短决策周期,提高员工的参与度,以及加强合作,而不是像之前那样鼓励他们相互竞争。

我们快进到2017年。通信技术水平有了极大的提高,我们已经能够即时获取海量信息。韦尔奇当年的愿景似乎应该是如今的现实,但事实恰恰相反。大多数组织仍然存在等级严明、相互隔绝、凌乱的流程和文化现象。事实上,为了应对这种新环境,许多公司无意中反倒打造出了更复杂的内部结构,使得沟通变得更难,更不容易把合适的人聚集起来迅速决策。

虚弱的转型特别工作组

我所指的转型特别工作组,是有意识地把组织内一些关键领域的领导、中层经理和基层员工混在一起组成的团队。他们的工作是充分了解转型工作的各个方面,并充当宣传工作的急先锋。

但一个虚弱的转型特别工作组或许又构成了结构上的一大障碍。这种工作组或选错了成员,或仅有很少甚至根本没有高层领导的参与,或根本没有真正的自主权来充当探路先锋,并见机行事——或者是上述所有问题的综合体。也就是说,这个工作组的人员构成中缺乏各领域专家、有影响力的变革推动者和高级领导人。因此,他们缺乏领导能力、技能和领导变革所需的尊重。

缺乏工具应用方面的标准操作规程

在推出转换战略时,组织面临的重大问题之一是,不能就宣传什么、怎样宣传以及何时宣传上取得共识。许多组织在此失败了,原因是交流太少,而且仅限于公司范围内的电子邮件、简报和内部网。这里的问题是,我们生活在一个颠三倒四的时代,人们总是在疲于应付各类急事,遭到来自电脑、智能手机、平板电脑甚至智能手表等各种设备的信息的狂轰滥炸。

总部位于法国的 IT 服务商源讯公司曾展开过一项独立研究,结果发现,公司员工们每周工作时间中约有 40% 耗费在处理内部邮件上,没给公司带来任何价值。这项研究是为配合公司首席执行官的倡议,即让公司成为无电子邮件的组织。在另一项研究中,格拉斯哥大学和莫德罗有限公司(Modeuro Limited)跟踪研究了伦敦一家大型电力公司的电子邮件模式。调查发现，高管们每天花 1.5 小时平均发送 56 封电子邮件。除此之外，该研究还指出，大约 80% 的电子邮件被认为是无用或无关的。

毋庸讳言，无论什么事，都会很快就被淹没在这种"信息"洪流中了。在我的一家公司，我们做了一项匿名调查，想看看有多少员工会阅读全公司的电子邮件和简报。我们不能完全依赖于点击/打开率分析，因为这并不能让我们了解信息是如何被吸收的。我们鼓励大家坦诚相告，以保证结果的真实性。我们还请团队成员在问卷中解释他们给出答案的理由。25% 的受访者承认根本不读公司简报。他们说，简报内容令人困惑，与公司愿景或当前举措不一致，只不过是另一个高管喜欢的项目，或者他们认为没人会跟进，信口说说罢了。

所以他们做了明智的事：不再点开阅读。

50% 的受访者表示，他们只是大致浏览一下公司内部发布的消息。他们说，他们太忙了，每天都要处理几十封"真实"的电子邮件，因为公司深受"回复所有人"电子邮件文化之苦。

另外 25% 的人说他们觉得公司简报很有用。

这类脱节只会越来越普遍，因为新一代员工（出生于 2000 年前后）甚至在下班后就不再使用电子邮件。他们用来交流的工具是社交媒体、苹果的视频聊天和谷歌聊天工具等。对他们来说，用电子邮件交流的方式太落伍了，就像 20 世纪 70 或 80 年代出生的人通过邮局寄信一样古老。你是成心要把千禧一代搞糊涂吗？竟然还用打电话，而且是打固定电话的方式回复他们发来的短信！

行为障碍

缺乏紧迫感

自满情绪困扰着许多组织,尤其是那些部门之间存在严重隔阂的组织。如果高层领导在推行新举措的时候并没有表达出任何急迫性,员工们也就倾向于慢条斯理地去执行。他们已经够忙的了,所以既然高层都不觉得这是件亟待处理的大事,他们为什么要给自己添负担呢?

言行不一致

在传播转型信息方面,这是另一个大杀手。当支持这一愿景的言辞不一致,公司不同领域或不同级别的人听到的说法都不一样时,许多人就不会再予以关注了。它使人困惑不已,公司里流传的信息变成了大杂烩,其中不乏事实真相,但又掺杂着不少自相矛盾的说法和其他意图。

信任和问责不足

当组织缺乏以信任和问责为基石的文化时,你将很难让人们关注涉及重大变革工作的信息,无论你传达的信息多么一致。只要组织内存在上下左右的隔阂,高层领导一贯言行不一,且公司内信息流动并不通畅，那么公司发布的讯息就会变得支离破碎。

事实上，大多数组织都明白，能够像海豹突击队或职业运动队那样有力而高效地沟通极有必要（也有好处），但不幸的是，它们做不到。良好的沟通的重要性似乎是不言自明的，但没有多少组织（或人）能够做好。他们面前横亘着我此前描述的障碍，并且落入了三个十分常见的陷阱。

1. 内容陷阱
2. 执行陷阱
3. 意外后果陷阱

内容陷阱

在此前5章的篇幅中我们不断提到，一个组织分享给大家的变革宣言的内容极其重要。整合后的变革愿景陈述，需要明确化和具体化，否则，它要表达的信息的有效性会在传播过程中大打折扣，甚至消失。

这是我在应对危机的组织中常常看到的现象。一旦季度收益报表不理想或市场上突发大问题，这些组织随即便进入了分诊模式，就好像是预先设定的一种本能反应。我们现在就得改变，一不做二不休：裁员，找个咨询公司，重新设计核心流程，重点转向开发新业务。

我并不是说单独地看，上述做法都是错误的。但是，除非你有一个精心设计、综合了食物链上下各方建议的计划，并与链条上的每个人沟通过，不然的话，你就会有大麻烦。再说一遍，别急着找死。

优秀的四分卫何以表现这么好？他们在高度紧张的情况下清晰而镇定地沟通。正如我们在团队中所说，镇定具有感染力。他们熟知需要采用的打法，并以一种队员们肯定能接收到的方式，传达其他成员需要的信息。想象一下在比赛最后两分钟发起一次进攻。四分卫加入到聚拢在一起的队员们中间，说道："我不知道哪种打法会有效，但我们必须尝试一下。上场好好打，即兴发挥，然后再定战术。"

那些球队并未急于求胜，而那些四分卫也无意激励其队友去追随他们，为他们努力打拼。

杰出的组织会创立一个求变愿景，并会设定具体步骤来执行这个愿景，然后他们会不遗余力地在组织上下传播这个愿景。领导者和管理者都明白他们要各司其职，发挥不同作用。这个愿景的叙述准确无误。它不存在任何歧义，它也绝不会深埋在陈词滥调和标语口号当中。

执行陷阱

一个同样常见的问题会在这些组织解决了第一个问题，即描述出变化的原因之后冒出来。领导团队知道自己想要完成什么，但在围绕目标进行的沟通方面做得远远不够。

你知道我说的是什么。

我们都参加过一种大型户外计划会。其中最常见的场景是，某个领导团队成员会起身宣布公司的一个新战略计划。我们将生产一种新产品，提供一种新服务，或者完全彻底改变我们做事的方式。这类会议具有"再燃激情"或"一个团队"之类的主题。

这个讲话通常会伴随着光彩夺目的演示，比如播放一段构思新颖、制作精美的视频。再说一遍，孤立地看，那些活动并无任何不妥，反而是点燃团队激情的不错方式。但假如公司觉得大张旗鼓地拉开帷幕就足够了，改革之轮从此将滚滚向前，那就一定会再出大问题。

意外后果陷阱

世界上有很多优秀公司都不乏十分聪明和才华横溢的员工。他们知道需要做什么，并且能够即刻评估正在推进的变革计划。

领导团队可以闭门造车，构想出一个广泛而全面的改变计划，然后花上数百小时、数千美元来推广这个计划，却在恰当地传播这个愿景上栽了跟头。

为什么？

此前述及的很多理由都可以解释：沟通不足；过度宣传错误的东西；缺乏统一认识；行为与结构上的障碍；数据分析和任务规划水准未达到要求。

许多组织都会遭遇这类问题，因为它们认为只要有了既定的汇报体系，基层无论发生什么事都能上传到领导层。但是，除非你身临销售会议或商店里，否则你不可能明白基层员工每天都在做哪些事，特别是公司内部信息沟通不流畅的话。如果你推广的是一个不符合这些现实的改变计划，你将很难得到众人的支持。你无疑是在调动组织内有影响力的人一起来反对你。

咱们假设有个大型跨国软件公司，它通过一系列并购活动来落实公司制定的重大扩张战略，即开发新产品，进入新市场，并在日新月异的产业中获取了较大市场份额。被收购公司之一的总裁晋升为新公司董事长兼首席执行官。

他设立了一个特别工作组，专门负责实施围绕文化整合与创立统一愿景而推出的新举措。新计划被冠以"可能的使命"之称，其目标是打造一个团队、一种文化，并且团结在一个使命之下：成为世界上以客户为中心的全球性顶级"软件即服务"公司。

变革启动初期，公司采取了不少重大举措：非现场领导会议、在全公司范围的活动上交流转型焦点、电子邮件、公司动态简报，还有个专用的内部网。此外，公司还聘请了一个咨询小组协助推动这项重大转型工作。但在介入数周后，经过与高层和中层经理的访谈，该咨询小组发现了一些有趣的事情。

公司顶层的认识似乎是一致的，但如果下降几级，有些员工对公司愿景的认识就很模糊，他们会说："它跟重视客户有关，对吧？不太确定，新使命宣言太长、太复杂。许多人都弄不清楚它的确切含义，也不知道我们该如何实现它。噢，对啦，公司高层刚从外面聘请了一位能人，据说会大有作为，不过，这个人要做的好像与我们想要实现的完全不一致。"

再往下走几级，你会听到人们这么说："新愿景？不清楚。"各个部门里也有很多人只知道新口号，但对其含义的理解各有不同。

这种现象很常见吗？当然。那该怎么做才能避免出现这种现象，而且从一开始就做对？简单地说，与这家软件公司反着做。

我称之为"变革沟通5T法"：

· 技术（Technique）：一个强大愿景的传播方式，以及组织上下对它的认同度决定了它的效力。在信息传递过程中，是否会遇到导致信息模糊不清的垂直和水平筒仓？信息简明扼要且真实可信吗？每个人都能与这项事业建立情感上的联系吗？表述清晰的内部（有时也包括外部）交流战略应提前布局，并在广泛传播任何信息之前获得高级领导人和转型工作组的大力支持。

·时机（Timing）：应该尽可能早地开始大力宣传公司愿景，并对此要进行经常性和连续不断的传播。应逐渐推出计划中的某些部分，并在整个过程中不时予以沟通，避免过早发布员工们尚不需要的内容，使他们应接不暇。比如，告诉大家："随后会发布更多细节，但目前我们还不需要考虑这么多。"重复很重要，不只是要在公司每次会议上或每份简报中也要提及。高管、经理和转型工作组成员每天都有大量机会，在日常闲聊中提及组织愿景。这会在不同场合引发众人的讨论，从而极大地提高了信息传播的频率。

·工具（Tools）：如前所述，所使用的工具和渠道应该多样化——尤其是在当今多世代劳动力聚集一处的环境中。利用社交媒体网络、视频平台和易于分享的内容，让员工可以按照自己的节奏消化信息，同时当他们心存疑问或有想法时也可以相互交流。但需要再次强调的是，你要传播的信息必须连贯一致，否则，你使用什么工具或渠道都没用。

·心情（Temperament）：变化通常会让人紧张不安。你与人沟通时的心情将决定他人如何解读收到的信息。高级领导人、经理和转型特别工作组成员应该保持一种积极向上的精神状态，特别是在分享好消息时还掺杂着坏消息的情况下。遇有尖刻的提问和员工表现出疑虑之时，正是重振员工士气并使他们重获对使命的热情的大好时机。再说一遍，镇定是有感染力的，关键是无论你怎么解释，都要有真实的数据为依据。

・透明（Transparency）：透明构建信任，是一个能够成功引领变革的组织所具备的重要特征之一。不要总是在沟通和进度更新活动中报喜不报忧。如果你遭遇了障碍，这是必然的，而且大家都会知道。把问题摆到桌面上，实时解决，并允许团队参与改进的过程。反馈的透明度是双向的。鼓励团队中的每个人在必要时向上反映他们的意见。

如果人们不愿接受求变愿景，那么在接下来的落实阶段就会阻力重重，遭遇难以逾越的障碍。团队不会利用新获得的赋能，也不会执行支持公司使命的新任务。无论是伟大的愿景遭遇糟糕的沟通，还是糟糕的愿景受到热捧，你都不会走得太远，资源浪费无法避免。

前后一致的信息交流必须在组织中各个角落畅通无阻，这样才能确保变化战略最终成功，以及各项新举措完全融入企业文化之中。

从战场应用到董事会会议室

"尽早，经常，并不断"的沟通听起来责任重大，像是会把一个人或一个小组累得精疲力竭。事实也的确如此。

如果你要依靠印刷品或营销计划来实现这一目标，或单独一个人负责传播，确保人人知晓和支持，你一定会对其效果感到失望的。如前所述，为了更有效地实施这个目标，我创建了转型特别工作组，专门负责履行这部分职责。

我要强调一下，这种性质的特别小组与普通委员会是有区别的。许多公司都不太情愿地决定在某些方面做些改变，然后把这个问题外包给人力资源部门，或者推给被认为最需要改变的部门的经理人员。他们随后会让并无多大权力的委员会隔几周发些电子邮件，提醒人们

（其实大家早就知道）要做的一些事。

一个真正的转型特别工作组能够得到领导团队的全力关注和支持，而且工作组中至少会有一名成员来自领导团队。整个组织都该十分认真地对待转型努力，把它视为走向光明未来的严肃历程，而特别工作组负责推行的事务也是需要严肃对待的。如果特别工作组没有任何权力，它提出的建议也得不到认真对待，怎么可能还有人把转型当回事，并积极参与其中？这种表现无疑是向组织中的每个人证明：高层领导不会坚持到底。

通过设立由领导、中层人员和基层员工混合组成的工作小组，并给予每个人采取行动的自由，所有参与其中的人员会因此感受到他们的工作确实得到了重视。每个专业小组都将积极主动地提供有价值的信息，帮助公司确认最适用于他们所在领域的沟通战略。

假设你是一家大型化工制造公司的领导人。你当前的处境极其艰难。收入直线下降，股票价格一泻千里，大量裁员迫在眉睫。

你引入了一个能力超强的人力资源专业人士协助领导转型工作，转型目标则设定为适度裁员和回归主业。在你任用那位专业人士后，你抑制不住地要向董事会报告这件事，让董事们知道你正在采取重大措施来扭转局面。新上任的人力资源大师将负责解决组织问题，而你本人则可以抽出更多时间约见新的供应商和战略合作伙伴，争取一举实现扭亏增盈。

但是，通过将变革的领导权外包给其他人，甚至是个新人之举，使你失去了至关重要的、基层员工对你的信任。你本该亲自领导变革，但却委托给别人来办。

一个人力资源方面的大能人真的会有好点子，足以帮我们建立某种机制，确保转型工作顺利实施吗？当然。但是，除非变革以及与之相关的沟通同时被引导和管理,否则它将无法发挥作用。

优秀的特别工作组都具备哪些特征?请原谅,我当过兵,所以爱用首字母缩拼词。我归纳成"PEARL"(有"珍珠"之意)——Players(参与者)、Expertise(专业性)、Adaptability(适应性)、Respect(尊重)和Leadership(领导力)。

参与者是对使命怀有信念的人。他们是全心全意积极推动变革的传播者和关键岗位上的一线经理人,他们对自己的事业充满激情,笃信不疑。接下来是专业性——小组成员们各有各的专长和相关领域的丰富经验,他们深知哪些地方需要改变以及改变的理由。当然,这个小组的所有成员都需要具备一定程度的适应性。下一个是尊重。特别小组的全体成员在其同侪中享有变革排头兵的声誉,且广受尊重。最后一项是领导力。这里我指的并不仅仅是按头衔或职位确定的高级领导人——当然他们必定要全面介入的。这些小组成员必须在组织中表现为并被视为有影响力的领导者,无论级别高低。

实际情形会如何呢?

假设你任职于一家成长中的信息技术公司。公司的转型目标是在降低成本的同时,在未来两年大幅提高客户和员工保留率。这并不容易做到,尤其是要同时达成两类目标。但大部分变革愿景都是崇高和可行目标的恰当组合。

你设立了一个特别工作小组,成员包括你自己(C字头高管)、首席财务官、一名杰出的数据工程师、一位前途无量新来的客户代表、曾在三个部门任职的中层经理、人力资源部门领导和营销高级副总裁。

你采用了我在本章开始简单提到的"传播变革愿景的六大原则":简约、真实可信、多渠道、重复、一致性和收集反馈。我们看看这些对你的任务组的做事方法意味着什么。

简约

沟通战略的首要特征是简约。组织的变革愿景需采用多种形式向外推广。如果你不能在数分钟内讲述一个有关愿景的动人故事,这就意味着故事太复杂啦。一旦你有了个简单、直接的故事,你可以在必要时予以扩展,用于投资者大会、电话销售、面试潜在的高层雇员,甚至与媒体打交道方面。如果你不能在 5 分钟或更短时间内清晰表达一个强大的愿景,令听者理解并预见到结果,你需要从头再来。

我曾见过这种情况,领导团队耗费时日构想出伟大愿景,并辅之以一套坚实的实施计划,但他们认为只需在公司会议上交流一两次就够了,于是形势急转直下。如果构想变革愿景需要很长时间,传播愿景同样需要很长时间,直到人人知晓。保持简单,并要不厌其烦地大力宣扬。

真实可信

愿景是否真实可信,取决于领导团队是否具有信守诺言的传统,组织文化是否建立在信任和问责制之上。如果缺乏这些基础元素,在未来实现愿景的历程中将会阻力重重。领导团队或公司从来没有完美的,即便历史上有些污点,也无所谓。但领导者必须具备审时度势的能力,并明白表里如一和言行一致是必不可少的。

先有一个伟大的愿景,随后有行动迅速跟上;行为方式符合新愿景,还能做到毫不松懈,种种这些都不失为重建信任的好方法。当愿景符合公司的文化和价值观时，也会令愿景真实可信，即使这种愿景的部分内容是为了改善文化。

多渠道

一旦确立了愿景传播的形式，下一步要做的就是利用各种渠道广泛传播。公司简报、内部邮件、局域网、员工会议和海报等通常渠道算是不错的起点，但你真正需要的是由高级领导、经理和工作组成员做出计划好的、协调一致的努力。我说的"计划好的"是什么意思？就像听起来的意思一样。在日历上做标记，提醒自己每天抽出些时间，与组织内各部门员工聊两三次，说说有关转型的故事，不论是正式的还是非正式的。你做得越多，它就会成为你的习惯。你应该记得，讲述有寓意的故事是"文化驱动转型"模型的核心部分。

你可以简单地算一下。就算你在每季度公司简讯以及全员季度大会上传播愿景宣言、信息和动态更新，并每月发给公司全体员工一封电子邮件，全年下来也不过20次交流的机会。但是，如果你有10名重要领导和特别工作组的成员承诺每天与组织内不同的人就此交流两次，那么全年就会有大约5200个交流的机会。

重复

重复，重复，再重复。在整个过程中，要利用一切渠道和机会，不断总结情况，随时向大家通报重大进展，尤其在各项策略实施中遇到障碍时更应如此。

我发现，无休止地重述（可能有些烦人）是让转变愿景深入人心的唯一途径。经常重复，讲述有针对性的故事，公开表彰新愿景的早期践行者，这些做法都能使美好的愿景更可能成功，进展更快。你可能得到更多人，甚至有可能是每个人的支持和帮助。

成功的故事在此起着很大作用。特别工作小组的任务是在实现转型目标的过程中，物色到易于理解、易于量化的小赢。对于我此前提及的信息技术公司来说，或许可以把降低成本的目标量化为某个项目降低20%。如果负责采购的员工谈成一笔交易，比预计支出减少了22%，即使金额不大，也称得上是值得分享给大家的成功案例。这向众人表明，任何目标都是一步一步积少成多而实现的，不可能是在未来某个时刻惊天一变就实现了。

海豹突击队的训练也没什么不同，不外乎是一种持续不断的过程。只有反复做某个动作，它才能成为某种习惯或肌肉记忆。你分到某个排后，在每次部署前都要训练一年以上。而当你被部署后，除了吃喝、睡觉或执行任务，其余时间你一直在训练。你会去健身房、射击场、排练任务，或者审核情报汇总。

传播变革愿景也需要这种程度的重复，天天如此。天天谈论工作进展，分享并奖励每次取得的成功，不断强化有关愿景的信息，你俨然已经把变革工作变成了你的习惯性动作。它成了一种新常态。

一致性

当然，如果你言行不一，所有这些都没有任何意义。我并不是说你所传播的与你采取的行动必须完全相同，但两者之间必须有条主线贯穿其中。

我再怎么强调都不为过，它必须始于顶层。我们再以那家信息服务公司为例。公司愿景是降低成本，提高客户保留率和员工留用率。这事有些难办，因为要想提高客户和员工留用率，通常需要实打实的投资。

降低成本的方式不只是裁员和削减投入。那样做的话，客户周转率反而会上升，而不是下降。当然，裁员的确令人不愉快，但有时也不得不这么做。只不过降成本之举必须在各个层次上贯彻执行。如果高管们依旧大手大脚地挥霍公款，董事会成员动辄去奢华的高尔夫俱乐部度假，没有人会相信公司宣扬的愿景。这只是言行不一的例证之一。人们的行为，特别是高层领导的行为必须体现出新愿景，不论是在工作时还是下班后。

获取反馈

强化人们对愿景的敬畏和支持的另一种重要途径，就是孜孜不倦地收集和审查反馈意见，我们曾讨论过这一点。命令和控制型组织通常只是告诉基层员工们要做什么，未来会有哪些预想的变化，但他们几乎从来不想听他们团队成员的想法。

其实，这并不难做到，随便问一句就行："我们实施得怎么样了？我们需要做哪些调整？"接下来聊到的大部分内容可能并不值得重视，但是倾听之举本身却是无价的。它显示出你的关心——同时它也给了你一个机会，让你获得未必能从会议室或豪华办公室听到的观点。

有影响力的沟通的力量

我们现在就充当一下营销人员。在过去 10 年，越来越多的组织开始采用社交媒体和其他数字整合营销战略，并使之成为其整体品牌营销努力的主要部分。借助于技术上的进步和多渠道分析平台，上述所有手段如今都变得几乎可以无限量化。本质上，你可以在购买周期的各个阶段，快速且准确地向特定受众推送高度个性化的内容。这种做法会加强人们对品牌的信任度。这与传播变革愿景是一样的，只不过"购买周期"变成了一个赢得支持的过程。

这个战略中最具影响力的部分，是争取到在特定空间备受推崇的意见领袖们的帮助。著名博主、公民记者、名人和社交媒体明星都是有效传播新品牌、新产品或新服务的强大工具。每年的统计数据都在变化，所以我就不再列举一大堆数据了，但总的来说，越来越多的公司正在将预算转向会有重要影响者介入的内容营销战略。研究表明：消费者更有可能购买他们信任的品牌产品，品牌提供给他们一些有价值的内容，而这些内容又是由市场上的影响者推广的。我妻子关注的是拥有几十万"Instagram"（图片分享应用软件）粉丝的时尚博主。她会点击那些人的博客和 Instagram 页面上的链接购买物品，因为他们是受人尊敬的影响者，在推广自己的品牌或她信任的品牌。就这么简单。

案例研究：有影响力之沟通的力量

我们的营销机构有个客户，是一个大型光学公司。2003 年，两名科学家成立了该公司，就为回答一个问题："难道不该人人都戴得起一副眼镜,并让自己变得更好看吗?"

于是,该品牌诞生于旧金山湾区——这对一个具有前瞻性、技术通的公司来说真是天作之合。它的使命很明确:供给人们买得起又不失魅力的眼镜。这个志向远大的小公司,迅速在市场上异军突起。时尚达人、上班族妈妈、眼光挑剔的客户,大家欣喜地发现,值得拥有的精品未必价格高企。

该公司聘用我们负责发布一个全新的搜索引擎优化战略,其中最大的部分是内容营销。像所有好的营销战略一样,可考业绩——线上销量——是要优先考虑的。我们开发了一个客户搜索引擎优化战略,力图在提高自然搜索流量和排名的同时,借助于内容营销建立长期链接联系并强化品牌知名度。我们推出了自定义内容营销活动,鼓励与现有和潜在顾客的互动。我们还开发了一款应用程序,内含共 9 道选择题的测验,帮助客户回答:"哪款镜架最适合我?"

我们的软件工具提供了大量有影响力的博主、作家和社交媒体上的偶像的数据库。我们可以利用搜索引擎缩小范围,圈定特殊影响者清单,他们很可能愿意分享我们正在制作的内容,甚或自己撰写有关这家公司及其产品的文章。因为我曾连续多年为《福布斯》和 *Inc.* 撰写专栏文章,想必数据库里也有我的名字。我每天收到大约 50 封电子邮件,都带有特定品牌的"故事创意"或直截了当地提出为相关品牌撰文的要求。

我们把这个测试应用程序交到关键的影响者手中,然后它就迅速传播开来。你不只是要创造"可传播的内容"。你要创造好的、实用的内容并推送给适当的受众。只有做到这一步,你创造的内容才会四处蔓延。

结果令人难以置信。在短短 6 个月,选择题测试登录页面的访问量超过了57万人次，销售额超过120万美元。公司在内容营销活动上的投资回报率高达9655%。

想象一下，这要是应用到转型战略上会有多大的冲击力！备受尊敬的变革宣传者和影响者被部署在整个组织中，向人们传达关于新愿景的重要信息……内容一致的信息穿墙越障，渗透到组织的角角落落，四处蔓延开来。如此得来的投资回报率会是多少？

只有天知道。

来自前线的故事

如果你不设计一种方法，用于公开透明、无休止的沟通和反馈，以帮助你理解转型潜力和进程，你将失去工具箱中能帮你不断适应的、最敏感的工具。关键是你必须要适应。

活力十足的团队和组织都预谋变革，并期待有机会实施应变计划。他们有备无患。但是，想要确定你是否需要应变计划的唯一方式，是不断监控反馈并对照着关键业绩指标分析相关数据。

影视片里描写的海豹突击队做任务简报时的场景显得很戏剧化。事实上，假如你在现场听队长或情报官员交代任务时，你最想获取的是其中的细节。

我们袭击那栋房子时，里面会有两个人还是10个人？

如果出师不利，接应我们的快速反应部队离我们有多远？

敌方的快速反应部队离这有多远？

我们能评估出这项任务有多大风险吗？

当然，海豹突击队训练中的每分每秒，实际上都是要让你准备好应对任何突发情况。应变计划就是你生活的一部分。在企业经营中也是这样，无论你处于一线还是担当领导职责，你的工作就是保持心态开放，时刻准备应变。万事俱备需要的是准备工作和无缝沟通。

坚持不懈

有一天，我和一位客户聊起关于传播持久变革愿景的概念。他的公司提供一个基于云的规划和绩效管理平台，服务对象涉及金融、销售、供应链、营销、信息技术和人力资源等领域。他碰巧还是前海军战斗机飞行员，曾多次参加海上或海外轮值。自然而然地，我们开始说起军事哲学如何应用在平民环境中的话题。

"你认为军方在哪几个方面做得非常好，值得商业领袖和他们的组织学习和借鉴的？"我问他。

他毫不犹豫地答道："我能总结出3条。首先是我们在训练、备战和应变方面的严苛要求。其次是我们能分门别类，兼顾短期任务和长期使命。最后是在任何转型期间，我们采用的沟通战略。我们把重要信息分享给大家，赋能授权他们利用这些信息来决策并领导整个队伍的变革。"

接下来，我问他是怎么做的，如何应用那些原则来改善他公司内部的沟通，以及他面临着什么样的挑战。

他的回答是对高绩效组织成功所在的最佳诠释。他告诉我，在过去5年，公司收入增长了3倍。与此同时，员工人数也翻了1倍多。公司面临的主要挑战是在人才获取上遇到了瓶颈。随着公司业务不断增长，招聘工作越来越繁重。公司不可能完全采用"缓招人"的方法，但在招聘过程中也很谨慎。他们发现招错了人后不得不迅速裁人，同时改进招聘程序。

为了保护正经历迅猛发展的企业的文化，他列举了自己采用的5项基本沟通策略。

1. 利用各种正式与非正式方法，时常加以查验和沟通。沟通时报喜也要报忧。

2. 领导层会议注重取得一致并保持一致，将会议内容尽快传达给适当人员。

3. 毫无保留地告知众人公司的发展方向，以及公司愿景背后的理由。

4. 不断巩固已有成就，传播公司未来的愿景及强调每个人参与其中的重要性。

5. 识别并庆祝阶段性小胜。

我最后问了一个我认为最重要的问题：

"你怎么确保改变能长久有效？"

"我们需要做几件事，以确保走向愿景的步伐如我们所愿，其中之一是使用数据来跟踪进度和衡量有效性。"他说，"我们为此采用了多套系统，其中包括对预定的关键业绩指标的调查和分析系统。我们在内部交流方面应用了新技术，并定期回顾我们当初是怎样定义成功的。情况有变化吗？我们衡量了预期与实际进展。公司更新了所有奖励机制和员工绩效标准，以配合新的行为模式。最重要的是，我的团队坚持破除一般来说随着公司增长而逐渐形成的等级制度，不断打破职能部门之间日渐形成的隔阂。我们要时刻保持灵活机动的特质。"

当一个领导团队能够通过开放的沟通创造这种信任——并且愿意

赋能团队成员接收重要信息并据此采取行动——它就创造了一个真正协作的、乐于交流的环境。

是的，那些话谁都能说。

但是，如果你确立了这些期望和心态，并建立起真正的结构予以支持，那么你基本上就为你的组织面向未来，踏上长期的转型历程奠定了基础。然后，你在后期的成功概率会急剧上升。

可以肯定地说，你准备好了。

第三部分

赢得变革之战

任何组织都可以在转型周期的最初阶段拥有迅猛发展的充沛动力。它们成功地将企业文化与战略结合在一起,从尽可能多的人那里获得最初的支持,用尽可能最好的数据分析和情报来规划其使命,并始终如一地传达使命意图。

但一段时间过后,组织内部各处开始分崩离析。人们的参与度逐渐降低。大家认识到这个转型过程所需时间远超预期,(显性和隐性)成本也高于预期,疲劳和恐惧开始困扰早期的积极参与者,而使命失败的前景则鼓舞着反对者("我早就告诉过你"的心态)。高层领导人也因疲于应付纷至沓来的紧急待办事务而分心,无暇顾及完成既定使命。

在第三部分,你将学到并掌握更多用于引领变革,并持久保持变革成果的宝贵工具。你将学到确保人们全程积极参与的系统,以及如何对抗源自变化的战斗疲劳、保持团队的活力、保持纪律,并最终构建一个活力十足的组织。

第7章 接纳法则：团队成员无保留地主动参与

我对突击队的忠诚毋庸置疑。

——海豹突击队信条

我们渴望相信救世主。我们想要一个可以效忠、追随着投入战斗的领袖。这些领导人想要相信他们拥有这样一个忠心耿耿、全力以赴，并且与他们并肩战斗的团队。

陷入困境的公司常常会聘请新的首席执行官，他们将作为力挽狂澜的专家，拯救企业于水火。运动队会引入新的总经理和教练，以改变文化，改写失败的记录。各国选举出具有远见卓识的新领导人，由他们重新定义未来。

表面上看，他们似乎大胆神勇，独自率领团队走向了胜利。但是，当今任何一个组织所面临的困境和难题，都不可能指望一个领导者单枪匹马来解决。杰出的领导人都是团队合作艺术的大师。

如今，这需要的不仅仅是领导，也不仅仅是管理。管理和商业书籍充斥着传奇领导人的故事，比如通用电气公司的杰克·韦尔奇或苹果公司的史蒂夫·乔布斯。英雄主义赞歌总是让人觉得他们在千钧一发之际闪亮登场，单打独斗一番之后，手下的公司变成了行业领军者——把一个摇摇欲坠的政权变成了一个繁荣昌盛的王国。

他们当然不是一个人在战斗，即使他们真那么做了，当时有效的策略在今天也行不通了。在每个组织都面临着复杂多变的运行环境和条件的时代，居高临下发号施令的做法注定会失败。

成长道路上随时会出现障碍，而解决方案的制定则需要结合多项技能和各种视角。不确定因素太多，一个人不可能把完成任务所需的全部经验、知识和专长集于一身。

你需要一个团队。你需要让组织中尽可能多的人与你并肩作战。这是我们海豹突击队具有的另一个巨大优势——100% 的员工敬业度。

我们已详述了高层领导和有影响力的团队成员加入转型特别工作组的重要性，他们需要参与制定愿景、界定使命和传达意图。但还不止于此。如果没有组织中大多数人的参与，转型工作将达不到预期效果或将彻底失败。

正如我之前提到的，在全球范围内，经理们都错失了挖掘大多数团队全部潜力的机会。员工敬业度是所有领导人和经理们必须关注的头等大事，而在组织转型期间更是如此。盖洛普调查显示，大约 50% 的员工不太清楚他们每天该做哪些工作。只有 1/3 的员工认为他们该向经理说明自己在工作中取得成功所需的条件。当一位经理主动帮助下属制定明确的绩效目标，员工们的消极怠工情绪会消失，敬业度则会上升至 70%。但既然这事如此简单，何以敬业度会成为大问题？

总部设在伦敦的一家对冲基金是我的一个客户公司。有一天，这家公司的高级副总裁找到我，说起该公司过去数年一直在研究的文化转型战略。公司愿景是再度重视在全公司范围内培养领导人的工作，并努力打破已开始固化的部门间的隔阂。这一愿景还包括未来 5 年激进的增长计划——这需要更灵活和协作的团队做基础。企业文化需要与这种战略保持一致。公司各层级都需要领导力的委派和分配。

得益于独创性研究、强大的情报搜集能力和坚持不懈的业务开发，该公司曾经历了令人瞠目的高速增长。但几年下来，公司体量发生了天翻地覆般的变化，从一艘快艇变成了一艘游轮，速度也随之放缓了。该基金管理着数十亿美元的资金，规模翻了倍但其员工人数却保持着零增长。经过一系列诊断分析，他们发现转型工作在实现了大约60%的目标时，遇到了障碍而止步不前。

我问客户，她认为哪些工作进展顺利，遇到了什么样的障碍。她告诉我，大多数员工对新愿景感到兴奋不已，并愿意全力以赴促成愿景的实现，但从大家的反馈来看，阻力太大，障碍重重。我们继续追根究底，听她不停地说，我不停地记笔记。

等她把前因后果分析完毕，我们走到白板前，开始一一标识出来。

最终，我们看到了一份清单，都是些很典型的障碍，妨碍着员工全力以赴投身于组织转型过程中。我对其中的任何一项都不感到惊讶，因为它们完全符合我的理论，即公司并未事先解决这些问题，以至于埋下了阻碍未来发展的隐患。

我称之为"员工参与及敬业的五大障碍"。

优秀的管理者会积极致力于创造一个吸引人的工作环境，持续确保团队拥有他们成功所需要的任何东西，并消除阻碍他们前进的结构和行为上的障碍。每个障碍都对变革工作有不同程度的影响。有些公司做得不错，主动解决了其中一些问题，但通常不是全部，至少在实施转型战略之初没有。我所说的五大"拦路虎"如下所述：

文化

第一个是文化障碍——这是我们在本书第一部分不吝篇幅大谈文化的原因。如果组织在变革之初没有进行文化诊断分析,以确定可资利用的优势和需要消除的弱点,那么变革工作最终会遭遇阻力。再说一遍,在重大变革期间,没有什么比管理文化更重要的了。如果文化不符合新愿景,推动变革的团队将会举步维艰。

结构

第二个障碍来自组织现有结构,它们与新愿景不匹配。行为和结构上的障碍必须在推行变革之初予以解决,以便弄清楚它们会对未来变革产生怎样的影响。例如,如果合作和创新是引领成功变革的重要元素,经理们就必须确保公司职能和业务部门不会妨碍这种举措。

系统

接下来是原有运行体系,它们或许适合老模式,但与新愿景格格不入。一般而言,影响力最大的就是人力资源机制和奖励制度。旧体系中不再有效的部分,可能包括未考虑应被奖励的新行为方式的绩效评估流程,基于规避风险的态度的薪酬及奖金决定,与新愿景不符且一意孤行的晋升决定,以及与新使命陈述不符的人才招聘战略。

唱反调者

第四个障碍是人，即唱反调者的问题。你经常会看到经理或其他有影响力的团队成员阻碍员工参与，因为他们并不认同部分或整体转型战略。由于这些人级别较高或有重要影响力，他们对转型所持的消极态度会很快传遍公司。人们禁不住会想："也许我该老实待着不动，先看看风向再说。"或者会有更糟糕的表现，这些消极怠工者会告诫他们周围的人不要采用新的做事方式。

培训

最后的障碍是技术诀窍。几乎所有的转型都要求员工必须学习新事物，采用新思维、掌握新技能和行为方式。许多组织仅仅是害怕（或者出于财务上的短视）把时间和金钱投入恰当的员工职业发展上，而这正是员工取得成功所需要的。或许，它们没有提供足够的培训，或提供了大量培训，但未必与所需的新技能有关。如果团队成员缺乏适当的工具或技能，他们就很难成功地参与到转型进程之中。

就像在海豹突击队的任务规划过程中，组织及其转型特别工作组必须识别出不利于完成任务的因素。然后他们可以利用这些信息，开发出化解风险的策略，以消除尽可能多的障碍。解决这5个方面的问题至关重要。

当障碍被移除，员工们由衷地喜欢自己的工作时，他们就会"全力以赴"投入到转型工作中。他们会更有效率，能带来更多利润，并将保持以客户为中心的工作态度。最重要的是，他们会坦然接受挫折，并在那里工作得更长久。

"先发制人"法则

在海豹突击队，敬业并不是人力资源部门要刻意推动的，而是我们文化的一部分，而且一直都是。这就是我们做事的风格。海豹突击队是世界上最苛刻、最全面的训练项目结出的成果。我们不缺乏专业知识。

不过，海豹突击队从不缺乏的还有毫无保留的忠诚，上自美国特种作战司令部最高领导层，下至刚完成训练的毕业生，无一遗漏。海豹突击队的领导者们指挥着一群能力超强的特战队员，把他们置于最能发挥各自特长之处，让他们学以致用，在顺利完成任务的同时，带回情报和反馈，从而改进今后任务的战术。

团队中的每个成员都是持续改进进程的一部分，整个团队因进步而充满活力。

很显然，在商业世界难以套用对事业保持类似的忠诚和情感上的联系。海豹突击队员（以及世界一流运动员）加入其组织的动机强烈而鲜明，忠诚于简单清晰的团队和个人目标——夺取胜利。

全国橄榄球联盟的球员渴望在"超级碗"上夺冠。海豹突击队的队员一心想着清除世上的邪恶，事情就这么简单。

在平民世界，人们目标各有不同且指向不明。工作不总是那么流光溢彩。你的同伴出于不同的考虑加入团队，有时他们还另有打算，未必心怀同样的奋斗目标。

事实上，你在几乎每个组织中都会发现一些了不起的人，他们聪明、有上进心，并一门心思地要做好本职工作。你也会发现组织中存在的另一些平庸的人，他们当一天和尚撞一天钟，只是为了维持生计而工作。

其实没什么好粉饰的。工作就是工作。不是所有的事都能让人为之痴迷，感到兴奋不已或值得为之付出时间。很多事都枯燥乏味，毫无乐趣可言。这适用于各种职业，无论你是海豹突击队员，还是会计、客服代表或银行家。

杰出的组织洞悉其自身的优势和局限，并相应地构建一种结构，既强化那些优势，又照顾到人的局限性。它们的体系重在鼓励协作，从组织的各个角落搜集数据，可以说是把它所有能利用的资源都运用到极致。人人包含其中，个个都要出力。

毫不奇怪，有更多盖洛普调查结果证实，敬业度高的群体生产率比其他群体高17%，实现的利润率则高出20%。

我有个客户是从事全球性航天航空、安全防卫产品等业务的高科技公司。我曾被请去给一批新晋人力资源领导人做报告。公司新愿景是，要让各级领导人加深理解他们的工作对战场上的战士们来说有多么重要。这些新生领导人将在宣扬新参与战略中发挥重要作用，因此要率先领会其内涵。这么说吧，我们要做的就是先让他们更敬业，并赋能他们去引导他人更敬业。我们要用工具和训练武装他们，把他们转化为变革代理人，然后派往组织各处。

毋庸讳言，如今大多数调查结果都显示，劳动者中不专心工作的人占比很高。事实上，全球范围的劳动者中仅有15%的人热爱本职工作，原因是大多数基层员工自感并无主动权，对他们的工作在组织实现总体目标的过程中，究竟起着什么作用并无深刻认识。

在涉及航空航天和军工行业的大公司里，研发部门的工程师和战略家们或许对其产品和技术如何提高作战人员与敌交战能力有比较深入的了解，但是财会人员未必如此。这就又回到了我们一再强调的主题，即必须有一致的陈述来表达组织的愿景，让每个人都能够很容易地表达出来。

但在人的问题尚待解决，以及虚拟或现实的障碍未被清除之前，不可能成功地实施变革。员工的敬业度和参与度会受到正面和负面两种影响。要么减少障碍，转型工作组拥有合适的成员，关键的变革推动者被分派到组织中受影响最大的部门，要么正好相反。文化问题、结构上的掣肘、奖励制度、唱反调者和培训未在早期得到有效解决，转型列车就会脱轨。

如果有影响力的人或团体没有参与规划过程，或者不认同主要变革措施，他们会成为公司最大的敌人。相反，当特别工作组和变革推动者成功地传达了愿景，并争取到了他们周围每个人的支持，并准备投身于变革之战时，变革成功的机会就会极大地提升。

此处可引入"文化驱动转型"模型，用来查验和衡量团队的敬业程度。管理者应该依照金字塔结构，由基本需求出发直至顶端职业发展来考察员工的敬业度，因为所有这些都影响着员工帮助推动变革的能力。

衡量员工敬业精神

如果一名员工能够拍着胸脯说出下列一番话，那说明该员工热爱本职工作的可能性较大。

·职业发展过去一年，我得到了很多学习和成长的机会，在职业发展和个人需求的两方面均如此。经理定期与我讨论我的表现和进步情况，并问我在哪些方面能帮我把工作做得更好。

·团队取向：我相信我的团队里的同事热爱本职工作，都希望做得更好。我十分清楚公司使命和目标，也明白我工作得好坏会影响到公司使命的成功与否。

·个人需求：我知道公司对我本职工作所报的期望。我拥有做好本职工作所需的资源和培训。我能够得到认可和建设性批评。我的经理关注我的切身利益。

当员工知道他们拥有获得成功所需的资源时，当他们觉得自己被关心、信任和拥有自主权时，他们几乎总是会尽职敬业的。尽职敬业并不仅仅是领导变革的关键，它还是行业领军公司的核心特征。

从战场应用到董事会会议室

海豹突击队执行的任何任务要想成功，每个人都必须毫无保留地参与其中。从攻击小组和支援部队到盟军和战术行动中心的决策者，所有的人都必须全身心地投入其中。这不是问题，因为大家都对自己的使命以及这个愿景的陈述深信不疑。每个人总是认同所有细节吗？当然不是。但有件事是永远不会缺少的，那就是全身心地投入其中。

有一次，我们这个任务单元奉命执行一个双重直接行动任务，同时捕获或杀死两个重要人物。行动地点位于一个由3座塔楼构成的庞大的U形建筑群中。我们这个任务单元中的两个排将分兵出击，同时突袭其中的两个公寓。这几座14层高的塔楼周边是10英尺高的围墙，位于东南角有警卫看守的大门是唯一的出入口。任务成功的关键是众多参与方将密切配合，不容丝毫懈怠，其中包括地面部队、空中支援、在行动区域设卡的部队和其他部队。如果任何一个单位或个人有疏漏，所要执行的任务很快就会全盘瓦解。

我们于深夜1点30分离开驻地，前往半小时车程以外的目标点。我们离目标建筑群足够近时，可以看到大门是关闭的。于是，车队停止前进，头车上的战友们下车去查验大门的情况并选择相应的破门方式。其余3辆车上的攻击队员下车警戒。

大门被轻易打开了，我们便走了进去。我排负责位于A座10层的公寓，也就是说今晚我们有锻炼身体的机会了。很自然，我们不会乘电梯上去，更不要说，一帮武装到牙齿的突击队员，听着背景音乐上楼这个场面有多滑稽，它会是一场战术灾难。另一个排会突袭B座底层公寓。这帮幸运的家伙。

等到我们上到10层，在目标公寓门外排好阵，我们便通过无线电告知另一个排我们已经准备就绪，即将爆破。布好炸药后，我们再次用无线电告知他们："3、2、1。起爆！起爆！起爆！"

咚！

同时起爆的巨大冲击波几乎震碎了这3座楼里所有的玻璃！想象一下你距离爆炸点仅有数英尺。难怪创伤性脑损伤是个大问题！两队人马同时冲进目标公寓。我们扑了个空，公寓里只有几位家人，重要目标不在场。

另一个排逮住了他们要抓的人（这帮幸运的家伙！）。我们迅速撤离目标点返回基地。我们的行动前后只用了11分钟，还算不错。

速度、出其不意，以及动作迅猛。

就在我们的车队返回基地的途中，我们奉命连夜去执行另一项任务。我们在基地停留了30分钟。在此期间，我们检查装备，听我们情报局联络人的简报，制定行动计划，然后我们又回到车上。我们得到的唯一情报是，重要目标是一名高级官员，住在一个高档社区的一幢两层楼的房子里，就这么多。此人早已上了我们的抓捕名单，所以我们一得到消息就立刻行动。

我们把车停在离目标房子 100 米远的街上，然后下车步行进去。这条街又窄又黑。整片区域只有几个昏暗的路灯。那晚没有月亮，四处一片漆黑，于是我们戴上夜视镜，眼前呈现着一片模糊的绿色场景。院门是开着的，突击队员们沿着墙边一个挨着一个排好，破拆小组朝着房子的前门移动。

破拆手布好炸药，退后几步，然后引爆，整个门都被炸飞了。我们冲过门洞进了屋。

眼前一片狼藉。

到处是碎玻璃，烟雾弥漫。这家人里有睡在前屋的，一个女人坐在沙发上，有块三角形玻璃片正扎在她右眼上，然而她却一声不吭。我们穿过房子，发现它的楼层布局算得上是我们见过的最大和最复杂的之一。

我们在其中一间屋子里找到了重要目标。他高举着双手走了出来，然后突然朝我们扑过来，同时用阿拉伯语大喊大叫。有人用枪管戳在他胸口上，他疼得弯下腰，我们趁机给他戴上手铐并带到了院子里。

我和医护兵又返回前屋去照顾受伤的家人。他迅速开始救治那个眼睛受伤的女人，而我则把步枪挂在脖子上，抱起两个穿着睡衣的小女孩。地板上散落着玻璃碴，她们光着脚。我把她们安置到关着其他家人的另一个屋子里。这就是随战争而来的残酷现实，令人伤心不已。

我们开始展开"敏感场地勘查"工作，希望从中找到任何有价值的情报、电脑硬盘或文件，以及任何其他相关的信息。我们很快就结束了搜寻工作，随后返回基地去做两次任务的事后评估。

这两个先后完成的任务都存在极大的不确定性，之所以能取得成功,在很大程度上要归功于各方的全力配合。我们没有任何结构上或行为上的障碍。我们有强大的影响者,即各级军官和高级军事领导人。他们明确无误地传达任务意图,给我们指明了大方向,但同时又让我们根据每个任务不断变化的现实而随机应变。每个人都全神贯注、竭尽全力地工作。

关于创造团队合作意识和包容性,说起来很容易,但真正做的时候该如何下手呢?它来自关于组织的构成和运行方式的具体决策,以及指导团队成员如何改变心态。

我们就从流程中的一些更具体的元素开始。假设你是我在上一章提到的信息技术公司中的一员。该公司的转型愿景就是要以传奇般的客户服务水准而闻名,进而成为业内翘楚。

但是,除非你在衡量和奖励员工的方式、培训员工的方式,以及在指挥链上下推动信息双向流通方面做出一些结构上的重大改变,否则你不可能成功。你最初提到改变时,大家或许会因为新鲜而表现出些许热情,但当大家发现其实他们并没有按照新目标得到奖励,他们也就不再愿意投身其中。如果你不衡量实际的基于消费者的指标,看看你取得了怎样的进展,那么你将如何宣传取得的成就,或者及时发现不足并做出调整?这又回到了我们提过的话题,即实时数据分析以及有关情报与预定的关键业绩指标相一致的重要性。

没有一个词能比培训(训练)更让人觉得乏味了,但它是企业界不可或缺的一部分,它与海豹突击队所需的训练具有同等的必要性。如果一个组织改变了系统或过程,或者正在寻求一种不同的做事方法,而这个组织却不提供与它试图推动的结果相关的具体培训,它的目标怎么可能实现?

但培训的重点不应局限在新系统和新流程上。优秀的组织也把行为培训纳入其中。培训人们改变思考和看待周围世界的方式，为他们提供改变思维和态度的经验。它不仅仅是一些管理顾问列出的一份清单，告诉领导团队该让员工们去做哪些事，而是一种协调一致的训练，目的是让每个人都理解一种新的心态。它训练人们以一种新的方式思考，通过新的透镜审视周围的世界。

我的一个客户——一家全国性的金融管理咨询公司，曾邀请我主办一个包括主题演讲和研讨在内的全天活动。它被定位为融合新转变愿景的催化剂。这家公司有大约20年的历史，是该行业内最受尊敬的私人控股公司之一。当新董事长加入公司时，他推出了自己的文化诊断版本，并开始分析公司可以抓住的机会。

他很快就认定，该组织在人才招聘、培训和绩效评估方面存在问题。大多数员工以分析师的身份加入公司，并一步步向上发展。公司提供给他们的是标准化的培训，主要从技术和分析能力上考察他们。但当他们晋升并最终达到主管级别时，评估他们能力的标准就仅仅是销售和业务发展两个方面了。

问题何在？

员工们几乎没有接受过那些领域的培训。缺乏培训，再加上晋升的压力，构成了我们一直在谈论的障碍之一。新的职位和随之而来的期望（在未提供相应培训的情况下）与奖励机制不匹配。

该公司人力资源总监描述了打造"销售文化"的新愿景。高层领导想要重塑这个组织，剥离医疗保健业务，集中精力发展自己的核心业务，并变得更加灵活。但直到现在，他们还在努力做计划，并向大家介绍这一愿景的相关细节。

他们想打造销售文化。好吧，那是什么意思呢？怎么做到呢？实现这个目标需要什么资源？用哪些指标来衡量进展如何呢？

所有这些问题的答案深藏在其众多的小圈子之一里，或者在高级领导人富有远见的大脑中？

或许是。

我们在举办这次活动时，召集了全国各地分公司的所有员工。我们想让每个人都集中到一个地方，让他们参与到这个过程中来，以便更好地界定他们要努力实现的使命。我们希望集思广益，让他们在为实现这个愿景而制定行动方案的过程中有发言的机会。

早在我们策划这个活动之前，我就明确表示，所有高层领导人都必须就这个愿景及其实现路径达成共识。一旦明确了这一点，我们就可以让尽可能多的人参与到策划过程中，共同构想一个有意义的活动。他们有一个转型特别工作组吗？有哪些成员？他们有什么资源，有多少预算和决策的权力？

这个活动取得了预期效果。它为众人早期参与提供了恰当的场合，并为后期实施赢得了广泛支持，从而为文化转型的最终成功奠定了坚实的基础。

所有这些结构上和程序上的变化应该齐头并进，同步实施，使各级员工在各自擅长的领域拥有决策自主权，而且这不能只是停留在口头上。

"赋能授权"一词都被许多组织说滥了，但它们从来不会真正赋能授权给员工，让他们拥有采取行动的自主权。如果你告诉一个团队他们可以自主决定自己的事务，但实际上却事无巨细都要一一过问，久而久之，团队成员们积极主动的工作态度将荡然无存，只剩下听从号令了。另一种情形是，你赋能授权他们实施没什么价值的项目，并要求他们努力工作。他们很快会看穿这纯属做无用功，因而心灰意懒。

信息的流动将成为单向的，只是自上往下流，组织也因此失去了它最重要的资产，即全身心投入的团队成员所蕴含的价值和潜能。

这种情形即使在最善意的组织中也不鲜见。领导层讨论通过了有关变革的表达方式，并且拟定了在组织内部发布这条信息的计划，该走的程序都走过了，但变革的讯息未曾在董事会外得到完整传达。

为什么？

因为领导团队本身就没有达成共识，也未曾制定传达愿景的连贯步骤。

这种情况一直在发生。领导团队开会达成某种共识，但没有任何行动方案。他们没讨论过如何以及何时把这种信息传达到整个组织。他们未曾制定任何适用于具体行动的框架，也没有确定谁该负责实施那些具体行动。

在那个会议上呈现出的所有的好主意、协作精神和好决策随着会议的结束也都消失了。并非有人恶意为之，而是因为缺乏跟进。

大多数时候，这是因为大家都很忙，他们必须马不停蹄地应付一个又一个重大议题。由于他们没有明确由谁负责执行，因此直到几天或几周后他们才与自己的员工交流，而此时，他们头脑中的信息已经不那么清晰了。或者他们什么都没说，只是基层人员会听到只言片语，也只能与他们听到的小道消息相互印证。

由于大家听到的信息缺乏连贯性，也就没人会认真对待，依旧我行我素，尤其是公司行为一贯如此的话。

优秀的组织所作所为恰恰相反。那些团队行动之前总是要预知下一步。他们拥有定义"微愿景"的自由，不必得到审批就可以讲述自己的故事。他们拥有真正的决策权，他们拥有所需的资源。

他们还落实到行动上。每次行动之前都要加以评估，必要时予以调整，信息的流动也是双向的。

重复上述步骤。

永远不要指望你能得到所有的人在任何时候的支持。这里有文化和历史因素在起作用。你总会遇到唱反调的人，不是说不该做某件事，就是说某件事做的方式不对。如果这些人在组织中拥有影响力，比如说来自某个急需改变的分支机构的管理者，那么他们就会暗中抵制或积极反对任何变革措施。如果那个人真的很有影响力，他可能会阻止20或50个人参与变革工作，因为仅靠其拥有对那些员工下最终评语的权力就够了。

那么我们该怎么做呢？我们必须采取果断措施，确保组织中尽可能多的人参与到变革进程之中。

赋能授权并让员工引领变革的5个途径

现代商业环境要求给予更广泛的人群更大的权力来推动变革。这就是教科书对"赋能授权"的定义。激励团队肯定是必要的，但让团队成员在身心上拥有更大自主权来参与转型过程才是成功的关键。

在战场上，任务的成功有赖于从前线部队到数千英里之外的最高层领导人的积极配合。这同样适用于商业，尤其是在变革时期。因此，我们需要清除这个未来道路上的陷阱，现在就来认真谈谈如何更好地让员工拥有自主权，使之对组织的变革产生积极和持久的影响。

1. 传播一个强有力的变革愿景

再说一遍，这是一切的起点。在前一章中，我们谈过传播强有力变革愿景的 6 项原则。保持简单和真实可信至关重要，多渠道沟通并在公司言行的各个方面不断设法植入这个愿景同等重要。指导工作的转型特别工作组也需要改变其行为模式，以便与新愿景保持一致。

海豹突击队文化中最强大的元素之一就很简单：共同的目标感和对任务的高度认同。每个人都有发言权，而且我们鼓励上下级之间公开透明的双向交流。当团队认识统一并对任务深信不疑时，信念就发生了改变。新的信念会导致新的行动，而这些行动会带来预期的结果。

2. 系统和结构与愿景保持一致

此处可能会遇到比较棘手的问题。我所评估过的许多组织都顺利地走到了这个流程，但当涉及构建与新愿景相一致的系统、流程和结构时，往往达不到预想目标。

我们就以一家创新型空调系统公司为例，它正处于指数级别的增长阶段，而领导层希望在未来 5 年里把它发展为全国性公司。他们变革愿景中最重要的内容之一是成为客户服务和创新维护方案的领导者。为此，他们制定了一个客户至上的愿景计划。他们开始执行这个计划，但不知何故，计划进展过半后便再也进行不下去了。

领导层决定寻求咨询专家的帮助，他们很快就确定了问题的源头。该公司仍在采用初创时的结构，人力资源系统和薪酬模式根本就没把客户至上的行为模式纳入奖励范畴，也没有用于定期收集客户反馈的无缝系统。

你该明白我要说什么了吧。

在组织转型期间，其原有系统必须更新以适应新愿景。

3. 针对新系统和结构提供相应培训

建立新结构只是转型第一步。要想让投资产生应有的效益，还必须培训员工如何运用新系统。有时即使组织早已认识到了广泛培训的重要性，但实际提供的培训往往不够广泛，或者没有将重点放在正确的领域。培训的重点放在了"操作工具"所需的技能上，忽略了引导团队成员要改变思维方式并灵活运用手中的工具。

4. 处理反对变革者

在变革环境中，受人尊敬并具备影响力的团队成员会是一股强大的力量。如果他们由衷地支持，他们就会成为有力的宣传者，带动更多团队成员共同致力于变革。但当这些有影响力且能力出众的人反对变革时，他们会带来巨大的损害。反对的方式可能是公开的，也可能是暗中被动攻击式抵制。

无论哪种方式，它会成为破坏变革的癌症。

要解决这个问题，公开透明、直截了当的沟通至关重要。经验丰富、有影响力的团队成员获此殊荣不是没有原因的。尽可能从他们那里获取反馈可实现多个重要目标。这种做法表明他们有发言权，让他们有机会提供有关变革进程、来自基层的状况报告，从而向领导层预警，该避开哪些陷阱以及需要解决哪些问题。它还向领导层提供了绝佳的机会，借以详释转型的根本原因。走到这一步，他们或者恍然大悟并加入支持者的行列，假装公开支持，但不动声色地反对任何变革措施，或者继续公开反对新计划。假如他们还是执迷不悟的话，就只能被解雇了。这并非易事，会有团队和个人层面的影响，但这是领导层责任所在。

5. 赋予团队在具体项目上的自主权

正如我所强调过的,赋能授权必须真实可信,否则不如不做。在此方面,领导人需要心态开放,并激励团队勇于承担责任和自主决定。

在战地指挥官的意图(此处即变革愿景)时常得以清晰表述的前提下,前线指挥官可被赋予更大自主权。有了准确无误的"通路标志"为引导,他们能够并应该获准在特定框架内另辟蹊径。犯错是难免的。但真正的自主权不可能存在于命令和控制型领导机制中。

员工获得真正决策权后,变革之战的胜算将极大地提升。组织也相应地做好了迎战恐惧和变革疲劳的准备,我们将在下一章详细讨论。

来自前线的故事

海军特种作战部队是个紧密团结在一起的团体,这一点很容易理解。我们都曾经历同一种严酷的训练;执行任务时,你指望着身边的战友一起赢得胜利并活着回来。而他也同样指望着你。

这种奇妙的方式创造了一个由积极主动、有责任心、充满热情的特战队员组成的团体。这个团体也费时耗力,淘汰率奇高。一个班级的训练就要耗费数百万美元。可以说,纳税人的钱用在了刀刃上。

在现实世界中,组织需要通过切实可行的方式,打造具有这种品质的团队,从而形成团结一致、凝聚力强的团队。这些团队更愿意协力合作,在为变革使命承担更多责任方面的思想准备更充分。

要做到这一点,其中一种方法就是在训练中更有创意——跳出固有思维模式。我们已经讨论过组织可以在公司内举行技术型的具体培训，让人们更好地了解他们的职能和角色。但同样重要的是获得注重文化的"外来"培训，帮助人们换个思路想问题。

当我应聘为一个组织提供咨询服务时，发表主题演讲或主办常规研讨会只是我工作的一部分。我还会应客户要求，举办各种各样的"训练营"和体验活动，旨在让人们走出自己的舒适区，更紧密地合作共事。我在世界各地都做过这样的工作，涉及的组织从跨国银行到职业运动队，应有尽有。这是一种心态训练，旨在释放新的习惯，消除阻碍成功完成任务的老习惯。

我第一次提供这类培训的经历发生在中国香港，接受培训的是我在第1章中提到的那家国际银行的高级领导人。我们签的培训合同内容包括一系列主题演讲、研讨会和小组会议等。聘请我的总裁恰好也是一个狂热的健身爱好者，他提出再增加一个项目：时间安排在早晨的沙滩训练营。

客户想要吃些苦头？没问题！

早晨6点，大家在高档住宅区内的一段海滩上集合，训练自此开始。训练目的不是要从体力和精神上击垮这些高层领导人和中层银行经理，而是让他们走出办公室，以团队合作的方式共事。训练主旨是打破文化与物理阻隔，改善沟通和协作。

我按照基本水下爆破/海豹突击队训练的风格设计了这个训练营，当然在虐人强度上有所弱化，以适应大家的平均体能（有个家伙居然穿着卡其裤，系扣领衬衫登场！我想他肯定没读关于穿运动服的备忘录。但他二话没说卷起裤腿就跳进了水里。）。在宣布了安全须知之后，我把这群人分成六人或七人一组，并让每个组选定自己的领队。每个领队的作用是激励团队，并将每个训练科目的细节传达给本组成员。

"各个舟组，冲浪玩沙！现在开始！"

我让这些小组投身于一系列体能要求极高的演练和竞赛，而且组内成员必须团结一致，全力配合才能获胜。我先告诉各舟组领队每项演练的具体要求，然后他们负责把这些信息传达给他的团队。

在这种练习中，你能很快发现哪些团队的领导者能够准确传达信息，并具备组织和动员能力，以及哪些团队会陷入混乱。它几乎跟体能没有任何关系。我很可能会看到一群身体健壮、精力充沛的人乱作一团，而一群体力差很多的人却能步步为赢。它事关团队的协调，以及让大家一心一意地完成共同的任务。

每个参与者都很快认识到，舟组成员必须齐心协力才能使本组变得强大，大家共同努力是成功完成每次考验的唯一途径。在任意一场演练中，最后完成的舟组必须去冲浪和玩沙。获胜的舟组可以选择旁观下一场演练，并获得短暂的休息，这种奖惩方式将激励每个人持续努力。这种训练的设计初衷就是鼓励取胜，培养大家团结一致、共同求胜的心态。训练完毕，事后回顾总是少不了的，以便讨论取得了哪些重要收获。

从那之后，我举办了很多类似的活动。其中有个客户是总部位于洛杉矶的一家全国性律师事务所。依照合同约定，我负责主题演讲，并带领参与者进行训练营的演练。我一如既往地展开训练活动。看着这些团队在演练中的各种反应总是令人感叹不已。你可以看得出谁积极上进，谁半途而废。这次活动正好赶上下雨。于是，在我的主题演讲结束后，不得不由饭店职员出面清空了整个大厅。很显然，律师们不愿意淋雨。

在一场接力赛中，一名舟组领队掉了队，他呼吸困难。他知道他不能再有效地带队了，而且会拖累本团队，于是，他主动退场，但不停地在边上大喊着指导队员，并给他们鼓劲儿。他所在舟组的一名成员毫不犹豫地挺身而出，领导这个团队最终取得了胜利。

要想实现协作并不总是需要沙子和汗水。我在圣迭戈为另一个客户举办了一个领导者的团队建设活动，除了做主讲人，他们还让我创建一个户外挑战活动，并让参加者在活动结束后无法淋浴、更衣。

参加这次活动的共有 15 名高级领导人，他们来自一家名列"财富 500 强"的上市公司，专门生产医疗器械。这个团队负责公司中最大的部门，每年收入高达 100 亿美元。有些人刚加入这个团队，公司希望这次团队建设着重改善领导力、信任、问责和沟通。

集团首席执行官曾是大学橄榄球队队员和特勤局特工，于是，我与培训和人力资源主管共同设计了既有趣又具挑战性的活动。

我构思的这个活动其实就是个照片寻物游戏，但有点儿傲骄的海豹队员不会这么称呼它，绝对不行。这明明是个在敌后开展的情报搜集、监控和侦察任务。

我为每个组撰写了一个任务简报包，他们的任务是"监视"某些特定目标。圣迭戈的海港村是指定的行动区域，目前在敌方的控制下。有些任务的要求非常具体，另一些则需要花些功夫解读。每个小组推选一名组长，我单独向每个组长简述任务参数，如他们需要搜集什么情报，需要解决哪些问题。执行任务的时间当然是限定的，但各组可以按照他们认为合适的方式自由组合，并采取任何他们认为适当的战略和战术解决问题。所有小组需要在指定的时间赶到"撤离点"集合，而且无论他们能否赶到，接应他们的船（下午 6 点的晚餐游轮）都会准时离港。搜集情报最多的小组将最终胜出。

这些活动通常都会揭示出团体内非常有趣的互动历程与行为现

象，你可以很快发现小组中的哪些人才是真正发号施令的，而且这些人未必总是"官方指定的"领导人。你会发现人们开始自主制定任务计划。我提供指导方针，但团队可以自行决定如何解决问题。

这个医疗设备团队的成员全都受过高等教育，个个是能力出众的领导者。他们正在学习如何动态地沟通，以及如何在快节奏的环境中搜集和传播有用的信息。这一活动的设计初衷就是起催化剂的作用，消除彼此间的隔阂并打通交流渠道，并最终统一认识。

这些演练传达的信息是，领导人和管理者负责提供通路标志，但团队需要有能力，以及自主权，信心十足地以他们认为最佳的方式解决问题。

领导人和管理者有时需要学会不碍事！

海滩训练营或情报搜集这类活动能在多大程度上改变一个组织？仅仅通过活动本身改不了多少。

但若一个组织毫无保留地接受这种培训蕴含的理念，并付诸行动，他们就能完全、彻底地改变。他们说到做到，不惜时间和资源上的投入，并勇于承担责任。

另一方面，有些组织经历了管理变化的过程，并聘请了咨询顾问来排查，举办培训的意义只是为了交差，告诉别人我们做过培训了。这类组织注定会失败。

它们可能改变了一些规则，做了一些正确的举动，但它们并没有改变文化，也没有在公司内外打造出由衷敬业的信徒。

第8章 疲劳法则：消除恐惧并保持活力

我会用尽最后一丝力气去保护我的队友，并完成我们的任务。

——海豹突击队信条

大多数组织变革努力费时之长和耗资之多，均超出领导人和管理者的预料。事实上，麦肯锡咨询公司最新的调查结果表明，接近70%的变革努力最终归于失败或未达预期。为什么？

原因很多，此前我们都提到过：与使命不匹配的弱文化；缺乏员工广泛参与和诚心支持；强大的愿景未得到应有的传播；过度宣传不良愿景；缺乏培训或资源；等等。但横亘在愿景成真之路上的重大障碍是我认为的"变革战斗疲劳"。

变革战斗疲劳源于多种因素，如员工精神一直被以往的错误困扰，在艰难的变革历程中所做出的牺牲，以及推出战略耗时之长远超预想。如果转型工作领导不力，疲劳便会不期而至。

根据IBM公司较早但仍有现实意义的2008年研究报告，领导变革的需求日益增长，但我们实现变革愿景的能力持续萎缩。这就是人们经常心灰意冷，最终放弃的原因。即使有些公司在建立变革文化和备战变革的同时取得了巨大的进步，疲劳也会破坏最勇敢的变革所做的努力，直至导致变革之战最终失败。

当上一次变革努力归于失败后，人们往往变得玩世不恭。他们开始低声嘀咕"又来了……"或者"本月新口味又要换了……"正如一位高级经理对我说的那样:"我们一直保持低调,耐心等这阵风刮过去,领导层又开始去忙别的事情。"

当经理和员工认为不管他们做什么,顶层宣扬的新一轮"新措施"将会像上一次一样无疾而终时,他们很难再鼓起干劲。恐惧使变化变得非常个人化,人们开始担心自己的工作、家庭和长期的职业发展路径。当人们感到害怕时,大多数人都听不到外界任何信息或失去思考能力。当恐慌开始出现时,人们就更难吸收重要的信息。这会是一种巨大的干扰,严重削弱团队保持专注和生产效率的能力。而在变化的时代,你会比以前更需要大家专心工作。

这是海豹突击队训练如此严酷的根本原因。你参加的所有演练都是真枪实弹,用的都是真正的爆炸物。当你穿行在"杀人屋"(近距离射击训练场)打掉一个个靶子时,枪里射出的可不是空包弹,稍有闪失,有人就可能中枪。当你在阿肯色州的沙漠或荒野上进行陆战训练时,你所做的就是每天16个小时不停地跑动、射击。酷热的天气,伴随着震耳欲聋的枪炮声,你感到身心俱疲。而当你疲倦时,就容易犯错误,比如忘了换枪管之类。这种高强度训练的目的也十分明确,为了让你做好上战场的准备。正如海豹突击队信条所说:"我们为战斗而训练,并战无不胜。"

只有当你首次参加实战后,你才意识到自己真的是训练有素,有备而来。训练的目的是减轻恐惧和疲劳感,使你注意力集中,并具备精神和体质上的忍耐力以击败敌人。所以,你保持了行动、射击和与团队有效沟通的能力,把油然而生的恐惧感转化为目标明确的攻击行为。

大多数美国人或许并没有意识到,美国政府已然宣布阿富汗战争于 2014 年 12 月 28 日正式结束。这是美国历史上持续时间最长的一场战争,而且尽管政府宣布正式冲突已经结束,但美国在那里的战事远未停息。这一令人费解的表达方式多方面佐证了我们在过去 16 年里应对这些冲突的方式。就在此刻,我们正就该向阿富汗增派多少部队展开辩论。或者,就像驻喀布尔的记者马特·艾金斯在提及阿富汗时曾经说过的:"'正式'战争的结束意味着'非正式'战争的开始,没有目标也没有结局,它建立在我们不再处于战争状态的前提之上。"

伊拉克总理海德尔·阿巴迪宣布在摩苏尔战胜了极端组织 ISIS。但是,接下来会发生什么呢?更多的战斗?人道主义危机?人们只能想象我们部队中那些英勇的男女军人们究竟会有怎样的战斗疲劳经历。但与商业组织不同的是,军队每天都有大批新兵涌入,个个精力充沛,决心上阵杀敌。老兵回归平民生活,新鲜血液取而代之。

问题是,这么高的人员流动率会损害转型工作,且不利于公司整体文化的构建。商业不是战争,但如今伴随商业发展的不确定性和挑战能在组织中制造另类疲劳,且极其顽固。如果团队整天疲于应付各种急事,除了日常工作以外还要满足纷至沓来的各种新要求,回应"重新创造"和"中轴点"之类的信息,总有一天他们会不堪重负,全面崩溃。这种"变革战斗疲劳"是所有组织面临的严重挑战之一,哪怕有些不错的决策,可确保战略的持续性,同时也为转型构筑了坚实的基础。

一旦这种疲劳来袭,团队动力开始减弱,为改变所做出的全部努力很容易就会崩溃。当所有这些努力都白费了,团队成员感觉自己又回到了原地,这就意味着重启改变进程并积聚前进动力的难度变得更大了。

下一次会耗时更久,耗资更多。那些原本就质疑改变的人趁机散布"我早就说过"之类的负面信息，而那些本来想要组织走上正途的人也会感到信心不足。这会产生一个失败的循环。

那么优秀的领导人和管理者如何缓解这种疲劳，并保持团队一如既往地投入，干劲十足呢？

他们会做下面这3件事：发现并庆祝阶段性小胜，创建支持愿景的正向文化体验，并借力情商提高对当前境况的感知能力。所有这些策略都将确保变革列车正常运行。

"先发制人"法则

疲劳和小失误本身并不会断送转型努力，它们是这个进程中不可避免的一部分，完全在意料之中。

任何一个优秀运动员在赢得世界冠军、奥运金牌或"超级碗"之前都经历过失败。但他们不会因一时的失败而一蹶不振。他们不会被疲劳压垮。他们具有足够的情商，能够识别出自己及周围的人发出的警示信号，并采取相应行动，纠正自己的错误。

出于同样的理由，海豹突击队的训练难度很大，就是为了获得类似的结果。在训练的初级阶段，教官们总是把学员们折磨得苦不堪言，正因为如此，那些历经磨砺的学员会认为他们能够经得住任何痛苦、恐惧和疲劳的考验。我们学习如何将这些东西转化成我们在战斗中需要的驱动力，即专注的攻击性。

这就是我们要在本章中讨论的主题。你或许并不需要如此高强度专注的攻击性，但庆祝小胜，创建转型文化正向体验，并借用情商之力阻遏因不断变化导致的战斗疲劳，将其导向对你和团队均有利的东西。这样一来，你便脱离了不良循环。

玛丽就职于一家跨国包装公司,这位富有远见的新兴领导人刚被提拔到业务副总裁的职位。她还被指定为转型特别小组的成员,负责制定并推进公司新品牌重塑计划的战略。新愿景是把公司内外人们心目中的"老而无趣的包装公司"形象打造成一个具有创新精神的业界领袖,以此吸引新客户和高端人才。公司战略举措包括一系列收购以及业务大重组,彻底改变品牌形象和给人的观感。可以说,他们要转变为一家全新的公司。

在转型工作小组最初的几次会上,玛丽决定先观察、聆听和学习。转型工作刚刚进行了四个月,今后有的是时间让她在转型进程中施加影响力。

最终,她终于忍不住插话,问大家是否有个整体计划、哪些事务需优先处理,以及是否制定了时间表,清楚标明何时实现哪些目标。在她追问之下,首席财务官,同时也是公司内备受尊敬的领导人,模棱两可地提到聘用一家优秀创意机构的计划,精简包装设计中心等几项经营上的改进措施作为应答。上述内容既不具体,也无时间限制。

"那么,谁会负责执行这些举措?他们怎么才能知道何时实现了哪些目标?"她问道。

很快,一切都清楚了,那些措施未曾得到任何细化或具体化。该公司正在进行的转型工作怎么说都是项艰巨的任务,尽管他们颇有远见,事先组建了一个特别工作组,并让有影响力的高层领导人也参与其中,但他们似乎还不太了解如何应对这一切。公司也曾讨论过签约咨询顾问的选项,但此举耗资巨大,首席执行官认为这个投资不划算。

"我知道我才来公司几年,不过我能说说我在上一家公司的经历吗?"玛丽问道。

"当然可以。我们洗耳恭听!"首席财务官答道。

"好吧,当时我们面临非常相似的转型,而且知道整体工作需要至少4年才能完成。实际上,我们心里都清楚这件事只会拖后不会提前。领导层组建了特别工作组,同我们现在这个类似,成员包括高级领导人和公司各部门的关键人员。转型开始后大约一年,我们小有成效,但不及预期。在特别工作组之外还活跃着一批变革宣传员,他们在公司上下积极推动转型工作,但因长期看不到成果,也几乎失去了对未来转型成功的信心。眼看转型即将失败,那些玩世不恭的人拍手称快。"她说。

她接着讲道,公司最终决定暂停一切转型工作,快速评估哪里出了问题。看来有必要修正一下工作方向。仔细察看之后,工作组发现其实他们取得的进展远超预期。如果连他们都没料到,那就意味着公司里没多少人会知道他们取得的成绩。

为什么?

因为在做规划阶段,他们没能列举出具体的速赢目标,并标定在时间表上,每隔6个月和12个月——比照,庆祝每一个里程碑的完成。没人负责跟踪阶段性成果,并借此广为宣传他们取得的成就。另外,尽管该公司在运营和文化上采取了大刀阔斧的改革,但文化体验没有发生任何变化以适应新的愿景。

"等等,你说的'文化体验'是什么意思?"一名小组成员问道。

"它可以是任何事情,从公司会议、内部沟通策略到团队建设活动和座位安排。任何支持或偏离我们向往的文化和愿景的经历。"玛丽答道。

特别工作组当即一致决定,鉴于准备工作严重不足,暂缓实施下一步转型工作。这将是一场旷日持久的变革之战,他们需要做好各项准备。他们需要详细列出阶段性成绩,并在组织内广泛宣传,新的文化体验需要与他们追求具有创新精神的业界领袖的愿景相匹配。

这类故事并不鲜见，且说明了为什么如此多的转型努力最终都失败了。随时庆祝任何阶段性成就，创造或改变文化体验使之与愿景相符，拥有一个能够敏锐察知境况动态的高情商团队，只有这样，人们才能持久保持应有的使命感。

标识并庆祝阶段性成绩的意义

我在工作中指导过的新人一提到海豹队训练，总要问我一般人是怎么从基本水下爆破／海豹突击队训练中熬出来的。他们会问，你觉得最难熬的是哪部分，你是怎么做到的？你参加训练的第一天就认为自己挺得过世界上最严酷的精英部队训练吗？是的，我是这么想的。但那种积极态度只是我能完成训练的部分原因。最根本的原因是，我专注于每一天，安然度过的每一天都被我当成一次小胜利。每当有人退出，我的士气就会高涨。每过一天就意味着我离终点线又近了一天。我屏蔽了干扰，并将注意力集中在长期愿景（成为一名海豹突击队队员）上。

听上去似乎很简单，不过多数组织却做不好。我应聘给数十个客户做过顾问，主要涉及大型品牌重塑活动，或全面业务重组。这些客户耗资数十万美元用于调研，制定详尽的计划，并在内部和外部大力推广新愿景。但到了实施变革愿景的时候，他们从不提及中间目标，或大力表彰人们取得的进展。应付新事物已经让人够烦的了，如果再缺乏沟通和鼓励，大家很快就会感到疲劳。

想给大家鼓劲的话,并不需要规模宏大、设计精巧的计划或类似奥斯卡颁奖典礼那样的辉煌场面。优秀的管理团队会拆分任务计划,从中找出中间阶段的里程碑事件。有个客户——一家大型软件工程公司——需要创立一套新的用户支持程序,用来汇总 6 个相互独立的平台的数据。公司制定了改变计划,第一个工作目标是在 90 天内选定一个新的无缝数据管理解决方案,这意味着预算、调研和最终决定都要在那时完成。到了第 82 天,这项工作圆满完成,该公司不仅向大家全面介绍所取得的这项成就,还奖励了有关团队周五放假,在公司赞助的日间水疗中心玩一天。人们由此看到了实实在在的进步,对提前完成任务的益处也有了切身的体验。

在任务规划期间,就要标识出阶段性工作进度表和预期的成果。如果这些项目没有明确的定义、时间限制并由专人负责,那么能够庆祝早期成果的机会就会减少。它从问一些简单的问题开始:

此次转型开始后头 12 个月至 24 个月期间,我们需要优先处理哪些事务?

哪些可衡量进展的项目可以按计划在 6 个月及 12 个月的时间点完成,或提前完成?

谁对这些项目拥有决策权?谁该问责、负责并有知情权?

这些目标完成后,我们该采取什么样的内部沟通策略?

此时此刻,说沟通很重要几乎称得上是陈词滥调了。但需要再次强调的是,许多组织都处理不好这项重要的战略内容。当你经历重大组织变革时,至关重要的一项工作是持续不断地向参与这个进程的内外部人员解释变革的原因。

成功变革的公司,通常都有个好领导,他们不断讲述有关变革的故事，不论是在会议上还是在平常的闲聊中，都不忘传播变革的信息。他们总在讲述进步和团队成就的故事。由人力资源或公关人员撰写并群发一个电子邮件算不上沟通，这样的"沟通"不会有任何效果。

例如，如果推出一款新的协同软件是创建更高效率愿景的早期里程碑之一，那就将该项目分解为多个不同的微项目，并标定每个微项目完成的日期；制定一项预算；成本分析；工具选择；实施和培训。每完成一项都要由公司上层出面予以公开庆贺，同时向大家讲述所取得的成绩。点名表扬那些做出贡献的员工。然后制定具体的衡量标准，用来验证工具的有效性，查看数据并报告进度。

这些是显示转型进展的有形和可衡量的步骤。这要追溯到领导者和管理者之间的角色差异。领导者放眼未来愿景，确保大家目标一致，而管理者则要确保这类项目按时、按预算完成。

那么，标识并庆祝阶段性成绩的意义何在呢？

首先，这样做确证了转型愿景，给予特别工作组和变革倡导者充足的辩论底气，在增强变革支持者力量的同时，让反对者无话可说。

其次，它提供了缓解变革战斗疲劳所需的动能，并使团队充满活力。人们不时亲见显著的进步并持续听到进步的消息，明确无误地了解所有的进步都将带动他们走向成功，只有这样，他们才能一直在情感上与转型事业保持密切联系。

最后，如同任何项目管理程序一样，进度表上的早期里程碑能够提供有价值的参考数据，帮助人们了解哪些工作卓有成效，哪些计划需要调整。

创建符合愿景的文化体验的意义

在进行"文化诊断分析"时,确认哪些文化因素与愿景一致,哪些背离,或者无足轻重,可有可无。然后,你需要进行相应的取舍并引入新内容。

例如,我曾为一家大型制造公司提供咨询服务。该公司的新愿景是改进问责制和协作能力,以配合业务快速扩张的计划。在转型进程中,研发部门起着至关重要的作用。

但当我去公司办公室探访时,我看到的是无数高隔断圈起来的小隔间,办公区周边则是一排小会议室。每个人都戴着耳机坐在办公桌前工作。尽管这种办公区格局很常见,且适用于许多公司,但它似乎不太符合问责和协作的愿景。

我立刻问他们是否有兴趣和预算来把这个办公区改造成大力张扬协作精神的格局——速赢。他们不太情愿地拨了款,并聘请了当地一家办公空间设计公司。我根据在自己公司的实践经验提了一些建议。结果令人惊叹。

他们拆除了所有的旧隔间,取而代之的是网络式工作站,由此创建了正式与非正式协作的生态系统。人们可以互相看到,能面对面交流,不必再用谷歌聊天跟隔着两个座位的同事交流了!所有的会议室都装上了大玻璃窗,这样协作变得更通透。办公区中央甚至有个由玻璃墙圈起来的大战情室。在一个角落里,还布置了一个温馨的"起居"区,里面有沙发、豆袋椅、野餐桌和平板电视。这台电视被用来与其他办公室进行流媒体直播。墙壁也重新粉刷过,上面张贴了新文化和愿景声明中的片段。你可以看到并感觉到正在发生的变化。

这样一来，公司创造了新的文化体验，完全符合增强协作精神的愿景。在这种办公室里的每个人都感同身受，不需要太多的解释就能理解为什么要这样做。

借力情商和提高情境感知的意义

众所周知，情商是高效领导力的关键组成部分，在应对变化和不确定性的时候尤其如此。洞悉自我及协调自己情绪的能力，以及良好的态势感知能力，都是在"乌卡"环境中用来领导团队的强大工具。认知、理解情绪并做出反应，克服当下的紧张压力，以及意识到你的言行如何影响他人的行为，被称为情商。情商包括四个属性：自我意识、自我管理、社会意识和人际关系管理。

例如，一项对40多家"财富500强"公司的研究显示，高情商的销售人员比中低情商的销售人员取得的业绩高出50%。同样的研究表明，情商排名前10%的程序员开发新软件的速度要比排名较低的程序员快3倍。

我的一个客户一直试图以人格评估的方式，来降低销售人员的流动率。虽说这种做法收效甚微，但他们从未想过换种方式。他们的转型目标包括快速增长，但销售人员的高流动率显然扼杀了这一愿景。针对这种状况，我鼓励他们转向评估情商，并在压力管理、自我意识和社交技能等方面加强培训投入。此后，公司员工的保留率提高了67%。我自己未曾看到过实在的数据，但我听说该公司在随后的3年里节省了2000多万美元。

情商也能提高员工的满意度，这在任何转变进程中都是至关重要的。由于2008年经济危机的影响，我提供过咨询服务的西海岸一家银行被迫裁掉了近1/3的员工。公司决意要在变革之战中胜出，为此领导团队专门拨款用于评估剩余员工的情商水平。评估结果印证了他们的转型目标，即确保公司不仅没有留错人，还把他们放在了恰当的岗位上，可以充分发挥每个人的专长。公司不仅劫后重生，而且以更少的员工人数实现了更高的经营效率和更丰厚的利润率。

我服务过的一家大型汽车经销商城曾立下宏愿，为配合快速扩张的目标，要成为客户服务的典范。该经销商利用情商测试和新的面试技巧来揭示应聘者的同理心水平。一年后，该经销商从那家汽车公司200多家经销商中脱颖而出，其销量及顾客满意度均居于前10%的行列。

作为一名海豹突击队的老兵、企业家和国内一些发展最快的公司的领导者，我经历过很多情绪体验，并深知这些情绪对我激励和领导团队的能力有着怎样的正面和负面影响。许多人试图关闭他们情感的阀门，但无论我们怎样扭曲、否认、隐藏情感和记忆，我们都无法彻底消除它们；同时我们也不可能完全割断与他人情感上的联系。

你可以学会在情感上独立，通过与核心情感的关联，接受它们，并意识到它们如何影响你的决定和行动，从而获得让你拥有情商的那些属性。在变革期间，能够将员工的情商与其工作表现相关联的能力，使你具有建立一支优秀团队的巨大优势。沟通不足是导致员工保留率下降的最常见因素之一，它会让员工失去工作兴趣并对公司持怀疑态度。正如我们已经阐明的，敬业和参与对于成功的转型至关重要。

缺乏情商的领导者无法有效地察知其下属的需求、愿望和期望。

那些纯粹出于不加掩饰的情感而做出反应的领导者，可能在员工中造成不信任，并可能严重损害他们的工作关系。

喜怒无常的反应可能对整体文化、态度和对公司的好感——以及对公司转型愿景——造成损害。杰出的领导人必须有自知之明，理解他们的语言与非语言沟通会影响到团队。正如海豹突击队信条所述："我具有控制我的情绪和行动的能力，这使我有别于他人。"

为了帮助你理解有效领导所需要的情商能力，我建议你确定一下你在以下几个要素上所掌握的程度。

1. 自我评价

这可以被定义为有能力识别自己的情绪、优势、弱点、价值观和驱动力，并理解它们对他人的影响。没有反思，我们就无法真正了解我们是谁，为什么我们要做出某些决定，我们擅长什么，以及我们哪里存在不足。为了发挥你最大的潜力，你必须要有自信，理解凡事都有好与坏两个方面。那些深知自己是谁以及自己想要做什么的人，可以不断提高自己，并且更愿意领导变革。

2. 自我约束

自我约束也被称为自律。这包括控制或调整我们的破坏性情绪和适应变化的环境，以保持团队朝着积极的方向前进。领导人的情绪不能失控。镇定自若与惊慌失措具有同样的传染性。一旦你担负着领导重任，你就再也不能在压力面前表现出惊慌失措的样子。这是当领导必须承担的责任之一。只有在你保持冷静和乐观的情况下，你才能更好地思考并更清晰地与团队沟通。

3. 同理心和同情心

同理心是一种设身处地为他人着想，并理解他人对某种处境的感受或反应的能力。一个人有同理心，也就会有同情心。我们因应痛苦的情感会激发我们帮助别人的欲望。我们与他人的关联越多，我们就越能理解是什么在激励他们或使他们感到不安。

4. 人际关系管理

如果你精神不集中，你就无法与他人建立深度联系。我们中的许多人都有家庭、必须履行的义务和应接不暇的琐事，但是建立和保持健康和富有成效的人际关系对于一个人获得更高情商的能力是至关重要的。你必须具备有效沟通和妥善处理人际关系的能力，这样才能使一个团队朝着理想中的方向前进。

5. 有效沟通

我们已经讨论过，在海豹突击队，你必须完美地做到三件事才能成为一个有效的特种兵和团队成员：移动、射击和沟通。其中沟通是头等重要的。研究表明，在有效的沟通中，我们的言语占7%，语气和身体语言占93%。当你晚上潜入一艘大船下面，身在冰冷漆黑的水中时，你可以通过他们身体移动的方式判断出团队中的每个人是谁。记住，身体语言和我们说的话一样重要。

误解和缺乏沟通通常是大多数人之间出现问题的根源。在工作场所不能有效沟通会导致员工们感到沮丧、怨恨和困惑。有效的沟通可以消除障碍,促进更牢固的工作关系。如果员工了解自己在公司中的角色,了解自己的工作如何有益于公司总体方向和愿景时,就会有一种价值感和成就感。良好的沟通会产生一致感和共同的目的感,这能大幅度提高信任和敬业度。

情商是一个强大的工具,对于超越目标、改善关键的工作关系、创建一个健康而高效的工作环境和组织文化都至关重要。从领导的角度来看,它是领导变革必不可缺的。

识别和庆祝早期阶段性成果,创造支持愿景的文化正向体验,借助于情商之力,将有助于减轻疲劳和恐惧,并使团队保持活力。

从战场应用到董事会会议室

海豹突击队执行各种各样的任务:连续多日的狙击掩护;险象环生的营救;在敌后停留数天的远程侦察;可能持续至第二天的夜间直接行动攻击;开发资源和搜集情报;海上封锁和船舶攻击;训练友军;保护外国官员等,不胜枚举。再说一遍,训练的目的是消除恐惧,让你保持精力充沛和注意力集中。

"山羊绳套"

"山羊绳套"是我们在团队中使用的一个术语,用来描述一个糟糕透顶的任务或局面。或者,按照《城市词典》[①]的定义:一个令人

---

① Urban Dictionary:美国在线俚语词典,该词典收录了很多常规词典里面查不到的流行英文俚语俗语。

困惑、杂乱无章的情形，通常是由人为错误造成的。许多政党都争论的复杂问题。一种牛仔竞技项目，参赛者试图用套索捕捉一只山羊，通常是为年轻参赛者安排的活动。

毫不夸张地说，我将要描述的任务包含了定义中的所有内容。事实上，计划常常赶不上变化——这就是短时间的倦怠乘虚而入的时机。

我们的任务是抓获一个高价值目标，他向反联军组织提供资金和武器，并与伊拉克的基地组织关系密切。我们半夜1点出发，目标地是费卢杰郊外的一所农舍（以及已知的武器贮藏处），我们以车辆为渗透平台。

下面就是这项任务怎样一步步陷入泥潭的，这可真不是想编就能编出来的。

第1步：赶往目标地中途，一辆悍马车爆胎！停车，往嘴里扔块口嚼烟草，布置警戒，换胎。

第2步：距离目标地点约一英里处，提供空中支援的AC-130幽灵炮艇在电台里通报，有人朝目标移动。

第3步：到达目标地点。攻击小组在距目标房屋1000米处下车，步行接近目标。

第4步：我们发现目标地有三栋而不是一栋房子。我们只好重新配置，形成散兵线，穿过目标区域，逐栋清理。

第5步：我所在的小队（四人火力小组）负责其中一栋小房子。在我们移动的过程中，我一直紧盯着大门。就在我逐渐靠近时，我掉进了齐腰深的粪坑里。我浑身上下沾满了人的屎尿。任务刚开始几分钟，情势就变得异常糟糕。

第6步：AC-130幽灵炮艇通过无线电告知，有6个人离开了目标点，朝北跑去。他们发射了数枚40毫米榴弹阻止那些人离开。有个小队的队员跳上悍马，朝着AC-130告知的方位冲过去堵截。他们发现那不过是两名妇女和四个小孩，好在都没受伤。

第7步：我们清理完毕主要目标房屋，只发现了一名男子。他不是我们要找的人。

第8步：在进行"敏感场地勘查"时，我们遭到奶牛、山羊和大羊驼的激烈抵抗，我们的到来激怒了它们。

第9步：我们在小农舍里的大油布下面发现了几十个SA-7导弹、AK-47、火箭筒和手榴弹等。没发现坏人，但我们至少找到了暗藏的武器。

第10步：我身上还是沾满了屎尿。

第11步：我们把部分武器装上悍马车，其余的堆放在大屋里。爆炸物处理技术员布设炸药准备销毁这些武器。

第12步：在引爆之前，我们决定做个好事，把所有的奶牛、山羊和大羊驼聚拢到远离农舍的一处围栏里，免得它们被烧死。

第13步：全副武装的海豹突击队队员试图聚拢一群家畜。那场面有些混乱。我至今还记得有个家伙把步枪悬挂在脖子上，用根绳子套住气哼哼的山羊脖子，拖着它穿过院子的情景。这就是"山羊绳套"一词的起源。

第14步：我们的首席破拆手——也是个一流牛仔——走出屋子，接手这个工作，成功地把这些动物关进了围栏中。他做得很老练，令人印象深刻。

第15步：全体上车，撤离目标点。引爆炸药，巨大的火球直冲夜空。

第16步：有辆车冲出路面。那是价值30万美元全副装甲的奔驰G级车，车上坐着我们的情报员及其线人。驾车的情报员从未戴着夜视镜开过车。

第 17 步：奔驰车损坏，只能拖着走。一辆悍马车拖着它走了一段后，这条乡下的公路变窄，它带着情报员和他们的线人滚进了沟里。它现在侧躺在 6 英尺深的沟里，里面的人只得从侧车窗爬了出来。

第 18 步：我身上还是沾满屎尿，不过好在开始干了。

第 19 步：我们拿出紧固带，把它们系在奔驰车上，然后由悍马车把它从沟里拖了出来。

第 20 步：车队继续撤离，驶向基地。太阳出来了。我们进了市区，路上车辆开始增多，已到了上班高峰期！

第 21 步：车队加快速度（通过市区时的标准程序），结果奔驰车撞上马路牙子，半个车身悬在桥外。简直令人难以置信！

第 22 步：车队停下，我们下车，往嘴里扔块口嚼烟草，布置警戒，指挥交通。悍马车系好紧固带，但拖不动。

第 23 步：我拦下一辆大货车帮忙。货车司机一脸不高兴，或许他是被我的裤子熏得受不了？谁知道呢。

第 24 步：两个小时过去了，我们还在指挥高峰期的交通，想方设法把奔驰车拖回桥面。已经是我们出发后的第二天上午 10 点了，天还是很热。

第 25 步：我们最终放弃了，去它的吧。我们把无线电和敏感材料拆下拿走，然后就离开了。我们会过段时间再来拖走它。

第 26 步：我们回到基地。我脱下那条令人恶心的裤子，扔进我们焚烧垃圾的坑里。我穿着拳击短裤和防弹衣回到帐篷，此时感到困倦袭来。

第 27 步：我们几个队员和几位陆军的弟兄带着平板卡车返回桥上，去收回那辆我们从情报局借来的奔驰车。

第 28 步：我们到达现场后发现，不知是谁已经好心把车拖到桥面上了。唯一的问题是，它被扒了个精光！车门不见了。车轮被卸掉了，发动机也没了。

第 29 步：回基地。

第 30 步：开张数额巨大的支票给情报局的伙伴。

糟糕透顶！

虽然像这样的任务，不能与我们认为的持续不断的战斗疲劳相提并论，但可以用这种幽默的方式来阐明我的观点。所有的计划都出问题，由此导致疲劳和不确定性——而且大多数转变工作耗时比预期的要长。这就是韧性起作用的地方，我们会在最后一章讲到。

控制恐惧感

除了识别和庆祝早期成功，创造支持愿景的文化体验，以及借力情商，领导者和管理者还可以做些其他的事来抑制员工的恐惧。

首先，承认恐惧是客观存在的事实。同理心是情商的一个关键要素，是变化时期的有效领导力不可或缺的。凡事都考虑到团队的感受，在做决定和沟通进展时尤其如此，这对控制恐惧有着重要作用。主动承认恐惧的存在，并让团队知道已采取了什么应对措施，会让他们感到安全。他们感到安全后，就会专注于实现他们的目标。

其次，为团队而表现出坚强。你不必时时处处都像个机器人，但我发现只要遇事保持冷静总会好过惊慌失措。惊慌具有感染力，且显示出领导层的不成熟。如果你和其他高级领导人有分歧，关起门来大吵大闹，取得共识，然后以积极的态度告知众人该公开的信息。这就又回到了我们已经讨论过的话题，了解你自己的情商以及控制或改变你破坏性情绪的能力。重要的是体现出十足的信心。

再次，不厌其烦地交流。再说一遍，带领公司走过适应性变化的时代会是漫长而艰辛的过程。就像其他任何计划一样，情况会变化。你不一定头一次就能做对所有的事。创造一种环境，确保双向信息流通。

最后，注意力集中在积极因素上。在转型过程的某个时点，继续留恋过去是在浪费时间。一旦你走上这条路，你的注意力就要转移到这段艰苦的旅程会带给你的成果。业务必须做下去，继续努力做好工作并奖励取得成就的团队。

来自前线的故事

前面描述的任务听起来好像不过是在办公室里（当然，区别是在战区拿着自动武器）忙乱了一天。但当团队中的每个人都有理由感到疲惫和沮丧时，在混乱不堪中指导一项任务的情形，像极了如今在大多数商业组织中时常发生的状况。

在逆境中生存并成长。

我的一个客户——英国欧堡公司，是一家视网膜图像扫描技术公司，它与伊拉克中部那个脏乱的农场离着十万八千里，但我的朋友，即公司副总裁奎恩·莱祖恩讲述的故事却与前者有着惊人相似的主线。

"我总会提到两个原则，一是变化创造机遇，二是变化等于痛苦加计划。"他说，"我们不会惧怕变化，我们的文化有所不同，人们会说'太好了，咱就看看接下来会发生什么事。'"

欧堡公司在2008年经济衰退之前经历了所有典型初创企业的艰难困苦，但它的创新产品——一种能快速捕捉到供医生诊断病情的眼部图像扫描仪——使它克服了包括领导力不足在内的种种挑战，得以生存。"多年前，当我们还是上市公司时，每年5月份我们都要进行某种重组，因为我们没有完成预定指标，首席执行官就想要向大家表明他在设法改进。"莱祖恩说，"每次重组都会有人员数量的变动，这太打击士气了！我们大家都感到身心俱疲。但在领导层发生变化后，新任首席执行官认识到这种做法是在毒害企业文化。他把重点放在了用户身上，并在组织内物色了解这个行业的人才。他赋能授权给我们，让我们承担责任，放手让我们去做事。"

公司业务蓬勃发展，2015年被尼康公司纳于麾下。该公司并没有像许多西方公司那样，在被东方公司收购时感受到强烈的文化冲击，这要归功于它强烈的责任感和强调沟通的文化。

"我的理念是，与人坦诚相待，不论对方爱听不爱听，都直言相告，怎么效率高就怎么做。我们只在需要跟进时才使用电子邮件。我称之为'走动着管理'。"莱祖恩说，"在与尼康方面的人见了6次面，一起总计谈了12个星期，我了解到他们很欣赏我们的所作所为，并不想改变我们。于是，我把这个意向转达给本公司的人，并告诉他们我的想法。当然，有些人持怀疑态度，还要走一步看一步，结果用了一年时间才解决完所有的事。但自从收购以来，我们未曾裁掉一个人。所有的人都留了下来。这在类似的交易中几乎是闻所未闻的。"

识别和庆祝早期阶段性成果，创造符合愿景陈述的文化体验，利用情商等原则，都是减轻恐惧和保持团队活力的关键驱动力，激励着大家冲向终点线。

第9章 纪律法则：自始至终的专注并贯彻到底

我们纪律严明。我们期待创新。

——海豹突击队信条

正如我之前所说的，尽管本书中的原则是按时间顺序排列的，但这并不意味着也要简单地按此顺序执行。任何成功的转型都自始至终地需要严格自律的领导和纪律严明的团队。我要在这里强调纪律的原则，因为它与专注于愿景、减轻干扰和坚持不懈有关。

想要任何组织转型的努力圆满完成，纪律和问责必须成为该组织文化的基石。

决心已定的年轻人如何成为海豹突击队队员？优秀运动员如何达到巅峰表现？两个字：纪律。他们剔除了生活中那些对实现目标没有任何价值的事务——人、行为和让他们远离伟大的杂念。缺乏纪律的人和组织已经有意识地选择了自己的归宿，种瓜得瓜，既然不要纪律的约束，收获的也只能是不合格的表现。

当我选择从美国公司转到海军再成为海豹突击队员时，我的心态也必须实现重大转变。妨碍我走下去的任何事物，统统让路，无一例外。我的社交生活、饮食和训练方案都被重新设计以适应一个愿景：成为一名海豹突击队员。

我写这本书的同时，每隔几个月就会有勇敢且自律的年轻人加入到海豹突击队的行列。作为"海豹突击队家庭基金会"执行委员会的一员，我很荣幸能参加这些毕业典礼。我无法用语言准确地描述毕业日当天，置身于训练中心的人们的心情和感受。

对大多数人来说，这标志着历时多年的旅程即将开始。对所有人来说，获得海豹三叉戟徽章是对纪律、专注和为实现单一目标而不懈追求的奖励。他们知道三叉戟徽章是我们的荣誉和传承的象征——这是他们每天都要努力才能赢得的特权。

在正式仪式完毕之后，我们通常还会私下里举行一个传统仪式。三叉戟徽章的背面有3根1/4英寸长的针脚，用来把它固定在制服上。这些针脚有背扣以确保三叉戟不会脱落。在关上门之后，新毕业的学员们会把背扣去掉，这样锋利的针就能扎进肉里。参加典礼的老队员会排着队，轮流挥拳猛砸扎进毕业生皮肤的三叉戟徽章——或者至少这是我的经验。这象征着三叉戟徽章已经与你合为一体。引导你走到今天的纪律并不就此止步，而是要不断增强。

我曾在犹他州的摩押给北面公司赞助的精英运动员们做报告，当时就以我朋友兼队友戴维·戈金斯（海豹队员和超级马拉松选手）为例说明这个问题。我在前一章提到过他。

北面公司运动队成员包括超级马拉松选手、滑雪者、单板滑雪者、登山者和自行车运动员，因此，戴维的名字并不陌生，他们中有些人还跟戴维同场竞赛过。他成为海豹队员和优秀运动员的艰辛历程与他们并无两样。

对于任何想要成长或改变的人或组织来说，纪律要求其行为始终如一，符合想要实现的终极目标。然后这些行为就逐渐变成了习惯。而当以目标为导向的行为成为习惯时，很难阻止它们。这就是为什么它们被称为习惯。就像前一章提到的医疗保健公司开始把他们的核心价值称为习惯。但那总归是纸上谈兵，因为只有始终体现在一言一行中的价值观才真正有意义。

在本书第一部分，我们介绍了衡量及改进信任和问责的流程，因其事关组织备战变革。有了这些支柱作为公司文化的基础，专注和纪律更容易实现。但与其他任何事情一样，创建一种纪律严明的团队文化须从高层做起。

在《从优秀到卓越》一书中，吉姆·柯林斯说："纪律的文化不是有关商业的原则，而是有关伟大的原则。"这些话可能会引起许多领导人的共鸣，他们对问责、跟进、关注细节、协作或组织中其他不如意之处深感沮丧。事实上，纪律必须以领导的习惯和日常生活为开端。

比方说，一个销售总监在公司大会上宣布公司签下了迄今为止最大的新客户。这有什么问题吗？有，这是无组织、无纪律的行为，因为此前公司高层领导人已经取得共识，在公司转型初期，暂停开展任何新业务，以便公司集中精力推行重大的新举措，获得发展动力。他们在这点上是一致的，或者说他们以为是一致的。

问题是，其中一位高层领导无法抗拒拓展这项新业务的诱惑。当销售总监带来这个机会，那位高层领导就真的放下手上的一切，用了整整一个月的时间专门协助完成这个交易！他没有发挥转型工作小组成员的积极作用，而是把注意力全部转移到了公司本已决定暂停的工作上。

优先事项相互冲突的局面将自始至终困扰变革的努力。缺乏与愿景一致的自律行为，则将无往而不败。纪律和连贯性是走向伟大的必经之路。

"先发制人"法则

我提供的咨询服务中,有很大一部分是与那些在特定领域遇到麻烦的公司高管会面,帮助他们制定计划,并培养实施该计划所需的技能。

他们必须设法让转变工作运行起来。

我通常会首先问他们认为问题的根源是什么,也就是五个"为什么"的练习。每当高管们抱怨他们的团队完不成指标时,我都会问他们觉得问题的根源是什么。我得到的典型回答是:没有问责制、缺乏信任或协作精神。但当你再往深处探究时,你会发现这些行为方式并未体现在高层领导身上。如果高层领导人本身就缺乏自律,怎么可能指望一个组织能存在包含自律的文化?

那是不可能的。

纪律严明的领导者会提供贯穿始终的信息,并给予一线员工强有力的支持,决策时克服种种阻力,坚定不移地维护改革之道。纪律严明的团队成员对自己负责,不需要像绵羊一般事事顺从。通过更多的横向领导和控制,你创造了一个由具有自主权的领导者和管理者组成的完整生态系统。如果他们理解成功的框架,即明白他们奋斗的目标,以及赢得成功意味着什么的话,领导团队大可以放手让他们自由发挥,实现伟大的愿景。

当然,硬币的另一面并没有那么闪亮。不守纪律的领导会任性而为,做出伤害团队的决定。他们在指挥系统上下提倡无纪律的行为方式,或者在应该解决和纠正时却听之任之。得到容忍的行为将定义一种文化,无论是好是坏。就像我的一个客户公司的主管,他在聊到公司缺乏纪律的弊病时曾对我说:"老实说,这里的情况一直就这样,我并没有看到什么实质性的变化。"

在《从优秀到卓越》一书中，吉姆·柯林斯重点探讨了组织内部涉及纪律的三个领域。要想形成纪律严明的基础，你首先要确保用对了人，这些人本身应有极强的自律精神。通过经年累月的推行，你会使它融入公司文化。

这三个领域包括：

- 纪律严明的人员
- 纪律严明的思想
- 纪律严明的行动

自律且有责任感的团队成员不需要他人的督促。正如我们已经讨论过的，一旦你在整个组织中实现了分散控制，并创建了由拥有自主权的领导者和管理者构成的生态系统，接下来你只需提供一个框架，任由团队在其中自由发挥，然后坐视奇妙事情的发生。但在这个框架内行事的是缺乏纪律的领导者和员工时，事情就会糟糕到不可收拾。缺乏纪律的人必须离开。然而，当高层缺乏纪律时，成功的机会微乎其微。

在搜集情报和规划变革使命期间，我前面提到的"停止—启动—继续"的演练，在为实现变革愿景而界定可行的步骤过程中起着关键作用。我定期指导客户演练一番这个流程，由此得出的可行的解决方案会非同凡响。但重要的是他们必须严格执行，按部就班地贯彻这些已界定的解决方案。

如何执行"停止—启动—继续"的演练

首先列出转型战略中要实现的三至五个核心目标,是规划这项演练的最佳方式。这适用于任何目标导向的活动,但在此处,我们关注的焦点是转变工作。负责执行演练的可以是所有领导人和管理者参与的转型工作组、不同部门的小团队,或者,如果是小公司的话,就在全公司范围内进行。

列出首选项之后,你就可以开始了。对于每个优先选项,都分别打上"停止""启动"和"继续"的三个标签,然后列出为实现具体目标而必须停止、启动或继续的系统、流程、机制、心态和行为并展开讨论。这个时刻最需要大家精诚合作,更重要的是大家要开诚布公,一切都摆到桌面上谈。但是,演练归演练,最重要的是演练完毕该怎么做:执行和纪律。

把一些选项划入"停止"一栏是很重要的一步,因为那些选项偏离公司使命。它们通常符合下列类别中的全部或至少一种:

- 它们不符合公司愿景。
- 它们对公司期望的文化有负面作用。
- 它们不能给公司使命带来任何价值。
- 它们使大家分散精力,不能专注于求胜。

令人纠结的是,那些活动往往是基于某种过时愿景的行为和心态,经年累月形成的副产品。这是组织变革失败的主要原因之一,哪怕公司在变革初期已取得了可观的成就。

例如，在热播的电视节目《最大的输家》中，很少有参赛者能真正减肥。他们一生都缺乏纪律，从未转变过自己的心态，拥抱新现实。他们并不努力摆脱旧习惯，适应新习惯。同样的情况也适用于失败的变革工作。

但是，遵守纪律的人有条有理地做事，其成功完成任务的概率就会飙升。这类人无须过多监管，因而可以让领导者和管理者腾出时间，致力于推动变革的其他活动。再辅之以适当的资源和培训，人们可以在给定的框架内进行创新。这就是精英特种部队如此有效，优秀的组织能击败其竞争对手的原因所在。

它们全都纪律严明。

读到这里，你不禁会自问："确实不错，可是我们该怎样提高本组织的纪律性呢？我本人又怎样提高自律能力呢？"

这不是魔术。它需要一系列的努力和点点滴滴的积累。有一天，我从收音机上听到我的演员朋友特里·克鲁斯接受访谈，我俩曾一起出演马克·伯内特为全美广播公司（NBC）制作的军事真人秀《明星爱比武》。主持人问他每天日程安排得那么紧凑，是怎么做到的。他的回答很简单：纪律。他要做的就是挤时间。但他提醒听众，他已经这么做了30年。每天从小事做起，哪怕只有10分钟。

从一个组织的视角看，纪律才是长久之计。反应迅速的公司会设定目标，建立支持这些目标的系统，并以决心实现这些目标的人充实它们的团队。当目标实现后，这类公司还能展示出那是怎样实现的：基于良好的数据、决策和纪律。纪律是值得奖励的品质，它可以激励那些有潜力但缺乏纪律观念的人变得更加自律。

实际情形是怎样的？就以开除表现欠佳的团队成员为例。这种事很敏感，即便大家都知道那个人必须离开，也有可能在任何团队中引起怨恨和混乱。如果根本就没说清楚一个团队成员离开的原因,那么评判每个人的标准似乎是模糊不清的。期望和行为之间没有明确的联系,你不知道哪些行为得到鼓励,哪些不能容忍。

优秀的组织擅于把这些看似消极的结果转化为积极的行为——不是通过在员工中制造恐惧气氛,而是借助于公开透明的做法。如果某个团队成员违反纪律,需要被裁掉,这其实是给领导团队提供了良好的机会,以此明确实现组织目标所需的心态和行为,即符合公司文化、价值观和使命的行为。这在信任度高的组织中效果最明显。

从个人层面来看,提高自律水平同样需要每天一点一滴的积累。它培养的是自我意识、对自己诚实和愈挫愈勇的精神。有一次我为一家跨国公司的领导人做主题演讲,其中一位听众随后找到我。他告诉我,我的一番话令他十分感激,因为他就属于那种我提到的缺乏纪律意识的经理。他从中看到了自己,也看到了自己多么不足。他意识到自己的所作所为完全偏离了真正的赋能授权和团队纪律。他要学习,要提高自己。随后一年的时间里,他每个月都给我发电子邮件,详细记述他做了哪些事克服自己的缺点,他的进步带给团队哪些实质性的成效。

这就是纪律。它是一种选择。

从战场应用到董事会会议室

毋庸赘言,无论是为海豹突击队训练做准备还是要顺利完成整套训练,以及最终作为在团队中茁壮成长的特战队员,都离不开严明的纪律。毫无疑问,所有同我一起服役的人都具备共同的特性:坚忍不拔的勇气。

当你现身"基本水下爆破/海豹突击队训练"中心时，你其实已经做了充分准备，因为你知道这将是你一生中身心经受最严酷考验的经历，必须提前有所准备。勇气不是你想有就有的，它来自你严守并培养自律的意识。

教官们会告诉你，求胜是一种有意识的决定。除了严重受伤以外，赢不赢全在于你的意识。你决意要通过训练，或者想要中途而废，全由你自己决定。你参加"基本水下爆破/海豹突击队训练"时不能想着"嗯，我希望能顺利完成"或者"我会尽力而为的"。

难道你就从来不怀疑，或者你脑子里就不曾回响着让你放弃的声音？当然不是。每个人都会有。你会听到"这太苦了"的声音。如果能穿得暖和点，休息一两天该多好啊。真希望能清净一会儿，没人在耳边狂吼乱叫。一般来说，那些声音不仅仅是你的幻听，而是教官们不时在耳边诱导你："这真的不适合你。"

但严守纪律的意思就是无论他们怎么说，都不为所动。

我职业生涯中最大的荣誉就是能够做一些年轻人的导师，在他们准备或正在经历基本水下爆破/海豹突击队训练时提供帮助。我要做的就是针对他们面临的挑战提供一些建议和视角，随时为他们排忧解难。

同样令我深受鼓舞的是，我有机会选择纪律性强的候选人，看着他们一心一意，勇猛顽强地追求自己的目标。没有什么能阻挡他们。在他们加入基本水下爆破/海豹突击队训练之前，我帮助他们了解这个群体的文化、历史，以及他们将面临的挑战。当然，更多的内容是无法用言语表达的。他们必须亲身体验。我能帮助他们的就是首先设定完成训练为终极目标，然后条分缕析，逐个破除横亘在他们前进道路上的心理和情感障碍。让那些告诉他们"退出"的声音安静下来，走一条相对轻松的路。告诫他们，只有在我们的舒适区之外才会有魔力出现，只有严明的纪律才能推动他们达到彼岸——在那里，逆流而上的勇敢精神会成为第二天性。

本章开头时我们提过，钢铁般的纪律来自一点一滴的磨炼。在基本水下爆破/海豹突击队训练中，你做的每个决定都会带你走上正路，这一点不断得以强化。你不忽略任何事，你不认为任何事是理所当然的。注重细节，这是最重要的。

比如说，我们有一项训练科目是"战斗潜水"——在漆黑一团的水里准确找到目标，除掉目标后返回到撤离点。教官们反复对你强调，你必须制定好战斗潜水计划，并严格按计划行事。偏离原计划——并无充足理由便采用应急计划——会导致任务失败，而且经常使你朝着错误的方向前进一英里。

当你和同伴跳进漆黑的水里，除了一块攻击板（装有指南针和秒表的设备）什么都没有，你会很容易疑神疑鬼。我的方向对吗？我犯错了吗？多年后，习惯成自然，但在基本水下爆破/海豹突击队训练的第二阶段（也就训练了几个月），这还是头一次见识。

你很快学会了在水下和你的伙伴沟通。很显然，交流方式主要是打手势。但有时你会开始怀疑你的路线，担心因此而完不成任务。这就是纪律和注意力开始动摇的时候。

实际上通过德尔格潜水器吸纯氧会有一些副作用，其中之一是会使人感到烦躁易怒。就战斗潜水这个科目而言，我和我的同伴属于做得最好的。我们总能干掉目标，并在其他结对队员之前赶到撤离点。尽管如此，我们有时也会有些摩擦。我们不止一次真的在水下通过呼吸调节器争吵过。我觉得有一次差点儿拔出刀来。当然不是真的，不过脑子里确实闪过了这个念头。那个时刻，我们都丧失了纪律的约束。

你必须强行让自己冷静下来，一遍一遍地告诫自己："我有目的地计划了这次潜水。我不会偏离。我必须按计划行事。"因为如果你无缘无故地偏离（未基于现实或实在数据的决定）计划，你通常会去错地方，并遭遇意外的问题。这通常会招致灾难。

这并不是说纪律是盲目的。随机调整也很重要，但有关调整的决策需要充足的依据。你必须让数据和反馈成为你决策的主导因素，不应被我们一直讨论的优先顺序冲突和直觉支配。

这个原则同样适用于领导组织变革的工作。因此，让我们来看看"组织纪律"的几种类型、它们的重要性，以及如何增强纪律性以更好地应对变化。

组织纪律的三个类型

·自律：在理想的状况下，员工们本身具有足够的积极性，可以自行处理好时间管理、优先顺序设定，以及贯彻执行方面的事务，而管理层不必操心每件小事。

·任务纪律：在此情况下，员工必须具有足够的责任心，尽全力做好本职工作。在理想的情形下，这可以被描述为完美执行。

·集体纪律，即团队合作精神。一个组织中的大多数项目都需要团队合作，共同实施，因此团队合作精神无比重要。

组织纪律的重要性

·安全：有一支纪律严明的员工队伍可以确保工作环境是平和的，让人有安全感。这在变化无常的特殊时期显得尤其重要。

·提高绩效：纪律可以消除诸如旷工、错过截止日期和糟糕的工作质量等问题。

·提高生产率：绩效提升会提高效率和生产率，从而提高赢利能力。

·促进适当行为：遵循一套行为规范自然会确保所有员工表现出符合组织文化和品牌形象的行为。

增强纪律性的步骤

·循序渐进：把大而艰巨的任务分解成众多小块，让团队能保持成就不断，逐渐接近最终目标，并在此过程中养成新的富有成效的习惯。这些以目标为导向的习惯可以加强纪律性。

·奖励遵守纪律并达成目标的行为：你甚至可以放手让表现出色的员工尝试实施创新项目，这种项目可以是组织从未尝试过的，但符合愿景。提供给他们在实施时所需的资源，并在成功后广泛宣传他们的事迹。多谈谈取得成功所需的自律、需要遵守的任务纪律和团体纪律。

·需要奖励的活动和行为：要奖励的不只是完成目标任务本身，那些有助于实现愿景的活动、行为和态度同样需要奖励。

・裁掉违反纪律的人员：那些缺乏纪律性，且毫无改进可能的人必须离开。这类人的存在会妨碍任务成功，也是对那些认真履行职责并为任务成功不懈努力的人的不尊重。

缺乏纪律的组织很难把长期的变革注入它的文化当中。我曾说过，文化转型始于转型努力之初，但不见得真的能坚持到最后，而是要看是否形成了能带来具体成就的纪律性强的心态和行为。正如吉姆·柯林斯所说，你的组织必须由恰当的人构成。

来自前线的故事

不久前，我见到了我的朋友及同事，他是美国历史最悠久的快餐连锁集团总裁和首席执行官。在我们谈话的过程中，我问他从公司转型战略的角度怎样看待纪律这个概念。纪律对于领导变革究竟有多重要？

这个品牌曾在全国快餐业中雄霸50年。在20世纪70年代，它名下的快餐店数量超过了麦当劳，是中西部许多中等城镇的主要餐饮场所。但到了20世纪80年代，该品牌江河日下。它的经营规模日益缩小，最终被快餐业中的一家大型控股公司收购。

他们的战略是推出联合品牌餐厅，也就是一个餐厅两块牌子。该品牌是品牌组合中影响力最小的，已经不那么受关注了。然后，他们放弃了联合品牌战略，这使他的品牌被进一步边缘化。当控股公司的所有权到期时，该公司只剩下两名负责公司事务的全职员工。

2008年，一个大型特许经营连锁集团决定收购并重新推出这个品牌，为此他们需要制定一个计划。我的朋友及同事在控股公司收购该品牌前曾是一名高管,但被收购后他发现公司发展方向与他的预期不同,便离开了。如今,即将入主的这个特许经营连锁集团想要我的朋友重操旧业,帮助他们完成这项收购工作,然后执掌新公司。

他本来就对那个品牌有很深的感情,能回来工作让他感到很兴奋,说实在的,他十分期待为拯救这个影响了几代消费者的品牌而要面临的挑战。他想接受转型的挑战。最重要的是,他在这个特许经营集团中构筑了牢固的关系,已经具备了信任的基础。他知道如果做出承诺,他们也会给他取得成功所需的自主权和资源。

毫不夸张地说,这是一项异常艰巨的任务。

在先前控股公司名下时,一线经理和加盟商的士气十分低落。他们得不到任何关注,所以他们要么敷衍了事,要么按自己的运营方式行事。

为了重新树立品牌的影响力,为客户提供始终如一的服务体验,他必须获得基层员工的信任,并在经营上加强纪律性。

"那么,具体该怎么做呢?很明显,加盟商和快餐厅经理们都已经失去了信任,他们知道自己属于被遗忘的角落。此时此刻,信任度处于最低点而自满则处于最高点,对吧?"我问。

"哦,绝对是这样。"他答道,"我是这么做的。"

他从头至尾回顾了整个流程。是该认真做些事了,分析文化、评估信任和问责制的现况、搜集信息、组建队伍,并策划任务。他一头扎进分析师和外聘咨询公司搜集的多年数据。当然,问题是从来没人研究过那些数据。他根据各方面信息完成了态势(优势、弱点、机会、威胁)[①]分析,随后便开始实地考察加以验证。

---

① SWOT: Strength(优势), Weakness(弱点), Opportunity(机会), Threat(威胁)。

由于士气低落、营业额下滑，以及许多分析师都预计该品牌将最终消亡，人们很容易丧失信心并放弃。他的注意力本来也很容易转向一些精心设计、稀奇古怪的发展计划，使公司脱离核心。

在接下来的两年，他采取了与杰夫·坎贝尔类似的做法，前往各地的快餐厅，与一线员工交谈，听取他们的意见和建议。

这是一种脚踏实地的战略。他必须更好地了解人们当前的心态，弄清楚他要面对什么样的形势。他要听到大家的心声，而且他知道，由此获得的信息无比珍贵。

与此同时，他组建了自己的管理团队，也就是他的转型行动组。团队成员包括一名现场营销人员、一名法律助理和三名现场经理。他们在该品牌被收购之前就在这里工作，他们的态势感知程度应该比任何人都要高。他们基于从一线员工那里搜集来的数据和反馈，共同制定了任务计划，并确定了转型愿景。

他们重树这一独特品牌的愿景需要纪律和持之以恒的行动。如果没有纪律和协调一致的沟通，公司不可能重建加盟商和一线经理的信任，并使他们积极参与到这项工作中。多年来，他们一直遭冷落，得到的资源也少得可怜，所以这不是一场简单的战斗。

他和他的团队策划并发起了一个特许经营人公约，以作为启动转型愿景的平台。新愿景的四大支柱是：

- 一个团队
- 透明
- 信任
- 沟通

看着很熟悉吧？

他们确立了"团结一致"的愿景，并以完全透明、重建信任和改进（和一致的）沟通为支撑，这使得他们能够消除组织内多年来形成的横向与纵向隔阂。对组织所做的承诺和支持四大支柱愿景的新系统能否变成现实，将取决于纪律、专注和贯彻到底的决心。

公司承诺将采取"滞后"雇佣的政策，管理层将避免因扩招过度而导致不得不裁人的恶果。领导层沟通策略简单有效，反衬出许多公司在这方面做得不够好。公司每两周召开一次领导会议，在5到6个关键举措上求得共识，或者提供需要广泛传播的最新动态。会议结束后，这些领导者和管理者将立即召集他们的团队开会，且本人亲自到场传达会议精神，同时要求他们照此办理，继续向下传达或向特许经营伙伴通报。

他们举行季度会议，讨论和提供与转型相关的重要举措的最新情况。他们利用这些机会通告早期成果，并嘉奖取得阶段性成绩的人员或团队。他们开发了一套新的系统性奖励程序，以确保那些表现出支持新愿景的行为和心态的人持续获得公开表彰。

来自核心"支持中心"的领导人将被部署到一线，每个季度都要参加一次完整的轮班。这样做的好处是可以让他们与处于一线关键岗位的管理人员面对面交流，让他们亲力亲为，加深对日常运作机制的理解。

在过去的5年里，所有的新系统、政策、流程和做事方式共同发力，使得公司摆脱了困境，实现了令人称奇的赢利能力。公司的四支柱愿景，以及由顶层开始严格落实问责制的做法，无疑也产生了奇效，公司销售额增长了30%，总单位销售量增长了35%。

严谨自律的领导者率领纪律严明的团队，这确保了大家心无旁骛，履行职责，贯彻执行，并最终实现成功转型。正如海豹突击队的信条所言："我将迅猛地履行我的职责……"在任何转型努力之前和过程中，必须尽快根除不守纪律的行为——坦白地说，在任何希望取得成功的组织中也是如此。

纪律是获得成功、幸福和实现看似海市蜃楼般的目标的必由之路。

第10章　韧性法则：通向持久变革之路

我永远不会放弃。我在逆境中坚韧不拔，茁壮成长。
每次被击倒，我都会重新站起来。我永远不会退出战斗。

——海豹突击队信条

不管组织所面临的转换的类型或规模如何，其最终目标之一是确保公司保持长期的实力和灵活应变的能力。转型的目的不是简单地度过眼前急需的变化，而是创建一个无惧未来更多变化、韧性十足的组织——一个为下一场战斗做好准备的团队，无论它何时来临。

如果这个道理适用于海豹突击队的话，它同样适用于平民世界，唯一区别是在平民世界，风险是不同的，并非生死攸关。就算有无可挑剔的良好意图，甚至有最优秀的领导层，旨在改变的举措也可能无法推进，也可能会失败。

缺乏韧性就会有此遭遇。所谓韧性，就是以开放的心态适应环境和变化，不因一时的失败而气馁，在哪儿栽了跟头就在哪儿爬起来。

我在许多客户公司那里看到过这种顽强的精神。他们认清了该改变什么，从各个重要参与者那里获得支持，按部就班地推出变革措施，所有这些他们都做得十分出色。他们使组织做好了充分准备，主动迎接变革。但随后，前行的动力开始减弱。问题出在一线员工，他们不是退回到了变革前的位置，就是栖身于令他们感到舒适的中间地带。

他们的境况确实改善了，但未实现预定的目标。

我有幸与我所认识的最伟大的勇士和最坚强的人共事。那些受了重伤的人，会选择快速复原法，只为早日重返自己的部队。我的妻子妮科尔非常坚强。我们的大儿子泰勒，韧性十足。我们19个月大的儿子赖德长得很壮实，有股子韧劲。但我3岁的女儿是我认识的最坚韧的人之一。

有一次我在新加坡做完主题演讲，进入问答环节，当时有人问我曾经历过的最痛苦的事情是什么。出乎意料的是，我突然感到心潮澎湃，情绪近乎失控。我在回答之前尽可能地平复自己的情绪。我的答案未必是他所想要听到的。

当然，我在海豹突击队的经历无一不在揭示着战争的残酷现实——失去好朋友，取人性命，参加葬礼，与失去了丈夫、父亲或兄弟的海豹突击队队员家属（通过海豹家庭基金会）的来往。但在那一刻，真正让我情不自禁的却不是那些事。

作为父母，没有什么能比你的孩子处于危险中更令人揪心了。一天下午，我在办公室接到了我妻子的电话，此时她已经怀孕15周了。她告诉我医生办公室来过电话，我需要马上回家，然后要一起去医院。我回到家后，她告诉我，给她打电话的护士说，她的验血结果已经出来了，血液中的甲胎蛋白指标大幅上升。我们知道这不是好兆头，但我们还没有意识到这对我们未出生的女儿意味着什么。

半小时后，我们来到圣迭戈加州大学附属医院的胎儿和遗传学科。我们在候诊室坐下，发现这里还有几位看上去也是悲痛欲绝的父母，忐忑不安地等待令人备感煎熬。终于轮到我们了。我和妻子坐在医生办公室里互相安慰。几分钟后，一位悲伤顾问进来了。悲伤顾问？！我们连医生都还没见到。

她递给我们一些小册子，然后告诉我们，当孕初期血液检测出甲胎蛋白偏高时，这意味着胎儿存在某种先天缺陷。她接着详细描述了我们的孩子可能存在的先天缺陷类型：脊柱裂、脑损伤和麻痹，而且还不止这些。

最后她离开了，说医生马上就到。我们感觉天要塌了。这怎么会发生在我们的孩子身上呢？这种事竟然会发生在我们家？这是神的意旨吗？

不久后，医生走了进来。

"好啦，在做更多解释之前，我就想让你们知道，你们不必太担心。"她说。

当然，这句话并没有打消我们内心的惶恐，不知道她接下来会说什么。她告诉我们胎儿患有腹裂。"腹什么？！"我问道。

"腹裂是先天性腹壁发育不全，在脐旁有缺损。你们的孩子有肠子从缺损处脱出。缺损孔洞可大可小，有时会有其他内脏，比如胃和肝脱出。"她解释道。

我妻子抑制不住地抽泣着，这可以理解。医生解释了所有可能影响妊娠和孩子一生的并发症。无论如何，整个妊娠期间都不会轻松。

在整个怀孕期间，我妻子每周都要去胎儿和遗传学科做两三次检查，以便及时了解我们女儿的生长状况。通常来说，腹裂畸形的孩子都会早产，我们必须为此做好各项准备。

一个周五的中午，我正与一位客户共进午餐，讨论即将举办的活动，我接到了电话。当时我妻子去做本周最后一次检查。她的羊水过少，按照医护人员的说法，她这周末就得把孩子生下来。关键时刻到了。

大家可以想象得出，生孩子原本是桩喜事，但在生的过程中却并不那么喜庆。那个可能为我们的女儿做手术的小儿外科医生告诉我们，只有在她出生后，我们才能真正弄清楚她有哪些并发症。由于接触羊水的时间长达数月，她的一些肠道可能会坏死或受损。但一切都要等到她出生后做进一步检查才能知道。

那天晚上，我妻子开始分娩。第二天下午，她生下了我们的宝贝女儿帕克·罗丝。她一出生，我就吻了吻我的妻子，护送帕克去了手术室。外科医生给她做了检查，说她身体状况良好，可以进行"一期缝合"。这意味着她将立即接受紧急手术，将她的肠子和胃重新放入她的体腔。

看着你的新生儿准备接受大手术简直令人有撕心裂肺的感觉。这是真切的感受。但准备动手术的医生和护士们太了不起了，他们在此压力之下镇定自若的表现，令我由衷地敬佩他们，也为我增添了勇气。等她准备完毕后，我就得立刻离开手术室。

我返回病房，我妻子、她父母和兄弟，还有我们的大儿子泰勒，都在那里焦急地等待着。时间过得真慢啊。仅仅45分钟之后，门开了，小儿外科医生一脸笑容走了进来。我看了看表，半开玩笑地说："什么，你已经做完了？你是预订了晚餐还是怎么的？！"

他告诉我们一切都很顺利，我们的女儿正在康复中。大家这才长长地吁了一口气。但我们很清楚，未来的路还很长。

帕克在新生儿重症监护室度过了25天，通常腹裂婴儿平均要过50多天。她是我们家的小勇士，坚不可摧。一年后，她出现了更多并发症，不得不接受另一次紧急手术。但她恢复得很好，现在是一个快乐、意志坚强的小公主，喜欢跳舞和体操。她没有大多数腹裂儿童经常天生就会有的消化问题。

我还有什么好说的？她血管里流淌着勇士之血。

韧性是个很有趣的东西。有人具备，有人缺乏。但是，任何直面人生挑战，依靠自身的力量和决心从逆境中奋起的人，都会培养出这种品格，且学会永不失去它。这适用于我们的个人生活、职业生涯，以及任何迫切希望成就伟业的组织。这就是为什么最后一章的内容如此重要。再说一遍，这不仅仅是你要克服今天所面临的障碍，而是为明天即将到来的障碍做好准备。

"先发制人"法则

正如海豹突击队信条所述："我时刻准备着将我全部的战斗能量发挥出来，以完成我的任务，达成国家为我设定的目标。必要时，我将迅猛地履行我的职责，但我依旧会遵守我努力捍卫的原则……我永远不会退出战斗。"

海豹突击队的训练旨在打造出比战场上的任何人都能更好地预见、迎接、适应逆境，且愈挫愈勇的战士。为什么？因为有韧性的组织需要坚韧的团队成员。

尽管对于任何一家公司来说，韧性似乎都是一个显而易见、值得追求的特性，但说起来容易做起来难。它的重要性超过长远规划，因为我们都知道，完美的商业计划会相互冲突——尤其是应对需要组织改进或重大转变、不可避免的障碍时。这并不是要贬低计划的重要性，当那些计划涉及预见未来的威胁和机会时，其重要性不言而喻。

我在此前一章中曾提到，我在去年有幸参加一次领导层会议并在会上发言。那场活动，是为一家与其他许多公司一样饱经磨难、最终又胜出的公司举办的。这家公司通过开放和冒险，坚持不懈地努力，同时也吃了不少苦头，但他们最终建起一套令人惊叹的体系，令员工们表现出的坚韧精神能获得支持和奖励。

这家软件制造公司在长达20多年的时间里,一直是其所在市场中无可争议的领军企业之一。但是技术路线的巨大转变使得他们最赚钱的产品,在短短几个月内就变得过时了。全球范围内的数十家新冒出来的竞争对手,不断蚕食着公司原有的市场份额,照这样的趋势发展下去,业内最受尊敬的品牌之一很可能会从市场上消失。

公司领导团队采取了断臂求生的大胆措施,关掉了整条业务线,将资源全部转移到另一个领域的新兴业务。此举短期内让公司苦不堪言——他们主动放弃了占总收入35%的重要业务,不得不中断与数十个大客户的业务关系。

但他们挺进新市场的方式并非一时兴起的决定。它是一个长期战略。它是一项有着巨大上升空间的投资。

这项战略的每个部分都需要韧性和毅力。公司需要切断与高价值客户的联系,承受因产品线关停导致的员工流失,这些员工曾兢兢业业为公司服务了数十年。公司还需要投入数百万美元,用于科研、营销并改善新业务线所需的基础设施。

但公司愿意改变,且有决心贯彻到底。由此,公司开拓了一块新领地,其容量是原有业务市场容量的3倍。经过3年的发展,他们不仅弥补了失去的收入,还取得了收入水平比以往最好的年份高出40%的优异成绩。

正如我们所讨论的,颠覆性变革是当今商业的基本组成部分,它已经到来。任何组织要想在市场上存活下去,就不仅需要接受这个现实,还要主动迎接它,为它的到来做好准备,并从中获利。

当你能够与准备充分、纪律严明、勇敢无畏的团队一起应对改变时,你可以顺利做到,而不会遭遇导致其他组织变革受挫的破坏和干扰。你可以组建由具有奉献精神、忠心耿耿的成员构成的团队,他们会带领你进入充满挑战的水域,而不仅仅是坐等指令。

当然,你不可能用打个响指的功夫就建立起这种包含韧性的文化。它需要坚持不懈的努力,将这些特性嵌入到企业的肌体当中。我在自己的组织里如此付出过,而且这是我咨询工作中最基本的内容。

要做到这一点,组织的领导团队需要对团队当前的文化构成有一个全面的了解。为什么?因为任何人在遭遇极端压力或感到极度紧张时,都会自然而然地退回到自己感觉最容易或最舒适的位置。在逆境中,人们通常不会"迎难而上",而是本能地表现出已有的训练、思想准备和忍耐精神的水平。理解你的文化意味着你可以把握到基准线,也就是在缺乏恰当的结构时,事态会朝哪个方向发展。

我看到公司花了数年时间来传播变革的愿景,推行新的做事方法,增加和裁减团队成员,并丝毫不差地执行计划。从产品质量到效率,再到赢利能力,他们在各个方面都取得了实实在在的胜利和巨大的成果。

他们到达了那个点,领导团队的成员便开始击掌相庆,他们成功地实现了转变的愿景,随即他们就适应了"新常态"。这可能是转型过程中的一个大陷阱:长路未尽时,你却认为自己已经到达了终点。

"新常态"也不应该是持久稳定的平台,而是预备下一次必要转变的基础。如果你没有建立新的文化结构来适应不断的变化,你就错过了一个重大契机。

你还面临着完全脱离新常态,落回"旧常态"的风险,即回归组织变革之前的状态。这就像一个人对健身根本没兴趣,但为了自我"激励"而决定请一位私人健身教练一样。得到一些帮助和指导的想法不错,但若不养成获取长远收益所必需的纪律和坚毅的精神,上述努力终究是徒劳的。

如果你的组织中有一个尽职尽力能力超群的转型工作组，他们能够产生巨大的动能，并带动大家取得令人惊叹的出色表现。但这有可能掩盖了一个事实，即变革并未真正扎根生长，而当出类拔萃的经理们出面推动计划实施时，更是如此。这种动能实际上掩盖了长期基础尚待建立的事实。

你怎么才能判定变革真的扎下了根且在不断伸展呢？我用的是"成长树"五步法。

承认

大多数永久的文化变化发生在转型过程接近结束的阶段，而不是接近开始的阶段。如果你承认这一事实，你就不太可能在早期取得了一些重大改变之后，便沾沾自喜，被一种虚假的安全感所欺骗。

结果最重要

如果你不确定什么是胜利，需要何时完成，那么你就失去了在团队中注入韧性的机会。如果没有设定具体的指标，并以指标为依据持续衡量你们的表现，那么你怎么能知道已经取得了多大真正的进展，或者你距离终点还有多远？由你聘请的私人教练告诉你吗？如果教练只是告诉你，6个月后，你就会有个强健的体型，而不给出你实现最终目标的过程中需要完成哪些阶段性（中间）目标和采取哪些步骤，并在你一一成功完成时给予奖励，那他说的又有什么意义呢？中间目标也有助于提供给你动力，在你遇到挫折时，帮你重新站起来。如果转型的目标之一是在第一年年底将客户满意度提高5%，而你在首季只提高了0.5%，那么你就知道自己的处境，需要做出调整。如果没有预先设定里程碑，便没有可庆祝的小胜，你也无法确认是否有必要修正方向。

描画图景

新文化是什么样的？胜利是什么样的？当你描绘出它的时候，它甚至在你真正实现之前，就把它变成了现实。当人们知道改变的愿景是什么，并且能够真正地感觉到它的时候，他们便不会因为遇到障碍或动力减弱而丧失他们的目标。

充实团队

组织变革是复杂的，所需时间和资源超过大多数人的预期。支持这些举措的文化上的改变也不例外。一种文化的形成需要很长时间，因此要想改变一种文化也不是一朝一夕就能办到的。在变革，特别是激进的变革时期，引进体现着新愿景和共同价值观的新人往往是必要之举。在招人时，精挑细选是非常重要的。同样地，有时公司发展日新月异，而部分员工却未能与时俱进，他们并不认同新愿景，也不太可能有任何改变。更糟糕的是，他们还试图破坏实现新愿景的进程。

系统建设

如果你没有建立一个系统，用来奖励人们去做你想让他们做的事，你就不会得到你所期望的结果。如果你确立了新期望，但是薪酬和人力资源机制并没有做相应的调整以支持期待中的绩效，人们就会回归到他们固有的行为方式。他们为什么不这样做呢？建立一个具体的模型，以确保支撑它的文化和人员与新的愿景和战略保持一致。

有韧性的组织在各个级层都拥有杰出的领导和基于信任、问责以及机敏的强大文化。它们拥有一个有意义的核心价值观的基础，所有的团队成员都深信这一点，而且团队团结一致的意识之强，超过了你在众多组织内所发现的。这些组织还表现出高于平均的收益率，且年复一年，始终如一。

希望不断成长、保持竞争力、适应新兴技术、找到管理和吸引多代员工的新思路的商业组织，都必须找到向其文化注入韧性的新方法。

作为一名商界领导人，我经营企业的经验以及对其他组织的研究，帮助我识别出了有韧性的团队具备的 15 个基本支柱：

1. 它们都有紧迫感，并期待改变。它们相信稍微偏执一些是件好事。它们总是放眼未来，寻找机会和威胁。对它们来说，根本不存在志得意满。

2. 在别的组织望而却步之处，它们执意前行，秉承凡事皆有可能的心态。

3. 它们积极培养问责文化，而且从顶层做起。

4. 它们将领导责任和权力逐级下放。它们授予一线队伍决策能力，并为快速执行提供资源。

5. 它们不会把时间浪费在无法衡量的事情上。它们秉持扶强去弱的思路，重金支持优势业务，淘汰或改进落后产能。

6. 它们处于不断变化的状态中，每隔几年就会重新设定目标，且每次都设定一个明确的时间表，并定期发布。信息迅速传播，使尽可能多的人参与任务规划。

7. 一旦它们明确了愿景和使命，只要有市场条件和数据的支持，它们就会坚持下去。否则，它们会做相应的调整。

8. 它们体现了一种以人为本的方式。先是雇员，接下来是顾客，然后是股东……依次排列。

9. 有韧性的团队会吸引、赋能授权并留住胆识过人，愿意冒险行事的人。

10. 它们越战越勇，愈挫愈强。它们直面挑战，总是主动发起进攻。

11. 它们思路开阔，行动不受约束。它们积极地打破小圈子的束缚，以跨职能的方式应对工作和交流。

12. 它们能迅速自我纠错，并在问题失控前予以及时处理。

13. 有韧性的组织由终身学习者组成。它们鼓励知无不言并善于利用由此得到的数据不断提高经营业绩。它们让每个人都享有发言权。

14. 它们既不容忍也不奖励碌碌无为。它们颁定明确的绩效指标，总是认可并奖励超预期的行为。

15. 有韧性的团队将卓越定义为不断追求完美。它们从来不会满足于现状。

有韧性的组织持续时间更长，并能够更好地应对改变。它们准备充分，纪律严明，拥有勇于变革的无所畏惧的团队，以及基于信任和问责制的文化。它们的领导人团结一心，勇敢面对难以想象的艰难险阻，并得到组织上下的拥戴和支持。它们遇挫愈勇，永远不会退出战斗。

为了进一步强化"尖兵"法则中的韧性这一概念,我们有必要更详细地定义未来有韧性的组织是什么样的。有哪些头等重要的事项?

有韧性的未来组织的优先事项

我们已经说过,干扰和"乌卡"境况现在已经成为常态。面临变革需求的组织(几乎所有的组织)有机会有效地领导变革,以保持竞争力并确保不落伍,同时打造一个更具韧性的团队。

高度连通性和技术正在持续提高透明度。员工几乎拥有全球性的求职机会,获得并留住人才变得越来越困难。拥有一个引人注目的目标和有助于持续增长的结构,是不可或缺的。传统的等级结构正在逐渐消失,取而代之的是有意结成的人际网络和社区,人们为了同一个目标而共同努力,这就是此前所说的"一个团队及一种战斗"的心态。这些力量的累积效应要求领导人具备新的心态和能力,从而使自己跟上潮流,带给人们乃至他们的企业积极的影响。

领导者和管理人员想要推动人们全力实现巅峰绩效并取得惊人财务回报的话,就要先把他们的组织转变成拥抱变革、坚忍不拔的高绩效团队。如此说来,哪些事务属于当务之急,必须引起最多关注?

具有韧性的未来组织的首要也是最根本的基础,是有一个引人注目的愿景。不仅仅是改变的愿景,还有其存在的更高意义——工作背后的价值和目的,以及它们的工作是怎样将每个人与事业联系起来的。领导者们将开始清除行动迟缓的等级结构,同时培养由拥有自主权和各级领导者的团队构成的生态体系。这些团队将得到资源和决策权，以便它们在去中心化的环境中进行决策和执行。

领导人和人力资源团队将开发新的、更具战略性的人才招聘项目，以配合组织的愿景。他们一方面要提高物色"文化契合"人才的能力，另一方面要确保团队成员的多样化。更重要的是，他们将在个人和专业发展上投入重金，以提高优秀人才的保留率。他们将设计学习文化，利用技术和数字平台提供 24 小时不间断的发展资源。人员培训科目也不再只限于专业知识和专业技能，而是扩展到情商、符合公司要求的行为技能和领导力。旨在培养领导力的培训项目将面向所有的人，无论职位高低。

领导层和经理层要做的是，创造一种有利于合作的文化体验氛围和敬业度机制。跨职能团队要有明确的目标，有权解决实实在在的问题并在特定框架内展现其创新能力。新型奖励机制要落实到位，在注重成果和执行力的同时着重支持上述行为、态度和工作。

绩效出众且有韧性的团队不仅要学会在"乌卡"环境中表现出色，更要在逆境中也能茁壮成长。这些团队要接受培训，确保他们在变幻无常的商业环境中具备思考和酌情行动的能力；他们还要不断拓展视野，预见未来。领导人要具备放眼未来的心态，不能紧盯着眼前的障碍。他们的着眼点是在关注机会和"空白点"的同时，对自身所处境况持续保持清醒的认知。这让他们有能力催生变革，而非迫于外力施压的被动应对。

活力十足的未来组织将开发出新的行为模式，在更好地服务于客户导向的同时，沿用优先考虑组织自身团队建设的做法。它们将持续不断地搜集来自组织内外的反馈信息，从中辨识和整理出切实可行的见解，紧接着果断地付诸实施。雷厉风行将成为常态，但它一定是基于正确的原则和无懈可击的数据分析之上的。

最重要的是，在做上述事情的同时，他们始终处于移动、射击、沟通、甄别和再甄别的进程中。每次被击倒，他们都会重新爬起。他们会用尽最后一丝力气去努力完成任务，并且永远不会退出战斗。

从战场应用到董事会会议室

说起坚忍不拔和斗志旺盛，最鲜活的实例无外乎海豹突击队、职业运动员、在战乱国度挣扎求生的平民百姓，以及颇有远见的世界500强领导人及其组织。

当然，这种说法也有个问题，它似乎在暗示能有此建树的人（及组织）具备超出常人的韧性、智识或技能。那么，我们的部队、全国冠军运动队和那些顶级公司中是否真的有幸拥有那么多才能非凡、禀赋超群的个体成员呢？

毋庸置疑！

但是，才能只是起点，它甚至未必算得上构建一个坚韧强悍团队的基本组件。

在基本水下爆破／海豹突击队训练中，我们中间涌现出许多体能方面的奇人，也有不少世界级运动员。有些人具备天才级的智商，还有人自称参加过高级武术训练。有些家伙长得很吓人，就他们那模样，走进酒吧后都不用说一句话或动动小手指，里面的人差不多就都被吓跑啦。

而且，我们也有一些比较瘦小的人，他们看起来就像会计师（喜欢健身的会计师，但还是……）。还有些寡言少语的，以及那些看上去不大像聪明过人的。我们班有一个人叫"铁质棉花糖"。这当然是敬慕他的一种说法。尤其是当我们在沙漠中进行15英里竞跑,他战胜群雄的时候!

能在各行各业取得成就的人,通常都具备他们从业所需的情商、态势感知、纪律、韧性,以及基本水准的才能。然后,他们所做的就是拼命工作。

你才华出众,技能超群,但若意志薄弱,不愿未雨绸缪和努力工作,遇到挫折便会退缩,那么一切都是枉然。举个例子来说,我此前提到过的朋友和前队友戴维·戈金斯其实并不喜欢跑步。事实上,他曾经痛恨跑步。如果你还记得的话,他可是极限运动员和超级马拉松选手!那么,他为什么要这样做呢?这事关把自己奉献给崇高的事业,通过为他所信仰的事业做出牺牲而增进人们对它的认识,以及不断挑战自我极限以激发他人克服逆境的勇气。它事关提醒我们尽管生活常会不如意,但要努力克服,去做一些伟大的事情。人生要有韧性。

我不想再讲述过去16年,我们如何在战场上不屈不挠奋力搏击的故事,也不想再回顾我们许多战士曾面临怎样的恐怖场景,我只想说说一个人在服兵役期间经常会遇到的有趣场面。

有一次,我们奉调前往非洲执行任务,驻扎在肯尼亚。这与我们平常的排级或小队级别的部署有些不同。我和几名海豹突击队员以及一个特战舟艇载员小组混编,被部署到肯尼亚马林迪的小型海军基地。我们就姑且把此地称为"基地"好了。我们的首要任务是训练肯尼亚海军实施海上封锁的技能。基本上就是在他们的海域拦截海盗。我们去那里还有些不便说的理由,倒也和这个故事没有任何关系。

我们所在的军营位于基地的最远端,只有几座小建筑。其中一座被用来充当"战术行动中心"和武器库,其余几座用于我们的起居。虽说它们只是用胶合板搭建的,但我们能享用空调和电力供应,十分惬意。我们有三辆全地形车和数台站式摩托艇——我们自然会把它们都涂上迷彩并装上 M60 式机枪。你想问为什么这样做?为什么不呢?!

舟艇小组有两艘硬壳充气橡皮艇,外加一艘"万船之母"——马克 5 型[①]特别行动快艇。

我们接受部署不久后的一天,我外出晨跑。整个基地占地面积很大,在一望无际的荒野中踩踏出的小径和泥土路密如蛛网。我随意跑着,拐过一段弯道后,突然发现前方站着一群体形硕大的黑猩猩。它们聚集在泥土路中央,大约有 15 个,像是在开什么会。它们扭过头来,上上下下打量我。我当即放慢脚步,寻思着究竟该硬着头皮继续前行还是干脆掉头原路返回。

我决定继续向前,小心翼翼地从它们身边绕过去,避免与这群充满好奇的黑猩猩对视。我绕过去之后立即加快步伐,奔向那条横穿基地来往车辆较多的大路。

几分钟后,我发现路边躺着一只母赤猴和两只幼崽。看样子它是被车撞了。我走上前去仔细查看,确定母猴已经停止了呼吸。不过那两只小猴还活着,它们紧紧抱着母猴的胸膛。幼小的猴子也就跟我的手掌一般大。我把它们捧起来,裹在我的衬衫里,转身返回军营。

我们随即给这两个小家伙起了有趣的名字,一个叫"山泰猿人"("人猿泰山"倒着写),另一个参照世界著名拳击手迈克·泰森的名字,叫"铁拳迈克"。虽然它们被视为守护我们营地的新吉祥物,但我很快就成了它们的首要看护者。我用眼药水滴管给它们喂奶,慢慢地养好它们的身体。过了一段时间,我终于可以喂给它们固体食物

---

① Mark V:主要用途是在低中度威胁地区渗透和撤出海豹突击队员。

了，给它们吃什锦水果罐头。不用说，我参加的海豹突击队训练没有养猴这一项，所以只能是自己摸索着做。

"山泰猿人"最终病倒，死了。那是个令人悲伤的日子。"铁拳迈克"倒是不负其名，身体越来越壮，个头也越来越高。它开始展露出猴子灵活多变的特性。我们用白色T恤的布料给它做了一件空手道制服（似乎是该做的事）。它的午餐是大个的橙子。它会一直吃，直到昏睡过去为止。我有些嫉妒它的生活方式。

每天晚上它都会睡在我的铺位上，不是安睡在我的腋窝，就是蜷缩在我的胸口上。我睡觉时必须特别小心，就怕翻身时会把它压到身体底下。所有的婴幼儿都有个共同点，有什么需求时，立刻会让你知道。它会高声尖叫，告诉我该喂它吃的了。清晨时分，它会爬上我的脸，抓住我的睫毛，使劲地把它们揪起来，把我叫醒！你最终会习惯的。

在我们留守营地或在训练间隙休息期间，我会把它放在我的头顶上，让它抓住我比平时长得多的头发去兜风，这样就解放了我的双手，想干什么都行。我估计这就是它通常与父母相处的方式，所以为什么要打破常规呢。

随着它身体越来越壮实、长得更高，它也变得更独立、更固执己见。青春反叛期！我们该结束部署回国了，我知道我不能带它一起走。我问询过带它走的条件，要求十分苛刻和复杂。我们只好道别，我把它托付给了几个陆军弟兄，他们为我们的营地提供了额外的安全保障。但是它已经长大，可以照顾自己了。

像这类的经历，你通常忘记的多，记得的少。不过，在我研究优秀组织的韧性意味着什么这个课题时，这个故事以及我女儿所经历过的种种总是会在我脑海中浮现出来。

我们可以从许多个案研究中获得宝贵的资源，并通过借鉴他人失败和成功的经验教训，对未来做出更好的规划。虽说韧性的必要性不过老生常谈而已，但我们通常不会使用本章所述"尖兵"法则，围绕韧性进行战略规划。它通常不包含在商业计划书中，但它应该跻身其中。

案例分析

思科系统公司（总部设在加州圣何塞的美国跨国科技集团，主营网络硬件、电信设备和其他高科技服务及产品的开发、生产和销售）堪称成功实施商业韧性战略的杰出案例。公司网站上有很多关于此案例的详细信息，但其中一些突出强调的内容在使得韧性成为业务策略的组成部分方面，起着重要的支持作用。

在这个案例研究中，他们把"灾难复原"视为整体商务韧性战略内容的一部分。韧性在很大程度上是关于组织如何准备和应对不可预见的事件。逆境和"乌卡"境况会影响到员工的满意度和绩效、客户保留率和股东看法。但是，当一个组织通过战略规划和行动变得更有韧性时，对生产力、效率和赢利能力可能产生负面影响的事件就变得不那么"不可预见"了。如果再加上良好数据的支持，它们就变得更好预测了。业务韧性战略不仅涵盖基础设施和资源，它还为员工提供安全可靠的工具，用于随时随地的通信、协作，以及访问企业应用程序和数据。

案例研究还进一步阐明了这一点："像其他公司一样，思科依靠其网络和信息技术基础设施来保持业务运行，但思科也利用其网络来提高员工、应用程序和协作的韧性。思科通过积极的计划、精心设计的规程和广泛使用自己的产品与技术来应对业务韧性的挑战。"

正如思科首席网络架构师克雷格·许根所说："为思科业务的稳定性而设计网络和信息技术基础设施是我们的首要目标。" 这是思科在韧性上面临的挑战和机遇。思科的企业网络服务于分布在全球70多个国家,它承载着海量的数据、语音和视频流量。为了确保公司业务具备足够的韧性,思科公司信息技术部门开发了广泛的灾后恢复计划,以应对公司内部可能出现的各种信息流中断的突发情况,无论是本地办公室单一网络设备故障,还是公司总部所在的加州圣何塞发生大地震。

就像我们在海豹突击队的做法一样,思科的商业韧性战略的大部分内容建立在一定的冗余度基础上。我们在突击队有个说法:二是一,一是无。在思科,网络恢复能力基于高可用性网络设计,具备可以自动恢复或绕过故障点的冗余架构。

无须深究其战略背后的技术细节,反正思科持续实施的业务韧性战略不断取得可观效果。韧性既是一种心态,也是一种投资,用以确保一旦出现突发事件,公司的能力和声誉不会受到任何损害。公司由此取得的部分成果包括:

·通过镜像数据中心和分布式内容的设置而增强的应用程序存活能力。

·通过本地呼叫处理和公共交换电话网网关实现的可生存语音通信。

·在全面的、可应对各种威胁的安全机制和做法保护下的网络和营业资产。

·在多变且不可预知的情况下,能够不受时间、地点限制,适应日常流动和快速异地安置的员工。

"在最高层，思科通过增进网络可用性、降低安全威胁和信息损失的影响，以及保护公司的声誉来支持经营韧性。"思科系统的信息安全主管约翰·斯图尔特表示。在思科，涉及复原能力的技术部署、计划和流程不断发展，以服务于一个成长中的公司，应对不断更新的技术、新的安全威胁和业务需求。

从本质上讲，思科深知在"乌卡"环境中积极规划和做好执行准备的重要性。许多组织未必会以如此严谨和细致的方式加强韧性，但是一流公司都明白，韧性是可以习得的，且可以持续改进。它们就像"铁拳迈克"和帕克·罗丝一样，能经得起任何灾难（无论冲击力有多大）的打击，迅速恢复活力并变得更坚强。他们变得更有韧性，并学会如何未雨绸缪，为未来无法避免的障碍做好准备。

来自前线的故事

我的一家客户公司，派拉蒙住宅按揭集团是个典型的韧性组织，自2001年以来，它在按揭业内持续称雄。作为一家私有住宅抵押贷款银行，它已经成功地帮助许多借款人在美国各地购买和再融资他们的房子。与众多初创公司一样，它刚成立时仅有3名员工。如今，派拉蒙住宅按揭集团拥有近1300名雇员，在全美开办了接近90个分支机构。

那么，它是如何应对并战胜了自大萧条以来最严重的经济衰退呢？它又是如何实现了华丽转身，不仅在战斗中幸存下来，而且在逆境中茁壮成长的呢？韧性使然！

我的朋友和同事克里斯是该集团的国内零售部门高管，有一天他告诉我，他儿子即将完成海豹突击队培训，并将加入海豹突击队。我突然萌生了要同这家公司合作的兴趣。我们的电话刚打完,我就立刻打电话给海豹家庭基金会的成员辛迪·阿克赛尔森(海豹突击队队员马特·阿克赛尔森的遗孀),确保我和妻子都被邀请参加这届海豹突击队学员的毕业晚宴。

在为派拉蒙住宅按揭集团举办活动之前,我曾给克里斯打过几次电话,问了他很多问题,如公司的历史、文化,以及最重要的——他们是如何在房地产市场泡沫破裂后生存和发展的。

"我记得在我读研究生的时候,我们的教授(主要是学者)和房地产行业的其他专业人士一样,均持末日即将来临的观点。经济衰退在所难免,房地产泡沫将先行破裂。我的父亲毕生都在从事房地产投资咨询业务(且显然是该领域的专家),他的观点也一样。"在提出头一个问题之前,我先说明了一下背景。

"但是,尽管出现了泡沫破裂的迹象,许多住宅建筑商仍在推出新项目,并追加新投资。如此多的建筑商、投资者和银行仍然乐此不疲,继续高歌猛进。那么派拉蒙有什么不同呢?你们对未来有何预期,打算如何应对呢?"我问道。

他停顿了一会儿,然后若有所思地答道:"谁都无法准确地预测经济衰退的总体表现及其严重性,如果有人说能,那肯定是在撒谎。但这家公司的不同之处在于高级领导层预见变革的远见卓识。实际上,从公司成立之初,他们就在未雨绸缪,即便是在形势一片大好,并无丝毫危机征兆的时候。市场也是一如既往地在增长。"

克里斯接着说:"这段对话让我想起了《伊索寓言》中蚂蚁和蚱蜢的故事。当冬天来临,饥饿的蚱蜢向蚂蚁乞讨食物,却被拒绝。这个故事的寓意是我们需要辛勤工作并规划未来。这也正是我们的创始人从创办公司的第一天就开始做的。"

"你觉得《大空头》这部影片怎么样?"我换了个轻松的话题。

他笑了起来。"这部影片最精彩的情节之一,是他们前往佛罗里达之类正经历显著增长的地方,实地考察并验证自己的理论。当史蒂夫·卡瑞尔饰演的角色采访脱衣舞女时,她告诉他,她拥有不止一处住房时,这让他猛然惊醒!当每个人都争先恐后地进入某个投资市场时,聪明人就该考虑套现离开了。"

我接着问克里斯他们公司是否制定了一种特定的生存策略,他的回答出乎意料的简单,我不由得想,为什么众多公司放着这么简单的路不走呢?当然,问题在于,对众人来说,一旦许多公司都意识到大难来临时,那就已经太晚了。

"从根本上看,我们有充足的准备,财务清偿能力很强,这些让各家银行对我们有信心,相信我们能够经营好,不仅可以生存,还能始终保持我们的核心职能。"克里斯说。

听完他讲述的公司生存之道,我越来越清晰地看到派拉蒙住宅按揭集团的韧性模型。一贯的行动外加良好的财务状况(多年来形成的)等于信任。银行信任他们。顾客信任他们。

"始终如一的作为很重要,名扬四海会创造新的机会,即使是在最糟糕的时候。"克里斯明智地指出。

"那么,领导力和文化在这个过程中起了什么作用呢?"我问道。

"我们并不需要为适应新战略而改变我们的文化。我们的转变主要还是确保公司回归根本,专注于我们的核心价值观和我们的强项。我们很快意识到,生存意味着我们必须调整关注的焦点,重新转向需要我们提供支持及资源的客户和信贷员。如果我们解决这些问题的方式是变成多面手,试图满足所有人的要求,那么,公司将无法生存。真正有效的做法是高度专注。"克里斯说。

"高层领导的表现如何？他们在构建和维护韧性方面起了什么作用？"我问道。

"他们发挥了极其重要的作用。韧性始于顶层。他们保持着积极的精神状态，对未来充满激情。他们反复强调这个愿景，并告诉我们该怎样实现它。他们的所作所为就是树立一个目标，用以激励大家卷起袖子努力工作。如果获胜就意味着比竞争对手起得早、工作得晚，那就是我们所做的。有些团队成员在这种环境下如鱼得水，有些则无法忍受。那些不能给公司带来价值的被裁掉，其中包括一些高管。"克里斯说。

无论在思想上还是行动上，公司围绕纪律和韧性下了不少功夫。这些努力并没有白费，自2008年的危机以来，公司规模翻了一番还多，市场占有率大幅提升，并成为目前国内数一数二的大型私有按揭公司。公司构筑了更牢固的根基，打造了更强大的文化。

与许多竞争对手不同的是，该公司完全没有衰退后遗症。它的业务增长是100%内生的，而不是一次合并或收购的结果。公司并无负债，但有一支信心十足的团队，一边广泛宣传公司品牌和愿景，一边招募新人才。

这是一个有关韧性和在逆境中崛起的好故事。

当你对自己的适应能力满怀信心，并拥有一个可以支持这种能力的结构时，你就能看得更远。你能识别出潜在的问题，并在它们恶化前予以解决。久而久之，这种行动形成习惯，让你能够更从容地应对意外障碍。

你可以把失败和灾祸转化为动力源，前提条件是你要剖析它们，厘清其来龙去脉，借以改进你所采用的流程。通过这一消化过程，你积蓄起用于驱动变革的强大动力源，而且是洞悉变革方向的动力源。

在你进行分析的过程中，你会不断自问：
- 这些数据在告诉我们什么？
- 我们的路径要怎样调整才能完成任务？
- 未来隐现着哪些潜在威胁？
- 我们管理和衡量所有关键业务指标的方式恰当吗？
- 如果我们做得不够好，该怎么提高？
- 一旦我们实现了这些目标，接下来做什么？

我不希望你们读到这本书的结尾时，会认为这个过程也到此为止了。因为如果你正确地做这些事情，你将创造一个分析、行动和提高的强大的新一轮循环。一旦你达到了目标，你就确立一个新目标，然后再来一次。

你已永远不会过时了。

结束语

本书概述了"切入点"法则，同时讲述了不少来自字面意义和隐含意义的战场的故事，用以形象地说明这些原则。不过，原则总归是原则，我倒是希望此书能成为引领成功与持久转型的指南。"尖兵"模型不只是可以引领当今的变革，还可以用来重构组织，使其成为在信息时代能够蓬勃发展的现代有机体。

面对逆境和不确定性，领导者及其组织所采取的应对方式无论多么不同，终究会归结于文化、心态，以及勇敢且有纪律的人们团结在始终如一的陈述和单一使命之后的意愿。文化和态度必须有所转变，以便与新的战略保持一致，伟大的组织将建立新的结构来支持它们的愿景。

如果一个军事单位、小企业或全球组织能够学会将信任和问责的理念注入它们的文化中，它们就为变革之战做好了充分准备。当它们把拥有自主权的人员组建成高绩效的团队，并让他们参与到这场战斗的策划和执行中时，最终赢得胜利就将是大概率事件。

当领导力和去中心决策分布于整个组织，战术行动由前线部队自主完成时，领导人可以把更多时间和精力用于构思战略愿景，并放眼未来。保持团队活力并一心一意追求终极愿景，如此则疲劳消散，能量存续，最终一定会取得胜利。

所以奔赴战场，向敌人发起进攻吧。手握纪律和韧性的武器，你将赢得这场变革之战，并在未来赢得更多。

祝你好运！

鸣 谢

我没过多久就意识到，写一本书是一段牵扯到许多人的复杂旅程，无论从哪方面看，它都是一个团队共同努力的过程。但我的灵感源于我有幸与世界上最伟大的战士并肩作战的谦卑经历。我们的男女将士及其家人，为了一项崇高的事业做出如此巨大的贡献，总是令我感动不已。他们随时准备响应我们国家的号召，保卫我们，免受敌人的伤害。当然，有些人为此献出了自己的生命。我们之所以能在夜里安睡，是因为那些勇士为了捍卫我们的生活方式，以及我们享有的自由权利而置私欲于不顾，不畏枪林弹雨，甘冒风险，勇往直前。

我要感谢妻子妮可儿和我们三个了不起的孩子——泰勒、帕克·罗丝和莱德。没有他们的爱和支持，我不可能完成这项有益的工作。写作是一种创造过程，通常需要安静和独处，这是在一个五口之家里很难做到的事情。如果没有我妻子的坚定支持和主导，这个愿景就不可能成为现实。我还要感谢我的父母，是他们造就了现在的我；还有我的岳父岳母，他们总是愿意带着孩子们远离我的家庭办公室。

我要特别感谢协助我完成本书的优秀团队。我的文稿代理人法利·蔡斯给了我这样一个机会。西蒙与舒斯特集团的北极星之道出版社是一个令人难以置信的团队，个个才华横溢：米歇尔·马丁（老板）、迪亚娜·文蒂米利亚（令人难忘的编辑）、辛迪·拉茨拉夫、约翰·瓦伊罗和丽莎·利特瓦克。当然，还要感谢伟大的作家马特·鲁迪，他帮我把一些复杂的理论化作妙趣横生、通俗易懂的故事。

我还需要向许多人致谢，他们默默地奉献，甚至没有意识到他们的帮助对我的影响有多大：*Inc.* 杂志的埃里克·舒伦贝格和劳拉·洛伯、《福布斯》杂志的编辑们，以及牛津大学的各位教授。在他们的帮助下，我的写作水平不断提高，当然，距离完美还有很大的差距。我也要感谢众多海豹突击队的成员和企业领导人，他们为本书贡献了自己故事和案例研究，还提出了宝贵意见，使书中的理论和方法趋于完善，包括：马克·欧文（前队友、朋友和《纽约时报》畅销书排行榜榜首作家，他为本书写了前言）、布拉德·索尔、克里斯·富塞尔、斯坦利·麦克里斯托尔、马修·科德、邓肯·史密斯、比尔·费尼克，杰夫·坎贝尔、阿莉莎·诺林、汤姆·惠利、奎因·莱祖恩、德文·凯西、瑞安·科克和戈登·兰斯福德。

每一个为此书出版做出贡献的人，都进一步强化了这样一个事实：任何真正有价值的东西，都不是一个人能完成的，它需要一个团队。

图书在版编目（ＣＩＰ）数据

先发制人：海豹突击队团队管理的10大黄金法则 / (美) 布伦特·格里森著；迩东晨译. -- 北京：中国友谊出版公司, 2019.1（2019.5重印）

书名原文：TakingPoint: A Navy SEAL's 10 Fail Safe Principles for Leading Through Change

ISBN 978-7-5057-4575-9

Ⅰ.①先… Ⅱ.①布… ②迩… Ⅲ.①领导学－通俗读物 Ⅳ.①C933-49

中国版本图书馆CIP数据核字（2018）第282043号

Taking Point: A Navy SEAL's 10 Fail Safe Principles for Leading Through Change

Copyright © 2018 by Brent Gleeson

Published by arrangement with Chase Literary Agency LLC, through The Grayhawk Agency Ltd.

书名	先发制人：海豹突击队团队管理的10大黄金法则
作者	[美] 布伦特·格里森
译者	迩东晨
出版	中国友谊出版公司
发行	北京时代华语国际传媒股份有限公司
经销	新华书店
印刷	北京市松源印刷有限公司
规格	690×980 毫米　16 开 18.5 印张　230 千字
版次	2019 年 1 月第 1 版
印次	2019 年 5 月第 3 次印刷
书号	ISBN 978-7-5057-4575-9
定价	56.00 元
地址	北京市朝阳区西坝河南里 17 号楼
邮编	100028
电话	（010）64678009